Johann Brazda, Jost W. Kramer, Juhani Laurinkari, Robert Schediwy

Anders als die Anderen

Eine unbefangene Annäherung an Genossenschaften, Sozialwirtschaft und Dritten Sektor

Johann Brazda, Jost W. Kramer, Juhani Laurinkari, Robert Schediwy

Anders als die Anderen

Eine unbefangene Annäherung an Genossenschaften, Sozialwirtschaft und Dritten Sektor

1. Auflage 2006

ISBN-13: 978-3-937686-74-5

Nachdruck, auch auszugsweise, nur mit schriftlicher Genehmigung des Verlags

© CT Salzwasser-Verlag GmbH & Co. KG, Bremen, 2006 (www.salzwasserverlag.de)

Druck und Herstellung: Hohnholt Reprografischer Betrieb GmbH, Bremen (www.hohnholt.com)

Dieser Titel unterliegt dem Gesetz zur Regelung der Preisbindung von Verlagserzeugnissen (BGBl. I Nr. 63 vom 5. September 2002)

Die Deutsche Bibliothek verzeichnet diesen Titel in der Deutschen Nationalbibliografie. Bibliografische Daten sind unter http://dnb.ddb.de verfügbar.

Inhaltsverzeichnis

Vorwort	5
Einleitung	9
Kapitel 1: Menschenbilder	19
Kapitel 2: Die historische Perspektive	56
Kapitel 3: Die verschiedenen Zweige der Sozialwirtschaft	88
Kapitel 4: Die Entwicklung der Sozialwirtschaft in Mitteleuropa	127
Kapitel 5: Die Sozialwirtschaft in der heutigen Gesellschaft	149
Kapitel 6: Heute in aller Munde – der Nonprofit-Bereich	186
Kapitel 7: Management in der Sozialwirtschaft	211
Kapitel 8: Entwicklungstrends der Economie Sociale	245
Schlusswort	268

> *Forschen und Schaffen – darum drehen und darauf beziehen sich wenigstens, wenngleich mittelbarer oder unmittelbarer, alle Beschäftigungen des Menschen.*
> **Wilhelm von Humboldt**[*]

Vorwort

Der Untertitel des vorliegenden Buches gruppiert drei Begriffe, die in einer spannungsreichen Beziehung stehen. Manche würden behaupten, sie hätten wenig miteinander zu tun, andere würden emphatisch das Gegenteil bekräftigen und es bedauern, dass diese Thematik vor allem im deutschsprachigen Bereich nicht in engerem Zusammenhang betrachtet wird. Forschungspolitisch stehen wir einem großen Aufschwung der wissenschaftlichen Beschäftigung mit dem Non Profit-Sektor gegenüber, nicht zuletzt angesichts der erfolgreichen internationalen Vernetzung durch das empirische Third Sector-Project der Johns Hopkins Universität. Auf EU-Ebene findet sich seit über zehn Jahren vermehrtes Interesse am Thema „Economie Sociale", allerdings mit terminologischen und hintergründig wohl auch politischen Unschärfen und Oszillationen. So zeigt sich aktuell ein tendenzieller Übergang vom Begriff „Economie Sociale" zum neutraleren Abkürzungsterminus „CMAF" – Co-operatives, Mutuals, Associations, Foundations, im Englischen von „Social Economy" zu „Social Economics".

Im Bereich der deutschsprachigen Genossenschaftswissenschaft ist man sich zwar über gewisse Überalterungstendenzen und wissenschaftspolitische Zurücksetzungen im klaren, die di-

---

[*] Humboldt, Wilhelm von (1997): Ideen zu einem Versuch, die Grenzen der Wirksamkeit des Staates zu bestimmen, [Philipp Reclam jun.] Stuttgart 2002, S. 106.

versen Avancen aus dem Ausland werden aber in der Regel mit großer Zurückhaltung aufgenommen. Dies passiert nicht ohne Grund: Gerade jene Genossenschaften, die sich auch im deutschsprachigen Bereich auf ihr „gemeinwirtschaftliches" Erbe, also auf einen über die Förderung der Mitgliederinteressen tendenziell hinausführenden Auftrag berufen haben, sind in den letzten Jahrzehnten des 20. Jahrhunderts vielfach untergegangen, ja zum Teil durch Skandale und inkompetente Führung geradezu in aller Öffentlichkeit aufgerieben worden. Jene Genossenschaften dagegen, die sich schlicht und gesetzeskonform auf die Förderung des Erwerbs und der Wirtschaft ihrer Mitglieder konzentrierten und sich im übrigen dezidiert als Teil der privaten Wirtschaft deklarierten, haben, ungeachtet einzelner Problemfälle, weit besser überlebt. Dies hat offenbar auch im Bereich der deutschsprachigen Forschung dazu geführt, dass Ansätze, die für den „utopischeren" und altruistisch mitbestimmten Kontext genossenschaftlichen Engagements offener waren, zurückgedrängt wurden. (Dies gilt für Autoren wie Weisser, Engelhardt, aber auch Draheim mit seiner Lehre von der „Doppelnatur" der Genossenschaft als Personenverband und Wirtschaftsunternehmen.)

Die vorliegende Einführung möchte hier eine Brücke zwischen scheinbar unvereinbaren Positionen schlagen und in relativ leicht lesbarer, gewissermaßen essayistischer Form recht subtile Probleme aufgreifen. Ausgehend von einigen unterschiedlichen möglichen Modellvorstellungen vom Menschen („Models of Man") unterstreicht sie den emotionalen, mitmenschlich (aber auch gegnerbezogen) orientierten Aspekt vor allem in der frühen Mobilisierungsphase von kooperativer Wirtschaftstätigkeit im weitesten Sinn. Sie stellt aber auch fest, dass solch ein „solidarischer Aufbruch" nur dann gewichtige Resultate zeigen kann, wenn durch ihn auch der „homo oeconomicus" in den Kooperierenden befriedigt werden kann, also eine mehr als nur ideelle Förderleistung erwirtschaftet werden kann. Schließlich ist im Blickfeld zu behalten, dass auch Wirtschaftstätigkeit, die sich als „sozial" versteht, heute an modernen Leistungs- und Effizienzkriterien gemessen wird.

Es ist natürlich möglich, dass sich der vorliegende Versuch wissenschaftspolitisch „zwischen alle etablierten Stühle" setzen wird. Dennoch scheint es uns erforderlich, ihn zu wagen. Umso dankbarer sind wir all jenen, die uns auf die eine oder andere Weise bei diesem Unterfangen unterstützt haben.

Das Konzept des vorliegenden Buches setzte in erheblichem Maße auf die Einbindung von Expertenaussagen, die möglichst im Original zitiert werden sollten. Ein solcher Ansatz ist naturgemäß ohne Beschaffung der entsprechenden Veröffentlichungen nicht umsetzbar und führte unsererseits zu einer erheblichen Dankesschuld gegenüber all jenen, die uns bei dem Auftreiben der Quellenmaterialien behilflich waren. Dazu zählt als erstes Frau Karin Rösner von der Fernleihstelle der Hochschule Wismar, die alles Mögliche und Unmögliche an gewünschter Literatur aufgetrieben hat, sowie Frau Gabriele Failing vom Institut für Genossenschaftswesen an der Philipps-Universität Marburg, die auch noch die Literatur besorgt hat, die partout nicht auffindbar war. Unterstützt hat uns darüber hinaus auch unser Kollege Joachim Winkler von der Hochschule Wismar, der die „Zulieferung" wesentlicher Aussagen des französischen Soziologen Pierre Bourdieu übernahm. Last but not least, gilt ein ganz spezieller Dank Frau Geneviève Hesse, die uns ebenso freundschaftlich wie solidarisch mit einer zentralen Quelle versorgte, deren Beschaffung weder über deutsche noch über österreichische Bibliotheken möglich war.

Unser ausdrücklicher Dank gilt Frau Anne Przybilla, studentische Mitarbeiterin am Lehrstuhl in Wismar, für ihr Engagement bei der Übersetzung von Manuskripten und die redaktionelle Zuarbeit.

Hilfreich waren zudem die intensiven Diskussionen mit den Teilnehmern des Seminars „Kooperation und Netzwerke" im Studiengang „Management sozialer Dienstleistungen" der Hochschule Wismar, für deren Engagement wir herzlich danken.

Bedanken möchten wir uns darüber hinaus bei Frau Marlis Werner und Frau Helga Kramer für ihre ebenso umsichtigen wie umfangreichen Anmerkungen zum Manuskript.

Wien/Wismar/Kuopio, Pfingsten 2006

Die Autoren

Einleitung

Die Konzepte einer „Social Economy", Sozialwirtschaft oder – in der originalen französischen Version – „Economie Sociale" wurden in den vergangenen Jahren ausgehend von den romanischen Staaten der Europäischen Union und zunehmend auch in anderen Ländern Europas und der Welt diskutiert – nicht zuletzt aufgrund der zu diesem Thema stattfindenden EU-Konferenzen.[1] Gleiches gilt für die Idee eines „dritten Sektors", dessen auch beschäftigungsmäßig dynamischer Teil sich vor allem in Nonprofit-Unternehmen darstellt. In gewissem Sinn repräsentiert dieser Bereich ein Gegenbild zum heute dominierenden Modell der neoklassischen Ökonomie, die auf dem etwas verengten Modell des homo oeconomicus basiert, einem individualistischen, rationalen Nutzenmaximierer – und auf dem globalen Wettbewerb individualistischer, profitorientierter Firmen. Allerdings steht eben diese von manchen als Hoffnungsträger angesehene „Gegenwelt" unter zunehmenden Druck gerade dieses neoliberalen Wirtschafts- und Weltmodells.

Anhänger einer „Sozialwirtschaft" (oder sozialeren Wirtschaft) können in den verschiedensten Kreisen gefunden werden. Konservative Traditionalisten vermerken, dass eine Welt, die einzig und allein auf individuell materialistischen Bestrebungen aufbaut, einen zerstörerischen Effekt auf die Gemeinsamkeitsaspekte der Familie und örtlicher Gemeinschaften ausüben muss und daher als „kalt" und unethisch abzulehnen sei. Die ergrauenden Linken der 1968er-Generation sahen zumindest zeitweilig in manchen alternativen Genossenschaften und Nonprofit-Organisationen Zeichen der Hoffnung für eine Alternative zum triumphierenden Kapitalismus. Der so genannte „dritte Sektor"

---

[1] Die EU-Kommission hat zwischen 1989 und 2001 sieben Europäische Konferenzen über Sozialwirtschaft unterstützt.

wird von manchen Anhängern der Privatisierung heute aber auch als Möglichkeit gesehen, mehr Flexibilität und Benutzerfreundlichkeit in Dienstleistungsbereiche einzubringen, die zuvor als Domäne eines als ineffizient, bürokratisiert und obrigkeitlich angesehenen öffentlichen Sektors gegolten haben. Zu gleicher Zeit fürchten manche Anhänger der Sozialwirtschaft, dass traditionelle und erfolgreiche Unternehmen dieses Bereiches einem Prozess der „Demutualisierung" oder „Privatisierung" – im Sinne einer Umwandlung in Gewinn orientierte Betriebe – anheimfallen könnten, in welchem Sozialkapital, das über Generationen sich angesammelt hat, zum Nutzen einiger weniger ausgehöhlt und verschleudert werden könnte. Entsprechende Beispiele wurden und werden aufgrund einschlägiger Erfahrungen vor allem in Großbritannien heiß diskutiert.

Das Konzept der Sozialwirtschaft steht somit heute im Zentrum von vielen unterschiedlichen Gedankenschulen. Institutionen von der EU bis zur katholischen Kirche, Aktivisten und Forscher der verschiedensten ideologischen und politischen Herkunft interessieren sich dafür. Angesichts dieser großen Heterogenität in Herkunft, Interessen und Perspektiven der an der Diskussion Beteiligten verwundert es kaum, dass bis heute durchaus unterschiedliche Sichtweisen und Verständnisse einer Sozialwirtschaft parallel existieren. In diesem Zusammenhang erscheint es sinnvoll, in möglichst unbefangener Sicht eine Einführung zu diesem komplexen, aber aktuellen Thema zu geben.

Das vorliegende Buch ist vor allem für Studierende der Gesellschaftswissenschaften gedacht, die einen ersten zusammenfassenden Eindruck gewinnen möchten. Um Studierenden eine über die reine Lektüre hinausgehende, aktive Teilnahme am Lernprozess zu ermöglichen, wird besonderes Gewicht auf Diskussionsmöglichkeiten, Vorschläge für kleinere Projektarbeiten und ähnliches gelegt. Die eigentlich selbstverständliche Befassung mit dem enormen, aber jeweils kritisch zu interpretierenden Informationsschatz im Internet soll ebenfalls angeregt werden.

Dieses Buch wurde allerdings nicht nur für Studierende geschrieben, sondern auch für den interessierten Laien, und in manchen Bereichen versucht es sogar, Experten anzusprechen. Die Letzteren mögen vor allem den abschließenden Abschnitt jedes Kapitels anregend finden, in dem sie mit konzisen Beobachtungen und Einschätzungen prominenter Autoren aus älterer und jüngerer Zeit konfrontiert werden, die sie vielleicht nicht unbedingt in den letzten Tagen nachgeschlagen haben – nicht zuletzt weil manche älteren Aussagen an heute eher entlegener Stelle publiziert sind. Demokratisch untermischt sind diese Äußerungen von „Berühmtheiten" auch mit bedenkenswerten Stellungnahmen weniger bekannter Menschen. Besonders technische Probleme können natürlich in der vorliegenden kurzen Darstellung nicht behandelt werden. Gerade die erwähnten Zitate können allerdings „Gedankenfutter" bieten, auf elementarer ebenso wie auf fortgeschrittener Ebene, und sie mögen auch dem Experten gelegen kommen, wenn er einen bestimmten Punkt in der Diskussion unterstreichen möchte.

Dieses Buch ist in acht Kapitel unterteilt. Das erste ist relativ theoretisch gehalten. Dennoch ist zu hoffen, dass dieser anfänglich etwas abstrakt anmutende Zugang die Leser nicht entmutigen wird. Wir wollen uns mit verschiedenen „Modellen des Menschen" und ihren Implikationen für die Wirtschaft und Gesellschaft befassen. Der „homo oeconomicus" ist gegenwärtig das in vieler Hinsicht dominierende Modell: Weniger in der wirtschaftswissenschaftlichen Theorie, aber dafür anscheinend umso mehr in der wirtschafts- und sozialpolitischen Praxis. Zwar gibt es durchaus überzeugende, nicht zuletzt ideengeschichtliche Gründe für diese Prominenz. Es zeigt sich allerdings, dass dieses doch recht limitierte Konzept in Bezug auf viele Aspekte des wirtschaftlichen und sozialen Lebens nicht sehr gut passt. Dies gilt sowohl in historischer als auch in aktueller Perspektive. Vor allem „homo sociologicus", der Spieler sozialer Rollen, also der Mensch, der in Traditionen und Sitten eingeschlossen ist, sollte nicht vergessen werden. Dieser Aspekt muss zumindest als „bounding factor" bei der Maximierung individueller Rationalität angesehen werden. Und die existierende solidaristische Motivation sollte auch eine Beschäftigung mit dem „homo cooperativus" anregen.

Es gibt allerdings auch den „homo psychologicus", das Opfer irrationaler Ängste und zuweilen selbstzerstörerischer Vorlieben und Süchte, der nicht immer in seinem wohlverstandenen Eigeninteresse handelt, wie dies die implizite Annahme der neoklassischen Theorie ist. Auch wenn die Psychologie in eine Vielfalt von Schulen zerfallen ist: In einer Welt voller Drogenabhängigen und von Personen mit schweren emotionalen Konflikten, die zuweilen mit Fleiß und Eifer dabei zu sein scheinen, ihr eigenes Unglück herbeizuführen, erscheint es schwierig, den Mythos aufrecht zu erhalten, jeder Mensch sei nur daran interessiert, seinen persönlichen Nutzen zu maximieren. Dies erscheint selbst dann problematisch, wenn man auch etwas eigentümliche, individuelle Präferenzordnungen gelten lassen möchte.

Es gibt hier natürlich ein gewisses Maß an Möglichkeiten, das homo oeconomicus-Konzept umzuinterpretieren – bis zu dem Punkt, bei dem selbst ein extremer „homo ethicus" und „homo religiosus" – als egoistischer Nutzenmaximierer verstehbar ist (indem man ihm etwa unterstellt, kalkulierend auf eine Kompensation im Jenseits zu hoffen). Dennoch, Phänomene wie Organisationsbindung und Loyalität (Grundvoraussetzungen für das Funktionieren auch der kapitalistischsten Unternehmungen), oder emotionale altruistische Impulse, anderen zu helfen, können nur mühevoll – etwa mit biologischen Kunstgriffen – auf verschleierte Varianten egoistischen Verhaltens reduziert werden.

Verschiedene Versionen einer „Social Economy", die nicht nur vom individuellen ökonomischen Motiv bestimmt ist, haben historisch existiert, existieren heute und werden auch in der Zukunft existieren. Es scheint zwar so, dass ein Element des homo oeconomicus auch in ihrer Funktion eingebaut ist (und dies gilt möglicherweise, im Blick auf die Zukunft, sogar in zunehmendem Ausmaß). Aber methodologischer Monismus und ideologisch gefärbte Einseitigkeit sollten in jedem Fall vermieden werden. Im Diskussionsabschnitt dieses Kapitels werden Studierende und andere Leser unter anderem eingeladen zu überprüfen, welches theoretische Menschenbild am ehesten ihren eigenen Wert- und Motivationsvorstellungen entspricht.

Nachdem er die Anfangshürde einer etwas theoretischen Einleitung überwunden hat, wird der Leser mit einigen Beobachtungen betreffend die Rolle der Sozialwirtschaft in der Geschichte konfrontiert. Dies ist für die Vorgangsweise in der einschlägigen Literatur durchaus üblich, allerdings divergiert es von den Gebräuchen im Bereich der neoklassischen Ökonomie, die fast in grundsätzlicher Weise ahistorisch orientiert erscheint. Der österreichische Ökonom Stefan Schulmeister hat es vor einigen Jahren gegenüber einem der Autoren dieses Bandes so zusammengefasst: „Die moderne neoklassische Ökonomie betrachtet den Menschen als Individuum und nicht als soziales Wesen. Sie betrachtet den Menschen als rationales und nicht als emotionales Wesen. Und sie betrachtet den Menschen im Wettbewerb und nicht in der Kooperation". Man könnte aber auch ergänzend hinzufügen: die neoklassische Ökonomie schaut auf den

Menschen als zeitloses Wesen und nicht auf den Menschen, der in einer gegebenen historischen Situation lebt.

Es gibt natürlich wichtige Elemente im menschlichen Verhalten, die über lange Zeitstrecken vergleichbar bleiben. Dennoch erscheint es absurd, wie das gelegentlich geschieht, etwa Inselökonomien wie Jamaika und Singapur zu vergleichen, ohne die historisch höchst unterschiedlichen Vergangenheiten anglikanischer Pflanzer- und Sklavenhalterökonomie und eines traditionellen, von konfuzianischer Ethik geprägten Handelszentrums zu berücksichtigen.

Die Theoretiker und Praktiker dessen was man heute „Economie Sociale" oder Sozialökonomie nennt, haben dagegen eigentlich immer der historischen Dimension der wirtschaftlichen Organisation des Menschen große Bedeutung gegeben. Französische Theoretiker wie Charles Gide und Henri Desroche, deutsche Theoretiker der historischen Schule der Nationalökonomie und vor allem alle Autoren, die vom Marxismus beeinflusst waren, haben stets dieses historisch gebundene Element ökonomischer Aktivität in hohem Maße betont. Eine kurze historische Darstellung der Sozialwirtschaft wird daher im Kapitel 2 präsentiert.

Die gegenwärtig wichtigsten Sektoren entsprechend der heute in der EU dominierenden Terminologie von Genossenschaften, wechselseitigen Organisationen, Nonprofit-Vereinen und Stiftungen werden im darauf folgenden Kapitel 3 beschrieben. Dabei wird auch auf die teilweise sehr differenten Verständnisse des „Sozialen" im Begriff der Sozialwirtschaft eingegangen.

Die ökonomische und soziale Realität in einem historisch differenzierten Zusammenhang zu betrachten, bedeutet natürlich auch, den regionalen und nationalen Besonderheiten der Entwicklung Beachtung zu schenken. Daher wird in Kapitel 4 Bezug auf den spezifischen Charakter der mitteleuropäischen Sozialwirtschaft genommen.

Das vorliegende Buch, das auch auf Finnisch erscheint (eine englische und französische Version sind ebenfalls anvisiert), versucht, solche regionalen Gegebenheiten und Traditionen zu würdigen. Auf Finnland bezogen lässt sich beispielsweise auf die Zwänge der schönen aber harten Natur des wenig besiedelten Nordens in Richtung kooperativen Wirtschaftsverhaltens verweisen, aber etwa auch auf die Rolle nationalen Widerstands gegen den Versuch halbkolonialer Unterdrückung. Dieser Mobilisierungsaspekt gegen einen „Gegner von außen" hat im finnischen Beispiel der Sozialwirtschaft in den Jahren ab 1899 (dem Einsetzen des Versuchs massiver Russifizierung durch das zaristische Regime) besonderes Gewicht gegeben.

Auch im mitteleuropäisch-deutschsprachigen Bereich gibt es eine besondere Rolle historischer Eigentümlichkeiten, die in Kapitel 4 etwa im Genossenschaftssektor mit seinen spezifischen Genossenschaftspionieren Friedrich Wilhelm Raiffeisen und Hermann Schulze-Delitzsch und der besonders starken Ausprägung der deutschen Genossenschaftsbewegung zum Ausdruck skizziert werden. In vielen Genossenschaftssparten zeigte das ökonomisch führende Deutschland des letzten Drittels des 19. Jahrhunderts dabei Ausstrahlungswirkungen auch in andere europäische Länder. Die finnische Version dieses Buches baut übrigens stark auf der Expertise von Juhani Laurinkari, einem der wichtigsten Forscher in diesem Feld auf. Das vorliegende Lehrbuch wurde als Projekt internationaler Zusammenarbeit konzipiert und beruht im beträchtlichen Ausmaß auf den Ergebnissen freundschaftlicher, offener und manchmal auch kontroverser Diskussionen mit profilierten internationalen Vertretern der CIRIEC, wie Rafael Chaves, Jacques Defourny und Roger Spear. Wir danken diesen Experten herzlichst für ihre wertvollen Anregungen und ihre Kritik. Dass unser Buch vorderhand nur in deutscher und finnischer Ausgabe erscheint ändert nichts an unserer längerfristigen Hoffnung auf eine breitere internationale Zusammenarbeit.

Ein großes Maß an empirischen Studien über den dritten Sektor wurde in den letzten Jahren auf internationaler wie auch nationaler Ebene geschaffen, nicht zuletzt dank der enormen Anstrengung des „Johns Hopkins Third Sector Project". Die Ergebnisse dieses Projektes sind von größter Bedeutung für den Nonprofit-Bereich und sollten auch ausführlich gewürdigt werden. Unser Kapitel 5 wird allerdings auch einige mehr theoretische Fragen stellen: Was ist die Rolle der Sozialwirtschaft in der heutigen Wirtschaft und Gesellschaft? Warum sind so unterschiedliche Ziele und Visionen damit verbunden? Sollte sie als Werkzeug angesehen werden, um die Dominanz des öffentlichen Sektors zu reduzieren, oder als eines, das Marktversagen kompensieren soll? Manche Aspekte sind hier noch offen für Erörterungen und unsere Einführung versucht, zur Entwicklung einer solchen fruchtbaren Diskussion beizutragen.

Der vielleicht am meisten diskutierte Bereich der heutigen Sozialwirtschaft, der Nonprofit-Sektor, wird in einem eigenen Kapitel 6 besprochen werden. Kann und soll sich die im deutschsprachigen Bereich langjährig etablierte „Genossenschaftswissenschaft" hier eingliedern oder gibt es unübersteigbare Divergenzen? Hier spielen auch die im Vorwort angedeuteten wissenschaftspolitischen, ja taktischen Fragen eine Rolle, die in möglichster Unbefangenheit zu erörtern wären.

Kapitel 7 – Management in der Sozialwirtschaft – macht deutlich, wie häufig das Problem des homo oeconomicus und seiner Maximierungsrationalität über die Hintertüre wieder hereinkommt, wenn wir das konkrete Funktionieren der Sozialwirtschaft diskutieren – gerade in einem Umfeld, in dem der Wettbewerb immer mehr zum zentralen gesellschaftlichen Regulierungsinstrument proklamiert wird. Genossenschaften, Wechselseitigkeitsunternehmungen, aber auch Nonprofit-Organisationen haben auch heute schon oft marktwirtschaftlichen Wettbewerb zu bestehen. In Zukunft wird dieses Phänomen noch verbreiteter und intensiviert auftreten. Wenn sie nicht fähig sind, ihm die Stirn zu bieten, werden sie untergehen. Es kann allerdings auch in vielen Fällen gezeigt werden, dass eben diese solidaristisch motivierten Unternehmungen vor allem in ihrer charismatischen Anfangsphase über ihr ideologisches Motivierungspotential (und die entsprechenden produktivitätsfördernden Effekte im Hinblick auf Entkorrumpierung und economies of scale) geradezu Pioniere der marktwirtschaftlichen Effizienz gewesen sind. Solche Anfangseffekte mögen mit der Zeit abebben oder sogar gegenläufigen Tendenzen Platz machen – die Herausforderung, auf dem Markt zu bestehen, bleibt in einem pluralistischen Gesellschaftssystem gegeben. Heute müssen jedenfalls auch Nonprofit-Vereinigungen Sorge tragen, dass sie nicht zu viel für Verwaltungskosten ausgeben und sie müssen danach trachten, ihre Mittelverwendung zu optimieren. Spender und öffentliche Förderer haben zudem ein Recht, maximale Effizienz bei der Verwendung ihrer zur Verfügung gestellten Mittel zu erhoffen. Nicht zuletzt aus diesem Grund werden heute etwa Spendengütesiegel eingeführt. Die Sozialwirtschaft zu managen bedeutet damit allerdings auch, dass oft Methoden und Mentalitäten, die wir aus dem profitorientierten Bereich kennen, für wohltätige oder sonst wie altruistisch gefärbte Zwecke eingesetzt werden müssen. Es ist offensichtlich, dass wir uns hier in einem Bereich befinden, wo es schwierig ist, den richtigen Mix von zieladäquaten Mitteln zu finden.

Das abschließende Kapitel 8 des vorliegenden Einführungswerks soll die Frage evolutionärer Trends im Bereich der Sozialwirtschaft behandeln. Gibt es so etwas wie Lebenszyklen in dieser ökonomischen Sphäre, wie steht es um die Möglichkeiten, die aktive und fruchtbare Lebensspanne einer Organisation des dritten Sektors zu verlängern und auf welche Art sollte man sich mit Dekadenz und Krisen solcher Organisationen auseinandersetzen? Es handelt sich hier um Aspekte, die durchaus offen angesprochen werden sollten, ohne Euphemismen, aber auch ohne Anklagehaltungen und Verschwörungstheorien. Zuweilen können wir empirisch unmissverständlich feststellen, dass auch Organisationen der Sozialwirtschaft eben nur für eine limitierte Zeitspanne eine fruchtbringende Tätigkeit entfalten. Dies muss nicht notwendig negativ sein, solange während dieser Zeitspanne der Beitrag zum Wohlergehen der Mitglieder und Benutzer ein bedeutender ist. Neutrale Ausdrücke wie „Typentransformation" drängen sich vor allem dort auf, wo ein „glatter" Übergang in den „For Profit-Bereich" eintritt – aber auch traurige Insolvenzen können aus weiterer Sicht relativiert werden. Die Fortdauer der Genossenschaften, so soll Charles Gide gesagt haben, besteht nicht darin, dass sie auf ewig leben, sondern darin, dass sie immer wieder neu geboren werden. In diesem Sinne wird die Sozialwirtschaft uns weiter begleiten, als Phänomen, das zu analysieren ist, aber auch als Aktivität, die mit Engagement und Freude an der sozial orientierten Tätigkeit gepflegt werden kann.

Kapitel 1: Menschenbilder

Homo oeconomicus – homo sociologicus – homo cooperativus – homo psychologicus – homo ethicus – REMM

Der Mensch ist ein komplexes Wesen. Es mag sein, dass er seinen Beruf in einer bestimmten Sparte wählt, weil dies einer Familientradition entspricht (oder umgekehrt, um mit einer solchen Familientradition zu brechen). Er mag seine Tätigkeit aus dem Grund anstreben, weil sie hohes Sozialprestige vermittelt oder weil sie das Gefühl gibt, ethisch gut und ein „Helfer der Mitmenschen" zu sein. Menschen können Berufe aus idealistischen und sogar religiösen Gründen wählen oder auch aus einfachen materialistischen Überlegungen heraus. In vielen Fällen ergibt sich dabei eine komplexe Mischung von Motiven, und manche hochgeachtete Berufe wie etwa jener des Arztes oder der eines hohen Priesters können auf einer Reihe unterschiedlicher Wertungsskalen Spitzenpositionen einnehmen. In den Sozialwissenschaften tendieren wir allerdings dazu, die komplexe Welt der menschlichen Motive zu vereinfachen, und verschiedene wissenschaftliche „Abteilungen" betrachten den Menschen aus unterschiedlichen Gesichtswinkeln. Romanautoren mögen versuchen, Menschen in all ihren Widersprüchen darzustellen; die Sozialwissenschaften dagegen befassen sich mit vereinfachten Modellen menschlichen Verhaltens.

Die vorliegende Einführung in die Sozialwirtschaft muss sich mit dem grundsätzlichen Thema der existierenden Verhaltensmodelle des Menschen auseinandersetzen, weil ihr Gegenstand – nach der aktuellen EU-Terminologie Genossenschaften, Wechselseitigkeitsvereine, Nonprofit-Vereine und gemeinnützige Stiftungen – nicht besonders gut in das gegenwärtig politisch dominierende Modell des homo oeconomicus und seiner Profit maximierenden Marktrationalität hineinpasst.

Die Dominanz des homo oeconomicus-Konzeptes liegt dabei weder in einer intellektuellen Brillanz begründet noch in einer Nähe zur Realität oder gar der generellen Akzeptanz dieses Modells bei den Fachleuten. Das Gegenteil ist der Fall: Es handelt sich bei genauerem Hinsehen um ein in theoretischer Hinsicht sehr schlichtes, um nicht zu sagen simples Modell, das nur einen geringen Realitätsbezug aufweist und von Fachleuten lediglich für schematische Darstellungen verwandt wird, während ansonsten komplexere und somit realitätsnähere Modelle herangezogen werden. Aufgrund seiner Einfachheit ist der homo oeconomicus allerdings ausgesprochen leicht zu verstehen und erklärt dennoch sehr viel beobachtbares Verhalten. Vor diesem Hintergrund scheint er in den letzten Jahren gerade in der praktizierten Wirtschaftspolitik auf breite – zumindest implizite – Akzeptanz zu stoßen. Eine Vielzahl wirtschafts- und auch sozialpolitischer Maßnahmen der jüngeren Vergangenheit lässt sich jedenfalls problemlos begründen, wenn das Menschenbild des homo oeconomicus unterstellt wird, während die ergriffenen Maßnahmen in eklatantem Widerspruch zu moderneren, differenzierteren Menschenbildern stehen.

Somit hat dieses Verhaltensmodell seine Auswirkungen durchaus auch in jenen Bereichen, die sich sozial und nicht gewinnorientiert geben. Wir werden diesem komplexen Thema immer wieder begegnen.

Fünf Hauptmodelle menschlicher Motivation lassen sich für unsere Zwecke plakativ vereinfachend abgrenzen: Homo oeconomicus, homo sociologicus, homo psychologicus, homo ethicus und REMM. Wir werden versuchen, sie nicht nur in abstrakter Form, sondern auch in historischer Betrachtung zu analysieren

– eine Vorgangsweise, die bereits einer methodologischen Entscheidung entspricht.

Homo oeconomicus

Das Konzept des homo oeconomicus wurde im Grunde im 18. Jahrhundert während der Epoche der Aufklärung geprägt und geht auf die klassische Nationalökonomie (Ferguson, Smith, Mandeville) zurück.

Ausgangspunkt dieses Verhaltensmodells ist der einsame, selbstbezogene Entscheider, der weiß, was für ihn gut ist, d. h. das Erklärungsprogramm des homo oeconomicus setzt beim Entscheidungsverhalten des Individuums an (methodologischer Individualismus). Damit hält die ökonomische Erklärung nicht nur eine Antwort bereit auf die Frage, welche Ziele Individuen verfolgen, sondern sagt auch, wessen Ziele das sind.

In vieler Hinsicht war es ein wichtiger Schritt vorwärts in Richtung auf eine realistischere Betrachtung des Menschen und weg von bloß normativen Verhaltensmodellen und der damit verbundenen Heuchelei. Jahrtausende hatten die Religionen versucht, die Menschen zu lehren „gut" zu sein, das heißt ihren Vorschriften zu folgen. Geistliche und weltliche Autoritäten waren stark daran interessiert, ihren Untertanen moralisches Verhalten einzubläuen. Das soziale Denken der Aufklärung versuchte allerdings, sich an den triumphal vordringenden Naturwissenschaften ein Beispiel zu nehmen. Konnte man nicht auch den Menschen in ähnlicher Art betrachten, das heißt Grundgesetze sozialen Verhaltens nicht in moralisierender und normativer Form zu bestimmen, sondern als deskriptive und prognostische Analyse dessen, was tatsächlich in der realen Welt geschieht? Die im 18. Jahrhundert sich langsam herauskristallisierenden Konzeptionen der Sozialwissenschaften und des homo oeconomicus waren ein Produkt dieser neuen Haltung. Man beachte allerdings die doppeldeutige Natur des Wortes „Gesetz". Die Sozialwissenschaft entfaltete sich auf einer Basis der Moraltheologie. Der bekannteste Ökonom des 18. Jahrhunderts, Adam Smith, begann als Theologe und verfasste u. a. eine „Theory of Moral Sentiments".

Anfänglich erregte die neue Botschaft von der fundamental individuellen und egoistischen Natur des Menschen einige Unruhe. In Frankreich behauptete der Philosoph Helvetius, „wir sind alle Egoisten", und manche in den aristokratischen Salons waren schockiert (andere fühlten, hier sei ein Geheimnis ausgeplaudert worden). Adam Smith allerdings hatte eine unterschiedliche Version der gleichen Botschaft: Ja, jeder sei in der Tat damit beschäftigt, seine oder ihre egoistischen Interessen zu verfolgen. Über den Markt können allerdings diese individuellen, egoistischen Impulse zum Wohle aller koordiniert werden. Sie resultieren nicht in Chaos und Kampf, sondern in Ordnung und Wohlstand. Das „Gesetz" der „unsichtbaren Hand", das in Adam Smiths Sicht die individuellen materialistischen Impulse zum Zweck einer allgemeinen Gütermehrung harmonisierend vereinigt, ist in gewissem Sinn auch als Gesetz Gottes interpretierbar.

Wofür steht die Konzeption homo oeconomicus? Grundsätzlich bedeutet sie die Anerkenntnis individueller Verfolgung materiellen und seelischen Wohlbefindens, „the pursuit of happiness", wie es die von Thomas Jefferson formulierte Präambel der amerikanischen Unabhängigkeitserklärung umschreibt. Es geht hier, wie erwähnt, um ein wichtiges aufklärerisches Konzept, nicht zuletzt deshalb, weil danach auch das bescheidenste Menschenwesen als ein Zweck für sich selbst akzeptiert, also nicht bloß als Spielfigur in den Händen mächtiger Obrigkeiten gesehen wird. In diesem Sinn ist die homo oeconomicus-Konzeption in enge Beziehung zu setzen zu den Deklarationen der Menschenrechte, den Konzepten der Demokratie und verfassungsgemäßer Regierung, die etwa zu gleicher Zeit sich entwickelten.

Ausdruck dieser Verwandtschaft ist u. a. die Betonung des Rechts auf Eigentum, das sich spätestens seit der Französischen Revolution im Jahre 1789 als eines der grundlegenden Menschenrechte etabliert hat. So steht es denn unter anderem in der Allgemeinen Erklärung der Menschenrechte aus dem Jahr 1948 in Artikel 16 und im Deutschen Grundgesetz in Artikel 14. Dieses Grund- und Menschenrecht bietet dem homo oeconomicus erst den Anreiz, sich maximierend zu engagieren, weil es ihm die Sicherheit bietet, das was er sich erwirtschaftet hat auch behalten zu dürfen.

Ein weiterer Bezugspunkt ist das Kontraktdenken der Epoche, welches das Individuum juristisch als Meister seines Geschickes konstruierte, indem es den politischen Mythos eines ursprünglichen Gesellschaftsvertrages im Sinne von Jean Jacques Rousseau einführte. Die verfassungsvertragliche Bindung freier Individuen als Schöpfer einer zivilisierten Gesellschaft – das war zwar eine der realen historischen Entwicklung nicht eben adäquate, aber doch sehr wirkungsmächtige Idee. Individuelle Freiheit und Vertragsfreiheit wurden zu Grundpfeilern nicht nur jenes Verfassungsdenkens, das die existierenden, vorgeblichen gottgegebenen Hierarchien herausforderte. Sie wurden auch zur produktiven und treibenden Kraft in der Entwicklung der Wirtschaftswissenschaft. Die Konzeption des freien Arbeiters, der seine Arbeit verkauft um zu überleben und dabei als „gleichrangiger Vertragspartner" seines Arbeitgebers auftritt, ist zwar in gewissem Sinn auch ein etwas „mythologisches" Konstrukt, ähnlich dem Verfassungsmythos vom Gesellschaftsvertrag: Wichtige Unterschiede von Macht und Information werden dabei ja ignoriert. Dennoch hat sich über das 19.

und 20. Jahrhundert hinweg diese Konzeption des Menschen als rationales, frei Verträge abschließendes, ökonomisches Individuum als wertvolles Analysewerkzeug etabliert. Zugleich ist sie auch im latent normativen Sinn zu einer Modellvorstellung geworden, die allerdings nicht ohne Kritik geblieben ist. Dies liegt nicht zuletzt darin, dass das Kontraktdenken als Analyseinstrument sehr hilfreich ist, allerdings bei der praktischen Politikgestaltung aufgrund zahlreicher Probleme (Verträge mit Minderjährigen, Freiwilligkeit, etc.) nur in Ansätzen einsetzbar ist.

Betrachten wir eine moderne Version des alten, aber immer noch sehr vitalen Konzeptes. Seine grundlegenden Bausteine sind Knappheit, individuelles Optimierungsstreben, Spezialisierung und Tauschgewinne. Können ökonomische Akteure ihre Bedürfnisse mit den verfügbaren Gütern nicht befriedigen, empfinden sie Knappheit und werden ihr individuelles Optimierungsverhalten darauf ausrichten, ein insgesamt möglichst hohes Niveau der Bedürfnisbefriedigung zu erreichen. Spezialisierungsvorteile bilden die Grundlage für Tauschgewinne. Diese können zwei spezialisierte Akteure immer dann erzielen, wenn die erzielten Produktivitätssteigerungen mehr wert sind als der Aufwand für den notwendig gewordenen Tauschvorgang.

Im Sinne der Entwicklung dieser ökonomischen Theorie, wie sie sich im 19. Jahrhundert entfaltet hat, können Menschen ebenso wie Unternehmen als rationale Entscheidungseinheiten gesehen werden, die Nutzen (im Falle menschlicher Personen) oder Gewinne (im Falle von Firmen) maximieren. Aus dieser Art von Maximierungsverhalten können gewisse „Gesetze" abgeleitet werden, so etwa das Gesetz von Angebot und Nachfrage.

Vorausgesetzt wird dabei, dass für jedes relevante Gut, welches zwischen den Individuen gehandelt wird, ein Markt mit entsprechenden Marktpreisen existiert, die allen Beteiligten bekannt sind, somit verhalten sich alle Akteure, Produzenten wie

Konsumenten, als Mengenanpasser. Das heißt: Firmen bieten mehr von einem Gut an, wenn sein Marktpreis höher liegt, aber die Konsumenten würden weniger fähig und willens sein davon zu kaufen. Umgekehrt würden (unter sonst gleichen Umständen) Firmen eine geringere Menge eines Produktes anbieten und Konsumenten mehr davon kaufen, wenn sein Preis niedriger angesetzt wäre. Aus diesen zwei unterschiedlichen Tendenzen kann ein Gleichgewichtspreis konstruiert werden, bei welchem die Bereitschaft der Produzenten, ein bestimmtes Gut anzubieten, der Bereitschaft der Konsumenten entspricht, dieselbe Menge des Gutes zu kaufen. Bei diesem Gleichgewichtspreis kommt es zur Markträumung. Zugleich wird angenommen, dass es eine Tendenz zu einem „allgemeinen Gleichgewicht" gibt, das zur ordnungsgemäßen Versorgung und Räumung aller Märkte für Güter und Dienstleistungen führt.

Dieses Gesetz für Angebot und Nachfrage kann dazu verwendet werden, einfache und überzeugende Erklärungen und auch Verhaltensvorschläge zu geben. Wenn es zuviel von einer Ware gibt und der Markt nicht geräumt wird, dann sollte offensichtlich der Preis dieser Ware niedriger sein (das ist allerdings nicht immer einfach durchzusetzen, etwa wenn es sich um Menschen handelt, die „die Ware ihrer eigenen Arbeitskraft" verkaufen, oder wenn es um die bäuerlichen Anbieter landwirtschaftlicher Produkte geht, die vertretbare Preise brauchen, um ihren oft relativ ärmlichen Lebensunterhalt bestreiten zu können). Wenn andererseits Warteschlangen entstehen und Menschen alle möglichen Tricks aufwenden müssen, um gewisse knappe Güter zu erlangen, dann würde der Ökonom schließen: Offensichtlich sind besagte Güter zu billig, ihr Preis muss also erhöht werden, bis wir den Punkt erreichen, an dem Angebot gleich Nachfrage ist. Auch dies ist allerdings nicht immer so leicht zu legitimieren: Etwa wo Menschen höhere Gebühren im Bereich des Unterrichtswesens oder der sozialen Dienste zahlen müssen, die zur Ausschließung vieler ärmerer Menschen von diesen Angeboten führen würden – oder während eines Krieges, wo üblicherweise die Regierung und Bevölkerung das „gerechtere" Instrument der Rationierung als Mittel der Verteilung extrem knapper Güter dem Markt- und Preissystem vorzieht. Gerade in Situationen nationalen Notstandes, der ein Zusammenstehen aller erfordert, wird tendenziell die Bevorzugung der kaufkräftigen Nachfrage bei der Verteilung über den Markt leicht zum Skandal. (Zugleich wird aber die Kraft des marktlichen Elements in solchen Fällen im – nie ganz zu unterdrückenden – Schwarzmarkt besonders evident, bei dem die Preise auch ein Risikoelement aufgrund eben dieses Verbotes enthalten).

Einige der düstersten Schlussfolgerungen, die vor allem Ökonomen des 19. Jahrhunderts aus ihren Grundannahmen gezogen haben, wurden nicht bestätigt. So galt es während einer langen Zeit als Binsenweisheit, dass die Preise aller Güter dazu tendieren, auf die Ebene ihrer Produktionskosten zu fallen. Dies wurde auch für den Preis für menschliche Arbeitskraft angenommen. Die Löhne als Teil des Marktsystems würden somit auch auf ihre (Re-)Produktionskosten fallen, das heißt auf den physischen Minimallebensstandard, der dazu ausreicht, die arbeitende Bevölkerung zu reproduzieren. Diese von manchen als „ehernes Lohngesetz" bezeichnete Perspektive hat sich allerdings letztlich im Bereich der entwickelten Industrieländer nicht bewahrheitet. Seine tendenzielle Gültigkeit beschränkte sich auf die Zeit, als die Ökonomie die Wissenschaft des Elends („the dismal science") genannt wurde.

Grenzen der homo oeconomicus-Konzeption

Die Vorstellung des homo oeconomicus ist eine sinnvolle Vereinfachung, aber sie hat ihre Grenzen und auch diese Grenzen wurden über die Jahrhunderte ausgelotet. Es ist vor allem eine Konzeption, die durch ihre Einseitigkeit bei der Interpretation der komplexen menschlichen Verhaltensstrukturen auffällt. In mancher Hinsicht können die Maximierungsmodelle, die auf der verführerisch einfachen Annahme des homo oeconomicus basieren, zu viel versprechen. Sie haben Ökonomen dazu verlockt, optisch überzeugende Diagramme zu konstruieren, die mit den Methoden der Differentialrechnung bearbeitet werden können. Zugleich erscheinen sie allerdings weitestgehend hypothetisch (so wie im Fall der sogenannten Indifferenzkurven). In gewissem Ausmaß sind Ökonomen auch zurückgeschreckt vor ihrem eigenen Mut.

Im 19. Jahrhundert wurde das Konzept des abnehmenden Grenznutzens etwa sehr wichtig (es kann in sehr einfacher Weise umschrieben werden mit der Feststellung, wenn man mehr von der gleichen erwünschten Sache bekommt, vermittelt sie einem weniger Wohlgefallen. Eine Tatsache, die etwa bei der Konsumtion mehrerer Portionen Eiscreme hintereinander augenfällig wird und bis zu negativen Nutzenerlebnissen – „disutility" führen kann). Nimmt man allerdings an, dass Nutzen interpersonell vergleichbar ist, ergibt sich daraus relativ rasch die Idee, dass es sinnvoll sein könnte, manchen Menschen, die sich sehr viel Eiscreme, Autos oder Villen leisten können, etwas Geld wegzunehmen, um es jenen zu übergeben, deren grundlegende Bedürfnisse weitgehend ungestillt sind und die daher aus dem gleichen Geldbetrag viel höheren Nutzen ziehen können; oder, in gelehrterer Formulierung, abnehmender, vielleicht gar negativ werdender Grenznutzen und interpersonelle kardinale Nutzenvergleichbarkeit würden eine starke egalitäre steuerliche Umverteilung und massive Transfersysteme zugunsten der Armen nahe legen. Vielleicht wurde wegen dieser etwas revolutionären Konsequenzen die Vorstellung interpersonell vergleichbarer Nutzen bald zu Grabe getragen, und der Ökonom Vilfredo Pareto (der auch als elitärer politischer Denker bekannt wurde) führte die Idee eines gesellschaftlichen Optimalzustandes ein, der auf strikter interpersoneller Nichtvergleichbarkeit der Nutzen beruhte. Nach diesem Konzept wäre jede Situation Pareto-optimal, bei der man etwas einer Person wegnehmen muss, um eine andere Person besser zu stellen (suboptimale Situationen wären damit nur jene, bei denen eine Person reicher gemacht werden kann ohne dass irgendeine andere Person ärmer wird). Das hätte allerdings auch den Effekt, dass der Grundsatz der Pareto-Optimalität selbst dann verletzt würde, wenn ein Multimilliardär einen winzigen Teil seines Einkommens abgeben müsste, um damit das Los einer armen Witwe zu verbessern (der Milliardär könnte ja theoretisch mehr persönlichen Nutzen aus dem Kauf eines neuen Brillantencolliers für seine Freundin ziehen als die Witwe, wenn sie einen dringend benötigten Wintermantel kauft).

Man hat das Konzept des homo oeconomicus auch beschuldigt, sich zu sehr in andere Bereiche der Sozialwissenschaften eingemischt zu haben. So meinen manche Menschen, dass Versuche, Familienbeziehungen, den Heiratsmarkt oder ähnliches nach homo oeconomicus-Überlegungen zu analysieren, eine zu sehr reduzierte Perspektive darstellen, die die Gefühle vieler Menschen beleidigt.

Will man „altruistische" Elemente ins Nutzenkonzept einbauen, gerät dieses schließlich in die Gefahr der vollkommenen Sinnentleerung: Natürlich kann man auch den Lustgewinn anderer Personen als Lustgewinn des Individuums erklären – etwa indem der Schenkende das Glück des Beschenkten mit genießt und sich daran freut.

Damit ist aber das Konzept des Nutzens schlechthin so sehr erweitert, dass sein Erklärungswert ins Bodenlose sinkt: „Sadismus, Masochismus, das Streben nach Ertrag mit fairen oder unfairen Mitteln, haben alle den selben Status" vermerkt Amitai Etzioni (1997: 64) in seinem Buch „Die faire Gesellschaft – jenseits von Kapitalismus und Sozialismus". Damit wird das Nutzenkonzept gefährlich tautologisch.

Andere Modelle menschlichen Verhaltens und wie das homo oeconomicus-Modell ihnen Rechnung tragen kann

Ein wesentlicher Kritikpunkt gegenüber dem homo oeconomicus-Modell ist jener, der ihm vorwirft, zu ahistorisch zu sein. Ein anderer, verwandter Aspekt hat mit der schon erwähnten Tatsache zu tun, dass es dazu tendiert, Machtbeziehungen zu „vergessen" oder zu übersehen. Überlegungen, die auf Vertragsbeziehungen zwischen abstrakt gleichgestellten Individuen basieren, ignorieren in der Regel nicht nur deren unterschiedliche Ressourcen (und damit die Erpressbarkeit des Schwächeren), sondern auch deren Traditionen, Vorurteile und deren Status in der sozialen Hierarchie. Soziologen mögen beispielsweise in Frage stellen, ob es sinnvoll ist, Inselökonomien wie jene von Jamaika und Singapur zu vergleichen, ohne deren unterschiedliche Vergangenheiten als landwirtschaftliche Sklavenkolonie einerseits oder als traditionelles Zentrum kaufmännischen Austausches in Rechnung zu stellen. Es gibt zweifellos eine gewisse Tendenz von Ökonomen, derlei historisch oder kulturell geprägte „Trivialitäten" zu übersehen. Welche Alternativmodelle des Menschen gibt es und wie könnte man sie in Übereinstimmung mit der homo oeconomicus-Annahme bringen?

Homo sociologicus

Homo sociologicus (Ralf Dahrendorf hat sich um den Ausdruck verdient gemacht) ist der Mensch, definiert als Bündel seiner sozialen Rollen. In dieser Vorstellung kommt das Gewicht der Traditionen und Rituale voll zum Tragen. Ökonomen würden allerdings darauf hinweisen, dass das Gewicht solcher Institutionen zwar als begrenzender Faktor für „rationales" ökonomisches Verhalten gesehen werden muss, dass allerdings die homo oeconomicus-Annahme innerhalb der vorgegebenen Grenzen von Sitte und Tradition dennoch am Werk sein könnte.

Die Konzeption einer begrenzten Rationalität (bounded rationality – erster Hauptvertreter war der Ökonomie-Nobelpreisträger Herbert A. Simon) – ist in diesem Zusammenhang wichtig. Sie hat damit zu tun, dass wir nur eine begrenzte Kapazität der Informationsaufnahme haben. Damit wird die Rationalitätsfrage zum Scheidepunkt ökonomischer Teiltheorien. Sitten und Gebräuche strukturieren unsere Realität und machen es einfacher für uns, Entscheidungen zu treffen. Auf der anderen Seite können sie auch sinnvollen Transaktionen unnötige Hindernisse in den Weg legen. Heute wäre die Idee der Ökonomen, wenn sie sich mit Traditionen befassen, oft jene, zu überprüfen, ob diese Traditionen ökonomischen Austausch erleichtern oder nicht. Über den Transaktionskostenansatz können institutionelle Faktoren in die Wirtschaftswissenschaft eingebaut werden. Zu beachten ist aber, dass in diesem Ansatz das selbe fundamental egoistische Menschenbild unterstellt wird wie in der neoklassischen Ökonomie (auch wenn der Begründer der Schule Oliver Williamson dabei zunächst leise Zweifel hatte). Gute vertragliche Absicherungen und Institutionen sollen jedenfalls dazu dienen, destruktiv egoistisches Verhalten („Opportunismus") hintan zu halten. Es mag schwierig sein, die hier angesprochene Rolle von Institutionen zu quantifizieren, aber oft kann eine Richtung angegeben werden: Z. B. in dem Sinn, ob eine gewisse Tradition oder Institution Transaktionskosten reduziert (etwa ein Dorfmarkt, der es den Hausfrauen erlaubt, transparente Information über die Preise und Quantitäten der vorhandenen Gemüseanlieferung zu gewinnen) oder ob die Transaktionskosten der Konsumenten erhöht werden (etwa im Falle von gesellschaftlichen Gesetzen, die den Verkauf aristokratischen Landes an Nichtaristokraten verhindern).

Homo psychologicus kann man nicht als einheitliche Kategorie darstellen, zumal es in der Psychologie viele verschiedene Denkschulen gibt. Eine gewisse Orientierung an der Bedeutung irrationalen, emotionalen und sogar selbstdestruktiven Verhaltens bei menschlichen Individuen kann allerdings als gemeinsamer Nenner vieler psychologischer Konzeptionen genannt werden. Hier zeigt die homo oeconomicus-Annahme eindeutig Schwächen. Man mag sich zurückziehen auf das neutralisierende Konzept der Präferenzordnung und sagen, dass eine Person, die etwa große Quantitäten gefährlicher Drogen konsumiert, offenbar eine sehr hohe Präferenz für gegenwärtigen Genuss haben dürfte und eine sehr hohe Abzinsungsrate für künftige Lebensfreuden (also eine Präferenzordnung der Art „carpe diem" und „was morgen ist, zählt nicht"). Das ist allerdings keine sehr elegante Lösung. Ein anderes Problem stellt die Frage altruistischen Verhaltens dar. Auch hier kann man vom Nutzen ausgehen, den man daraus gewinnt, Anderen Gutes zu tun. Damit kann allerdings der verhaltensprognostische Gehalt des homo oeconomicus-Konzepts weitgehend diffus werden.

In gewissem Sinn kommt allerdings die egoistische Grundfärbung der homo oeconomicus-Annahme immer wieder zum Vorschein. Oft ergibt sich sogar eine irrational anmutende Überbetonung von Rationalität, so wie in der ökonomischen Schule der „rationalen Erwartungen", die in den 1980er Jahren recht populär war: Ihre Vertreter hatten im Wesentlichen behauptet, es könne keine staatliche Wirtschaftspolitik geben, denn die rationalen ökonomischen Individuen des Marktes würden stets die wirtschaftspolitischen Versuche, Marktverhalten zu beeinflussen, vorwegnehmen und damit zunichte machen. Man muss allerdings zugeben, dass selbst ein Individuum, das in manchen Bereichen seiner Entscheidungsfindung sehr irrational handelt (etwa in Familienbeziehungen oder in Bezug auf Drogenkonsum), in anderer Hinsicht kalkulierender und ökonomischer auftreten kann, etwa beim Einkauf von Lebensmitteln oder sogar von Rauschmitteln und Zigaretten.

Gibt es einen homo cooperativus?

Die Einseitigkeit des homo oeconomicus-Konzepts hat immer wieder zu Überlegungen geführt, die erklären sollen, dass auch für den empirischen Menschen mit allen seinen Unvollkommenheiten zuweilen altruistische Motivationen gelten. Eine Sichtweise, die dem homo oeconomicus-Konzept nahe steht, ist jene der so genannten Münsteraner Schule, die das „Paradoxon der Kooperation" letztlich durch deren Vorteile fürs Individuum zu erklären versucht: Man kooperiert des persönlichen Vorteils wegen.

Dies scheint freilich der emotionalen Bedeutung kooperativen Handelns relativ wenig Gewicht zu geben, und es erklärt auch nicht Fälle von ausgesprochener Aufopferung für die Gemeinschaft, wie sie etwa bei Naturkatastrophen oder im Kriegsfall auftreten. Zum Phänomen der Solidarität gehört das Gefühl der Verantwortlichkeit für andere Menschen, die Einbettung in ein überindividuelles Ganzes. Ein solches Verhalten kann natürlich wieder „soziobiologisch" auf eine Art Egoismus der Gene zurückgeführt werden – es ist auch eher in Grenzsituationen festzustellen als im Alltagsleben. Tatsache ist und bleibt aber, dass es so etwas wie einen solidaristischen Impuls gibt, und dass sich Menschen, je nach Kultur und in unterschiedlichem Ausmaß gegenüber nahe und ferner stehenden Mitmenschen solidarisch verhalten.

Abbildung 1.1: Schema zum Verständnis von Solidarität

Handlungsweise (Richtung) / Akteure	egoistische Ziele	altruistische Ziele
individualistisches Handeln	homo oeconomicus	homo ethicus / homo religiosus
solidarisches Handeln	homo oeconomicus-cooperativus homo sociologicus	homo cooperativus

Quelle: In Erweiterung von Hettlage (1990: 41).

Homo ethicus und homo religiosus

Dies sind wahrscheinlich jene Modellvorstellungen des Menschen, die wegen ihrer normativen Grundprägung am schwierigsten mit der homo oeconomicus-Annahme auf eine Linie gebracht werden können. Während man zugeben muss, dass die Perspektive des als egoistisch angesehenen Menschen eine gewisse Entschleierungsfunktion während der Aufklärung gespielt hat und auch noch nachher, hat doch die Modellvorstellung des Menschen als moralisches Wesen große Bedeutung für viele Menschen behalten. Zudem hat sie wahrscheinlich auch wichtige Bindungsfunktion in Bezug auf das soziale Geflecht. Der Darwinismus wurde hart attackiert, denn für viele Menschen war es wichtig, „Gottes Kinder" zu bleiben und damit mehr als Produkte des Zufalls und des Gesetzes vom Überleben der Arten, das eine eigentümliche Ähnlichkeit mit einigen etwa gleichzeitig formulierten Gesetzen der Marktwirtschaft hat. Reduziert man die mütterliche Liebe auf den egoistischen Versuch des Weibchens, die Erhaltung ihrer Gene zu garantieren, ist dies vielen selbst nicht religiösen Menschen ausgesprochen widerwärtig.

Altruistisch gefärbte Tätigkeit, etwa hoch ideologisierte Unternehmen der Sozialwirtschaft, als bloßen Ausdruck von kollektivem Egoismus zu interpretieren (und ansonsten als notwendigerweise ineffizient), zeigt ebenfalls das Konfliktpotential, das in diesem Bereich existiert. Ernsthafte Autoren haben auch die Meinung vertreten, dass die Schule des homo oeconomicus-Denkens in gefährlicher Weise die Bedingungen ihres eigenen Erfolges in der modernen westlichen Zivilisation unterminiert. Diese sei in großem Ausmaß auf Loyalitäts- und ethischen Wertbasen errichtet, die vom homo oeconomicus-Denken tendenziell zerstört würden. Das wachsende Ausmaß an Ladendiebstählen, die Eliminierung teurer, älterer und kranker Angestellter im Sinne rationaler Profitmaximierung, schrankenlose Industriespionage und ähnliches wurden in diesem Zusammenhang angeführt.

REMM – resourceful, evaluative, maximizing man

Aus der Kritik an der Realitätsferne des homo oeconomicus sind in den letzten Jahrzehnten gerade auch in der Ökonomie neue Menschenbilder konzipiert worden. Unabhängig von ihrem jeweiligen Entstehungshintergrund sind ihnen zwei Grundtendenzen gemeinsam: Die Erklärungsqualität des homo oeconomicus, die für viele Fragestellungen und Analysen unzweifelhaft gegeben ist, beizubehalten und gleichzeitig die Realitätsnähe des verwendeten Modells zu steigern. Durch den letzteren Aspekt soll das Menschenbild nicht unbedingt sympathischer gemacht werden, sondern vorrangig geht es darum, menschliche Handlungsweisen, die sich der homo oeconomicus-Erklärung entziehen, doch erklärbar zu machen und nicht als irrational abzuqualifizieren.

Auf eines dieser Modelle, das u. a. in Zusammenhang mit der Neuen Institutionenökonomie im Allgemeinen und dem Property-Rights-Ansatz im Besonderen verwendet wird, soll etwas genauer eingegangen werden. Die vergleichsweise Jugend dieses Modells zeigt sich denn auch nicht allein im Einsatzbereich, sondern auch in der englischen statt lateinischen Namensgebung.

Ausgegangen wird von einer grundsätzlich individualistischen Orientierung des Menschen. Weiterhin wird der wirtschaftende Mensch als rationaler, eigennütziger Maximierer angesehen und als REMM bezeichnet – resourceful, evaluative, maximizing man. REMM steht damit durchaus bewusst in der Maximierungstradition des homo oeconomicus.

Während der homo oeconomicus aber entweder Güternutzen (als Verbraucher) oder Gewinn (als Unternehmer) maximiert, existiert für den REMM nur noch eine umfassende Art der Nutzenmaximierung. Auf diese Art und Weise eröffnen sich der wirtschaftlichen Analyse vordem verschlossene Bereiche: Die Zielfunktion der Wirtschaftssubjekte ist offener geworden. Neben Güterversorgung und Gewinn können jetzt auch Faktoren wie Liebe, Selbstverwirklichung und Macht berücksichtigt werden. Damit ist der REMM eng verwandt dem homo cooperativus, jedoch wegen der größeren Offenheit der Zielfunktion deutlich wirklichkeitsnäher.

Diese Annäherung an die Realität wirft jedoch auch Probleme auf. Es besteht die Gefahr, dass jede beobachtete Besonderheit letztlich auf die Vielfalt der bestehenden Nutzenfunktionen zurückgeführt wird. Damit würde der wissenschaftliche Aussagewert verfallen; der Erklärungsansatz würde zur Tautologie. Wird die Nutzenfunktion allerdings bereits im Vorhinein genau spezifiziert, so kann leerer Funktionalismus vermieden werden. Für modellhafte Untersuchungen bedeutet dies, dass die Werte gewissermaßen von außen, also nicht aus dem inneren ökonomischen Zusammenhang heraus, vorgegeben werden müssen. Der REMM ist somit wie eine Schale, die der Auffüllung bedarf. Die Zuarbeit für diese „Auffüllung" obliegt dabei nicht mehr der Wirtschaftswissenschaft, sondern anderen Gesellschaftswissenschaften einschließlich der Psychologie – und sollte idealerweise auch empirisch belegt sein. Zugleich wird deutlich, dass es sich bei dem homo oeconomicus gewissermaßen um eine sehr eingeschränkte Spezialausprägung des REMM handelt. Aus dem individualistischen Menschenbild ergibt sich gleichzeitig auch eine mikroökonomische Orientierung, die aber keinesfalls mit einem nur auf einzelne Wirtschaftseinheiten ausgerichteten Erkenntnisinteresse gleichgesetzt werden darf.

Neuere Ansätze empirischer Forschung zum Thema der Motive wirtschaftlichen Handelns haben eine besondere Bedeutung des Reziprozitätsprinzips für die Struktur menschlichen Handelns aufgezeigt. Spieltheoretisch geprägte Versuchsanordnungen haben nachgewiesen, dass nicht das schrankenlos individualistische, isoliert Nutzen maximierende Individuum als tauglichstes Menschenbild der Ökonomie anzusehen ist, sondern die kooperative, konstruktive, allerdings Verstöße gegen kooperative Verhaltensmuster auch sanktionierende Persönlichkeit. Gegenüber der Vision eines immer weitergehenden, letztlich auch die Familien- und Haushaltsstrukturen emotional auflösenden,

„kalten" Nutzenmaximierungsprinzips kommen hier positive, aber auch negative Austauschprozesse (nach dem Prinzip „wie Du mir so ich Dir") ins Spiel.

Hier schließen wir nach einem weiten grundsätzlichen Ausholen wieder den Kreis zum Thema unseres Buches: Die Ortsbestimmung eines „sozialen Sektors" als Ort positiver, emotional befriedigender Handlungsbeziehungen und als Rest- und Kernbereich ethischer Standards ist ein wichtiges Thema – gerade auch für eine immer dominierendere Marktwirtschaft und als Gegengewicht zum immer weiter ausgreifenden reinen Kommerzialismus.

Ein altes indisches Gleichnis spricht davon, wie mehrere Blinde nacheinander einen Elefanten beschreiben. Einer sagt, der Elefant sei wie ein Baum, denn er hat ein Bein des Tieres berührt. Ein anderer sagt, der Elefant sei wie eine Wand, denn er hat die mächtige Flanke des Tieres berührt. Ein dritter beschreibt den Elefant als Riesenschlange, denn er hat den Rüssel befühlt. Ein weiterer beschreibt das Tier sogar als Wurm, denn sein Griff hat das kleine Schwänzchen des Elefanten erfasst. Das ist eine Parabel der Begrenztheit unserer Konzepte in Bezug auf die Realität und eine Einladung, verschiedene Perspektiven zu kombinieren, um ein zunehmend volles und komplexes Bild der Realität zu bekommen. Diese Parabel kann man auch als Richtschnur für den Umgang mit den verschiedenen Modellen des Menschen annehmen, die auch auf Max Webers berühmten Kategorien der Motive sozialer Handlung beruhen. Wir sollten in Erinnerung behalten, dass alle diese Vorstellungen ihre teilweise Wahrheit haben, aber dass sie nur innerhalb ihrer sinnvollen Grenzen angewendet werden sollen. Es mag sein, dass eine Person, die durch exzessiven Zigarettenkonsum ihren frühen Lungenkrebstod bewirkt, durchaus rational agiert, wenn es darum geht, die billigsten Zigaretten zu kaufen. Es mag sein, dass ein

Unternehmen, das auf starken ethischen Überzeugungen aufbaut, zugleich ein sehr innovativer Pionier der Effizienz auf dem Markt sein kann. Was man allerdings vermeiden sollte, ist die Dominanz einer Teilvision unserer unglaublich komplexen sozialen und ökonomischen Welt.

Fragen und Themen für Diskussionen

Versuchen Sie, Ihr persönliches Menschenbild im Wege des folgenden Fragebogens zu entwickeln. Hat das Ergebnis etwas mit Ihrer sozialen Herkunft, mit Ihrem Arbeitsfeld, mit Ihren politischen Überzeugungen zu tun? Versuchen Sie auch, Bereiche zu finden, wo Sie sich nach unterschiedlichen Modellvorstellungen verhalten.

Die folgenden Feststellungen werden in Vierergruppen zusammengestellt. Machen Sie ein Plus zu jener Aussage, mit der Sie sich am meisten identifizieren können und ein Minus zu jener, mit der Sie am wenigsten übereinstimmen.

1. a) Ich weiß, was für mich gut ist und ich bekomme üblicherweise was ich will.

   b) Ich denke, dass es gut ist, dem Beispiel älterer Menschen, die man respektiert, zu folgen, denn sie haben mehr Erfahrung.

   c) Man sollte sich weniger ums eigene Wohlergehen kümmern als um jenes der Menschen, die man liebt.

   d) Viele Menschen tun Dinge, die nicht wirklich gut für Sie sind:

2. a) Manche Menschen haben Schwierigkeiten, die Herausforderungen der modernen Welt zu bestehen. Man sollte ihnen helfen.

   b) Auch wenn die Technologie und die Wirtschaft sich verändern, die grundsätzlichen Bedürfnisse und Gefühle der Menschen werden ziemlich ähnlich bleiben.

   c) Manche Leute sind einfach zu altmodisch, um die aufregende neue Welt der internationalen Kommunikation und Technologie zu genießen.

d) Es ist wichtig, bewährte Werte auch in Zeiten des Wandels aufrecht zu erhalten.

3. a) Unser Land hat eine stolze Geschichte und sollte sich an den vergangen Erfolgen orientieren, um die Zukunft zu meistern.

   b) Der Erfolg unseres Landes basiert auf Internationalisierung und auf zunehmender Öffnung gegenüber der Welt.

   c) Manchmal fürchte ich, dass Globalisierung mehr Probleme als Vorteile für unser Land bringt.

   d) Wenn man sich gegenüber der Welt öffnet, sollte dies auch heißen, mehr Bewusstsein für die Bedürfnisse benachteiligter Menschen um uns und in anderen Teilen des Planeten zu entwickeln.

4. a) Wo es Wettbewerb gibt, sollte man nie das Drama des Verlierers vergessen.

   b) Manche Institutionen sollten oberhalb der Sphäre des Wettbewerbs angesiedelt sein.

   c) Einige der wettbewerbsorientiertesten Leute handeln so, weil sie emotional etwas kompensieren wollen, was ihnen fehlt.

   d) Wettbewerb und freies Unternehmertum sind die wichtigsten Träger der sozialen Entwicklung.

5. a) Auch das Familienleben sollte grundsätzlich auf rationaler Basis organisiert werden – und ist de facto weitgehend auch.

   b) Menschen tendieren oft dazu, in ihrer Partnersuche die problematische Familiensituation, in der sie aufgewachsen sind, zu reproduzieren.

c) Eine Familie soll heißen für einander zu sorgen und für einander da zu sein.

d) Die Familie ist das Rückgrat jeder Gesellschaft.

6. a) Mein entscheidendes Ziel im Leben ist es, anderen zu helfen.

b) Meine Ziele im Leben sind nicht so unterschiedlich von den Zielen meiner Eltern.

c) Menschen sind oft weniger durch Ziele motiviert als durch Instinkt und spontane Eingebungen.

d) Meine wichtigsten Ziele im Leben sind Selbstentfaltung und ökonomischer Wohlstand.

7. a) Der öffentliche Sektor sollte klein, unbürokratisch und möglichst effizient gehalten sein.

b) Der öffentliche Sektor sollte manche der sozialen Nachteile der Marktwirtschaft ausgleichen und soziale Solidarität favorisieren.

c) Der öffentliche Sektor hat als wichtigste Aufgaben, Ruhe, Ordnung und soziale Stabilität zu erhalten.

d) Der öffentliche Sektor mag in den letzten hundert Jahren deshalb so gewachsen sein, weil Beamte sich wichtiger vorkommen, wenn sie mehr Unterbeamte haben.

8. a) Kunst und Kultur zählen zum wichtigsten Erbgut, das wir von früheren Generationen übernommen haben.

b) Kunst und Kultur sollten unsere soziale Sensibilität stimulieren und uns auf soziale Ungerechtigkeit hinweisen, auch wenn sie uns manchmal dabei etwas schockieren.

c) Kunst und Kultur sollten nach demselben unsubventionierten System von Angebot und Nachfrage operieren wie andere Sektoren der Gesellschaft.

d) Kunst und Kultur drücken vor allem das Talent und die Ängste besonders begabter Individuen aus.

9. a) Manche Menschen kritisieren, dass junge Menschen „Spaß haben" wollen, aber da ist nichts Schlimmes daran.

b) Es gibt zwar Spaß im Leben, aber vor allem gibt es Pflichten zu erfüllen.

c) Eine Spaßgesellschaft wäre eine Gesellschaft mit einem kalten Herzen, in der die meisten Menschen sich nur um sich selbst kümmern.

d) Was als Spaß angesehen wird, mag oft nur ein seichter Weg sein, Langeweile zu überwinden.

10. a) Freiwilligenarbeit ohne Bezahlung ist in gewissem Sinn die edelste Art der Arbeit.

b) Freiwilligenarbeit erfüllt oft psychologische Bedürfnisse in jenen, die sie unternehmen.

c) Es sollte eine Art nationaler Arbeitsdienst für junge Menschen geben und möglicherweise auch für die Arbeitslosen.

d) Jede sinnvolle Arbeit sollte ihren angemessenen Preis haben.

Nachdem Sie auf diese Art Ihre eigene Sicht der Welt und des Menschen festgestellt haben, diskutieren Sie mit anderen. Sehen sie die Dinge in ähnlicher Weise? Wo liegen die Unterschiede? Haben diese vielleicht auch mit Ihren verschiedenen beruflichen Prägungen zu tun?

11. Kritiker des homo oeconomicus-Ansatzes äußern folgende Auffassungen:

    a) Nutzenkalküle werden so allgemein gefasst, dass sie immer stimmen müssen.

    b) Wenn die Theorie im Gegensatz zur Realität steht, wird dies gern mit „Veränderungen der Präferenzen" erklärt.

    c) Man wirft der homo oeconomicus-These vor, einen latent „normativen" Gehalt zu haben.

    Geben Sie Argumente bzw. Beispiele für und gegen diese Behauptungen.

12. Oft wird von Ökonomen argumentiert, man unterstelle gar nicht, dass sich die Individuen rational im Sinne des Homo oeconomicus Modells verhalten – es zähle nur das „Ergebnis". Inwieweit kann diese „Als ob"-Rationalität mit der Denkweise der Sozio-Biologie verglichen werden?

13. Es gibt in der Ökonomie heute oft die Grundüberzeugung, jene gesamtwirtschaftliche Lösung sei die beste, die die geringsten Transaktionskosten verursacht, also dem Marktverkehr die wenigsten Hindernisse entgegenstellt. Es gibt aber Menschen, die auf manchen Gebieten solche Hindernisse befürworten, etwa beim Mieter- oder Denkmalschutz. Was wären entsprechende Argumente pro und kontra?

14. Es entspricht der ökonomischen Logik, die Kapitalausstattung teurer Maschinen oder Anlagen (etwa Shopping Centers) durch Mehrschichtbetrieb zu sichern. Dagegen gibt es aber auch deutliche Widerstände. Was wären Argumente pro und kontra?

15. Diskutieren Sie den berühmten Ausspruch von Adam Smith (1974: 17): „Nicht vom Wohlwollen des Metzgers, Brauers oder Bäckers erwarten wir das, was wir zum Es-

sen brauchen, sondern davon, daß sie ihre eigenen Interessen wahrnehmen. Wir wenden uns nicht an ihre Menschen- sondern an ihre Eigenliebe und wir erwähnen nicht die eigenen Bedürfnisse, sondern sprechen von ihrem Vorteil."

Zitate

„Weder die dem Menschen von Natur zukommenden Gefühle des Wohlwollens und der Freundschaft, noch die eigentlichen Tugenden, die er durch die Vernunft und Selbstverleugnung zu erwerben vermag, bilden die Grundlagen der Gesellschaft; dass vielmehr das, was wir das Übel der Welt nennen, sowohl das moralische wie das natürliche, das große Prinzip ist, das uns zu sozialen Wesen macht ..., die feste Basis für die Entwicklung und Erhaltung aller Berufe und Erwerbszweige ohne Ausnahme. Hier müssen wir den wahren Ursprung aller Künste und Wissenschaften suchen."

Bernhard de Mandeville (1968: 389)

„Eines der Rätsel, das die zukünftige Wissenschaftsgeschichte vielleicht wird enthüllen können, ist die Frage, warum die sozioökonomischen Kritiker der ökonomischen Theorie glauben, dem übersozialisierten homo sociologicus den untersozialisierten homo oeconomicus gegenüberstellen zu können."

Claus Thomasberger (2003: 155)

"But ethical forces are among those of which the economist has to take account. Attempts have indeed been made to construct an abstract science with regard to the actions of an "economic man," who is under no ethical influence and who pursues pecuniary gain warily and energetically, but mechanically and selfishly. But they have not been successful, nor even thoroughly carried out. For they have never really treated the economic man as perfectly selfish: no one could be relied on better to endure toil and sacrifice with the unselfish desire to make provision for his family; and his normal motives have always been tacitly assumed to include the family affections. But if they include these, why should they not include all the other altruistic motives the action which is far from uniform in any class at any time and place that it can be reduced to general rule?"

Alfred Marshall (1936: VI)

„Wir studieren Angebot und Nachfrage, ohne uns um die Wünsche und Geschmäcker der Konsumenten zu kümmern, die doch so viel mit dem Nachfrageverhalten zu tun haben. Dieses Problem überlassen wir den Psychologen, und zwar einfach deshalb, weil wir nicht genug wissen, um es richtig zu behandeln"

Richard Mackenzie/Gordon Tullock (1984: 10)

„In der Grundtendenz läßt sich ... in den westlichen Industriestaaten über Generationen hinweg ein Prozeß der Auflösung der traditionalen Haushaltsökonomien und der damit bestehenden Familienstrukturen in Richtung der Kernfamilie bis hin zu einer Zunahme von „Single-Lebensformen" beobachten. Die soziale Realität hat sich mithin über einen langen Zeitraum betrachtet dem model of man des Methodologischen Individualismus angenähert, obgleich sie noch nicht einmal in den USA deckungsgleich wurden."

Martin Held (1991: 10ff, 32)

„Die neoklassische Wirtschaftstheorie kann erklären, wie sich Menschen verhalten, die in ihrem persönlichen Eigeninteresse handeln; sie kann erklären, warum Leute sich nicht die Mühe machen, ihr Wahlrecht auszuüben; sie kann erklären, warum im Sinne eines Schwarzfahrerverhaltens Leute sich nicht an Gruppenaktionen beteiligen, wenn die Vorteile, die dem einzelnen daraus erwachsen, ganz unerheblich sind. Sie kann jedoch nicht die Kehrseite dieser Erscheinungen glaubhaft erklären, nämlich jenes Verhalten, dessen Triebfeder nicht das berechnete Eigeninteresse ist. Wie erklären wir altruistisches Verhalten

(z. B. die anonyme unbezahlte Blutspende), die Bereitwilligkeit von Menschen, ohne ersichtlichen möglichen Gewinn ungeheure Opfer auf sich nehmen (den endlosen Zug von Einzelpersonen und Gruppen in der Geschichte, die um einer abstrakten Sache willen Gefängnis- oder Todesstrafe auf sich nehmen)? Wie erklären wir die große Zahl von Leuten, die doch wählen, oder die außerordentlichen Mühen, die Menschen auf die Mitarbeit in freiwilligen Organisationen wenden, deren Vorteile für den einzelnen gering oder völlig unerheblich sind?"

Douglass C. North (1988: 11)

„Der Verhaltensfunktion des neoklassischen Modells ist durch eine problematische Asymmetrie gekennzeichnet: Um ein funktionsfähiges politisches System konstruieren zu können, legt sie gleichzeitig Wohlstandsmaximierung und das Hobbessche Staatsmodell zugrunde. Wenn der einzelne im Sinne der ersten Annahme rational handelt, muß er im Sinne der zweiten irrational handeln. Sicherlich liegt es im Interesse eines neoklassischen Wirtschafters, Verhaltensbeschränkungen durch Festlegung einer Reihe von Regeln für das Handeln des einzelnen zuzustimmen: Daraus erklärt sich die Ansicht, daß der Hobbessche Staat eine logische Erweiterung des neoklassischen Modells in Anwendung auf eine Theorie des Staates sei. Es ist aber ebenso im Interesse des neoklassischen Wirtschafters, diese Regeln nicht zu befolgen, wann immer eine individuelle Kosten-Nutzen-Rechnung ein solches Vorgehen vorschreibt. Allerdings würde solches Vorgehen zur Funktionsunfähigkeit jedes Staates führen, denn die Kosten der Regeldurchsetzung würden, wenn nicht unendlich, so doch mindestens so groß sein, daß sie das System lahm legt.

Douglass C. North (1988: 46)

"Märkte sind Mittel, um bestimmte Ziele zu erreichen, insbesondere einen höheren Lebensstandard. Sie sind kein Selbstzweck."

Joseph E. Stiglitz (2004: 283)

"Das allgemeine Argument, daß Folgen bei der Berücksichtigung von politischen Maßnahmen und Institutionen zu berücksichtigen sind, ist eine wichtige und plausible Forderung, die vieles dem Plädoyer der utilitaristischen Ethik verdankt."

Amartya Sen (2000: 79)

"Als ungelöstes Problem wird hier der Dualismus zwischen Wirtschaft und Moral, Ökonomik und Ethik, „Sachgemäßem" und „Menschengerechtem" ausgemacht: Dieser Dualismus bildet den Nährboden für die gesellschaftspolitischen Konflikte, die sich unter dem Streit um den „Neoliberalismus" subsumieren lassen. Wer dualistisch ansetzt, modelliert die Problematik als „Entscheidung" zwischen „Werten", und er hat dann nur noch schlechte Optionen."

Karl Homann (1998: 18)

"Faire Kooperation ist Kooperation nach Regeln, die von alle Beteiligten nicht nur de facto befolgt werden, sondern die von allen aus guten Gründen anerkannt und befolgt werden können. Gute Gründe aber sind in den gemeinsamen Beratungen der Bürger einer Demokratie nur solche Gründe, die mit ihrem Selbstverständnis als freie und gleiche Personen vereinbar sind."

Wilfried Hinsch (1998: 214)

"Der homo oeconomicus stellt die Antwort auf eine bestimmte Fragestellung dar. Er war „a creation for a purpose", eine Abstraktion, deren Sinn nicht darin bestand, menschliches Verhalten vorauszusagen, sondern die Funktionsweise eines bestimmten menschlichen Gefüges, des Marktmechanismus, die Entstehung des Tauschwerts und die Bildung eines mehr oder weniger kohärenten Preissystems zu erklären."

Claus Thomasberger (2002: 84)

„Die Theorien unterstellen, dass die Menschen sich den Funktionsbedingungen des Marktsystems anpassen. ... Die Möglichkeit – und die daraus für die Individuen einerseits, für die Funktionsweise des Marktsystems andererseits resultierenden Konsequenzen –, dass die Menschen sich nicht (nur) als Träger ökonomischer Funktionen verhalten, d. h. dass sie Ziele wie Einkommenssicherheit und -gerechtigkeit, menschenwürdige Arbeits- und Lebensbedingungen oder die Protektion der Umwelt in ihre Betrachtung einbeziehen, bleibt jenseits der Betrachtung. Die Gleichsetzung von ökonomischem Verhalten und menschlicher Rationalität hat zur Konsequenz, dass alle Handlungen, die nicht mittels der Logik der Nutzenmaximierung beschrieben wurden, als unsinnig, unvernünftig oder unmoralisch beiseite geschoben wurden."

Claus Thomasberger (2003: 159)

Interessante Websites

http://student.sowi.hu-berlin.de/handidenty/dahrend.html

(über Dahrendorfs Homo sociologicus-Konzeption)

http://www2.ucsc.edu/people/wittman/chapter.html

(Buch, das die „invisible-hand" Theorie demokratischer Märkte vertritt)

http://cst.colorado.edu/mail/pkt/May9//0288html

(Diskussion über „Neoklassische Ethik, Pareto zwischen Per Gunnar Berglund und Goncalo Fonseca")

http://wwww.ssriniu.edu/di/almond.html

(Gabriel Almond (Stanford) über „Schools and Sects in Political Science", zum Thema der Ausstrahlungskraft des homo oeconomicus-Modells auf Nachbargebiete, speziell die Politikwissenschaft. Hier u. a. auch zu Herbert Simons Konzept der Bounded Rationality)

http://wiwi.uni-goettingen.de/vwlseminar/allgemein/Sautter_Abschiedsvorlesung.pdf

(Manuskript der Abschiedsvorlesung „Wie berechtigt ist die Kritik am ökonomischen Zynismus" von Hermann Sautter mit Anmerkungen zum homo oeconomicus)

http://www.hha.dk/UDR/cmsdocs/WP/2005/2005-13.pdf

(Verner C. Petersen diskutiert in dem Aufsatz „The otherwordly view of economics – and its consequences" homo oeconomicus und REMM)

http://www.kulsoz.euv-frankfurt-o.de/Lehrstuhl/reckwitz/texte/routine.pdf

(Andreas Reckwitz befasst sich in dem Aufsatz „Die Reproduktion und die Subversion sozialer Praktiken" mit homo oeconomicus und homo sociologicus)

http://opus.zbw-kiel.de/volltexte/2005/3072/pdf/cesifo1_wp1445.pdf

(John Whalley setzt sich in seinem Aufsatz „Rationality, irrationality and economic cognition" mit der Rationalität als Verhaltensannahme auseinander)

http://opus.zbw-kiel.de/volltexte/2005/3037/pdf/cesifo1_wp1410.pdf

(Auch Gebhard Kirchgässner thematisiert in seinem Beitrag „The weak rationality principle in economics" die Frage rationalen menschlichen verhaltens)

Weiterführende Literatur

Becker, Gary (1982): Der ökonomische Ansatz zur Erklärung menschlichen Verhaltens, [J. C. B. Mohr (Paul Siebeck)] Tübingen 1982.

Biervert, Bernd/**Held**, Martin (Hrsg.) (1991): Das Menschenbild der ökonomischen Theorie – Zur Natur des Menschen, [Campus] Frankfurt/New York 1991.

Dahrendorf, Ralf (1977): Homo Sociologicus. Ein Versuch zur Geschichte, Bedeutung und Kritik der Kategorie der sozialen Rolle, 15. Aufl., [Westdeutscher Verlag] Opladen 1977.

Etzioni, Amitai (1996): Die faire Gesellschaft. Jenseits von Sozialismus und Kapitalismus, [Fischer Taschenbuch] Frankfurt am Main 1996.

Held, Martin (1991): Die Ökonomik hat kein Menschenbild – Institutionen, Normen, Menschenbild, in: Bernd Biervert/Martin Held (Hrsg): Das Menschenbild der ökonomischen Theorie – zur Natur des Menschen, [Campus] Frankfurt/New York 1991, S. 10-41.

Hettlage, Robert (1990): Die anthropologische Konzeption des Genossenschaftswesens. Theorie und Praxis. – Welche Chance hat der „homo cooperativus"?, in: Juhani Laurinkari unter Mitarbeit von Johann Brazda (Hrsg.): Genossenschaftswesen. Hand- und Lehrbuch, [R. Oldenbourg] München/Wien 1990, S. 27-49.

Hinsch, Wilfried (1998): Öffentliche Werte und Wohlfahrtsoptionen, in: Wulf Gaertner (Hrsg.): Wirtschaftsethische Perspektiven IV. Methodische Grundsatzfragen, Unternehmensethik, Kooperations- und Verteilungsprobleme, [Duncker & Humblot] Berlin 1998, S. 213-241.

Homann, Karl (1998): Normativität angesichts systemischer Sozial- und Denkstrukturen, in: Wulf Gaertner (Hrsg.): Wirtschaftsethische Perspektiven IV. Methodische Grundsatzfragen, Unternehmensethik, Kooperations- und Verteilungsprobleme, [Duncker & Humblot] Berlin 1998, S. 17-50.

Mackenzie, Richard/**Tullock**, Gordon (1984): Homo Oeconomicus. Ökonomische Dimensionen des Alltags, [Campus] Frankfurt am Main/New York 1984.

Mandeville, Bernhard de (1968): Die Bienenfabel oder Private Laster, öffentliche Vorteile, [suhrkamp] Frankfurt am Main 1968.

Marshall, Alfred (1920): Principles of Economics, [MacMillan] London 1920.

McKenzie, Richard (1983): The Limits of Economic Science. Essays on Methodology, [Kluwer Nijhoff] Boston u. a. 1983.

North, Douglass C. (1988): Theorie des institutionellen Wandels. Eine neue Sicht der Wirtschaftsgeschichte, [J. C. B. Mohr (Paul Siebeck)] Tübingen 1988.

Radnitzky, Gerard/**Bernholz**, Peter (eds.) (1987): Economic Imperialism. The Economic Approach Applied Outside the Field of Economics, [Paragon House] New York 1987.

Sen, Amartya (2000): Ökonomie für den Menschen. Wege zu Gerechtigkeit und Solidarität in der Marktwirtschaft, [Carl Hanser] München 2000.

Simon, Herbert A. (1977): Models of Bounded Rationality, vol. 3: Empirically grounded economic reason, [MIT Press] Cambridge 1977.

Simon, Herbert A. (1982): Models of Bounded Rationality, vol. 1, [MIT Press] Cambridge 1982.

Smith, Adam (1974): Der Wohlstand der Nationen, (Original: An Inquiry into the Nature and Causes of the Wealth of Nations, 1776) [Deutscher Taschenbuch-Verlag] München 1974.

Smith, Adam (2004): Theorie der ethischen Gefühle, (Original: The Theory of Moral Sentiments, 1790) [Felix Meiner] Hamburg 2004.

Stiglitz, Joseph E. (2004): Die Roaring Nienties. Der entzauberte Boom, [Siedler] Berlin 2004.

Thomasberger, Claus (2002): Menschliches Handeln und marktwirtschaftliche Strukturen. Traditionelle Neoklassik, ökonomischer Ansatz und sozioökonomische Gegenbewegungen, in: Walter Ötsch/Stephan Panther (Hrsg.): Ökonomik und Sozialwissenschaft. Ansichten eines in Bewegung geratenen Verhältnisses, [Metropolis] Marburg 2002, S. 81-118.

Thomasberger, Claus (2003): Menschliches Handeln, ökonomisches Verhalten und Sozialstrukturen in komplexen Gesellschaften. Die übersozialisierte Konzeption des Menschen in den modernen Wirtschaftswissenschaften, in: Nora Fuhrmann/Eva Schmoly/Ravinder Stephan Singh Sud (Hrsg.): Gegen den Strich. Ökonomische Theorie und politische Regulierung. Festschrift für Jörg Glombowski zum sechzigsten Geburtstag, [Rainer Hampp] München/Mering 2003, S. 155-165.

Tietzel, Manfred (Hrsg.) (1998): Ökonomische Theorie der Rationierung, [Franz Vahlen] München 1998.

Weber, Max (1956): Die „Objektivität" sozialwissenschaftlicher Erkenntnis, in: Max Weber: Soziologie, Weltgeschichtliche Analysen, Politik, [Kräner] Stuttgart 1956, S. 186-262.

Williamson, Oliver E. (1996): The mechanisms of governance, [Oxford Univ. Press] New York u. a. 1996.

Williamson, Oliver E. (Hrsg.) (1999): The economics of transaction costs, [Edward Elgar] Cheltenham u. a. 1999.

Witt, Ulrich (1987): Individualistische Grundlagen der evolutorischen Ökonomik, [J. C. B. Mohr (Paul Siebeck)] Tübingen 1987.

Kapitel 2: Die historische Perspektive

Genossenschaften – Wechselseitigkeitsvereinigungen – Vereine – Stiftungen

Auch wenn der Ausdruck „Economie Sociale" dem 19. Jahrhundert entstammt, reichen doch die Vorläufer genossenschaftlich-solidaristischer Organisation oder von nicht gewinnorientierten Vereinigungen weit in die historisch dokumentierte Menschheitsentwicklung zurück. Kollektive Hilfsverbände existierten bereits im alten Ägypten. Die Griechen hatten ihre „Hetairien", um sich einen Begräbnisplatz zu sichern und um die rituelle Organisation von Totenfeiern durchzuführen. Die römischen Handwerker gruppierten sich in Berufsverbänden und „Sodalitien", Vereinigungen politischen Charakters. Nach dem Zusammenbruch des römischen Reiches erwiesen sich die kollektiv organisierten klösterlichen Verbände als Träger und Bewahrer der vom wirtschaftlichen und politischen Zusammenbruch des antiken Städtewesens akut gefährdeten Schriftkultur, der Wissenschaften und der antiken Überlieferungen (ein Beleg dafür, dass solidaristische Wirtschaftsformen vor allem in Zeiten akuter Bedrohung von Menschengruppen den Vorrang vor individualistischeren Organisationsformen gewinnen). Im 9. Jahrhundert entstanden die ersten Gilden oder Zünfte im deutschsprachigen und angelsächsischen Bereich, ab dem 11. Jahrhundert auch weltliche Bruderschaften zur Ausübung gegenseitiger Hilfe und Wohltätigkeit. Ab dem 14. Jahrhundert spielten die Zünfte eine bedeutende, auch politisch wichtige Rolle in der Entwicklung der städtischen Zivilisation des Mittelalters – und sie legten in gewissem Sinn, unterbrochen durch Jahrhunderte fürstlichen Absolutismus und permanenter Unterdrückungsversuche ständischer Freiheiten, eine der Grundlagen für die demokratischen Entwicklungen ab dem späten 18. Jahrhundert.

Der „Nonprofit-Sektor" des Mittelalters war höchst vielgestaltig und formenreich: Er umfasste Bruderschaften, Gilden, Zünfte, Gesellenvereinigungen, Stadtviertelorganisationen und reichte bis zu Städtebünden (wie der Hanse) und politischen Schwurvereinigungen. Er erstreckte sich auch von der ökonomischen wechselseitigen Hilfe und Unterstützung (oft unter dem religiösen Vorzeichen eines Schutzheiligen) bis hin zu protostaatlichen Assoziationen wie der Schweizer Eidgenossenschaft. Ähnliche Formen assoziativer Organisation liegen in den agrarischen wechselseitigen Unterstützungsvereinigungen der chinesischen T'ang-Dynastie. Zunftartige Vereinigungen gab es auch in der spätmittelalterlichen muslimischen Welt, und selbst die Handwerkerkasten Indiens hatten ähnliche Funktionen.

Man darf sich allerdings nicht der Täuschung hingeben, hier *freie* Vereinigungen im modernen Sinn am Werk zu sehen, in die Individuen nach ihrem individuellen Entschluss eintreten oder sie verlassen durften (etwa, um ihren „Nutzen zu maximieren"). Präzise kodifizierte, religiös überformte Regeln lagen der Funktionsweise dieser Vereinigungen zugrunde, und eintreten durfte nur, wer die dazu notwendigen ständischen, familiären und sonstigen (traditionsgeprägten) Voraussetzungen aufwies.

Politische und religiöse Obrigkeiten, die den Expansionsdrang etwa der Zünfte im Hinblick auf das Städteregiment und die bürgerlichen Freiheiten auch mit gewaltsamen Mitteln einschränkten, aber auch der innere Traditionalismus der Verbände selbst sorgten dafür, dass Sitte und Herkommen innerhalb dieser ständisch-feudal gebundenen „Sozialwirtschaft" gewahrt blieben und führten im Laufe der Zeit zu einer konservativen Erstarrung vieler dieser Institutionen.

Im 18. Jahrhundert verbreiteten sich die „Friendly Societies" in England und den angelsächsisch dominierten Kolonien. Diese Vereinigungen versprachen, in einer Zeit vor dem Entstehen kommerzieller Versicherungsunternehmen, ihren Mitgliedern Zuwendungen im Krankheits- und Todesfall. Langsam lockerten sich auch die engen Zutrittsschranken. Gelehrte, musikalische sowie andere kulturelle und wissenschaftliche Vereinigungen legten im Zeitalter der Aufklärung die Grundlagen einer modernen Zivilgesellschaft, der streng geregelte soziale Verkehr öffnete sich: Fürsten und Könige wurden Mitglieder von Freimaurerlogen und geheime Gesellschaften verschiedenster Art verbreiteten jene Ideen der Freiheit, die zur grundlegenden politischen aber auch wirtschaftlichen Revolutionierung der Gesellschaft führen sollten. Im traditionell zentralistisch orientierten Frankreich erschien freilich bald der Gedanke der freien Assoziation als gefährlicher Gegensatz zum Gedanken der Souveränität des Staates – speziell als sich das revolutionäre Land einer breiten europäischen Allianz traditionalistischer Mächte gegenübersah: Sich in intermediären Vereinigungen zu verbinden geriet so im Verlauf der französischen Revolution bald in den Ruch der Rückkehr zu „ständischen" Organisationsformen Privilegierter oder in den Verdacht subversiver Betätigung gegen die „Interessen der Nation". Der moderne Totalitarismus, der sich in vieler Hinsicht auf die Phase des jakobinischen Terrors zurückführen lässt, war der ökonomischen und metaökonomischen Vielfalt der Assoziationsformen der Zivilgesellschaft nie sehr wohlgesonnen. Länder mit gemäßigterer politischer Entwicklung, wie die „moderat revolutionären" USA, Großbritannien und die Niederlande, stellten hier im 18. und 19. Jahrhundert eher Vorreiter des Typs der modernen Zivilgesellschaft mit auch wirtschaftlichen (und zunehmend freieren) Assoziationsformen dar.

Anders als beim letztlich staatszentralistischen Jakobinismus erwies sich im Verlauf und Gefolge des revolutionären „Völkerfrühlings" von 1848 der assoziative Gedanke im theoretischen wie im praktischen Sinn als weit erfolgreicher: Mehrere Gedankenschulen durchaus unterschiedlicher grundsätzlicher Ausrichtung stimmten wenigstens in dieser Hinsicht mit einander überein. Dabei tauchte unter den französischen Theoretikern der Zeit auch schon der Ausdruck „Economie Sociale" auf.

Der sozialistischen Tradition waren etwa Constantin Pecqueur und Francois Vidal zugehörig, die in ihren Werken (1842 und 1846) kurz vor dem Aufflammen der revolutionären Welle der Jahrhundertmitte die Vorzüge der „Assoziation" und der staatlichen Intervention in der Wirtschaft priesen (und auch in den Ereignissen von 1848 eine nicht unbedeutende Rolle spielten). Ihre Tradition wurde später von Benoit Malon in seinem „Manuel d'Economie sociale" (1883) aufgenommen. Bis etwa 1870 waren die dezentralistisch und assoziativ gesonnenen Gruppierungen sogar in der sozialistischen Bewegung dominierend – selbst Karl Marx schwankte zwischen kollektivistischen und kooperativistischen Modellen sozialer Reform (das „kommunistische Manifest" zeigte allerdings schon deutlich diktatorisch-etatistische Züge und kann in manchen Passagen als Anleitung zu leninistischem oder sogar stalinistischem Zentralismus angesehen werden).

Viel maßvollere Visionen sozialer Reform und der Heilung der Übelstände der industriellen Revolution zeigten die sozialen Christen. Frédéric Le Play ist ihnen zuzuzählen – er gründete eine Gesellschaft für Sozialökonomie und eine Zeitschrift namens „L'economie sociale". Le Plays Idee war es auch, die Sozialwirtschaft auf den Pariser Weltausstellungen von 1867, 1878 und 1889 zu präsentieren. Le Play war einer jener zahlreichen wohlmeinenden bürgerlichen Denker, die die Economie Sociale zur Linderung der scharfen Klassengegensätze, aber nicht zu einer radikalen Transformation der Gesellschaft nützen wollten, sondern zu einer „konservativen Modernisierung". Zu diesen gehörte etwa auch Friedrich Wilhelm Raiffeisen in Deutschland (siehe unten). Im Allgemeinen forderten die sozial engagierten Christen des 19. Jahrhunderts „intermediäre Institutionen", welche die (vom Liberalismus eher positiv gesehene) Isolation des Individuums bekämpfen sollten, aber auch gegen die kollektivistische Absorption des Einzelmenschen im anonymen Kollektiv von Staat oder Klasse auftraten. Besondere Bedeutung konnte diese Gedankenströmung in Großbritannien finden: Die frühen genossenschaftlichen Versuche (Robert Owen, William King etc.) bis hin zur kommerziell erfolgreichen Rochdaler Genossenschaftsgründung von 1844 beruhten alle auf diesem „zivilgesellschaftlichen" Ansatz, der ab der Mitte des Jahrhunderts auch wieder starke Ausstrahlungswirkung in den Rest Europas aufwies. Der „Jakobinismus" bildete hier speziell für die christlich gesinnten Denker und Praktiker der Kooperation den abgelehnten und gefürchteten Gegenpart – ebenso wie später die kollektivistische Ideologie des Bolschewismus. Die Aufwertung überschaubarer sozialer und ökonomischer Mikrostrukturen und die Wertschätzung des – in diesen Strukturen gleichsam beheimateten – Individuums führten später zur Ausformulierung des Subsidiaritätsprinzips: Der Idee, dass größere soziale Institutionen nur jene Aufgaben wahrnehmen sollten, die auf niedrigerer, überschaubarer Ebene nicht wahrgenommen werden können.

Aber auch weniger religiös motivierte Liberale konnten dem Gedanken der Assoziation und der Sozialwirtschaft einiges abgewinnen.

Charles Dunoyer und Frédéric Passy beriefen sich etwa auf das Prinzip der Selbsthilfe des autonomen Individuums und lehnten, ähnlich dem großen deutschen Genossenschaftspionier Hermann Schulze-Delitzsch, jede Einmischung des Staates ab. Ähnliche Auffassungen vertrat John Stuart Mill in Großbritannien, und Schulzes Gedanken und reale Leistungen im kreditgenossenschaftlichen Bereich fanden ihr Echo in Luigi Luzzattis Anstrengungen in Italien.

Eine friedliche, aber dennoch weitreichende Reformidee äußerte die solidaristische Schule, der Auguste Ott, Leon Walras und Charles Gide sowie die Schule von Nimes zuzurechnen sind. Ähnliche Gedanken formulierte ein bis zwei Generationen später auch der sozialdemokratisch orientierte, gemäßigte Marxismus, speziell die Vertreter seines „rechten" Flügels, etwa der österreichische Theoretiker Karl Renner. Ott publizierte 1851 und 1892 einen „Traité d'Economie sociale" – und Charles Gide entwarf in einer berühmten Rede anlässlich der Pariser Weltausstellung 1889 die Vorstellung einer „kooperativen Republik": Wechselseitige Unterstützung, genossenschaftlicher Geist und die Erfahrung genossenschaftlicher Praxis sollten auf friedlichem Weg zu einer Transformation des Kapitalismus in eine freiere und glücklichere Gesellschaftsordnung führen: Dabei geriet, unter dem Einfluss des spektakulär erfolgreichen britischen Konsumgenossenschaftswesens und seines schriftstellerischen Propagators Holyoake (bald aber auch seiner ebenso erfolgreichen Nachahmer in Deutschland und Skandinavien) der konsumgenossenschaftliche Gedanke ins Zentrum einer gesellschaftsverändernden Vision friedlicher Art, die um die Wende zum 20. Jahrhundert auch Gelehrte wie Werner Sombart beeindruckte.

Das 19. Jahrhundert produzierte eine Vielzahl von Denkschulen, die die Vorzüge der freien Assoziation priesen und die auch, spätestens ab der zweiten Jahrhunderthälfte, auf eindrucksvolle

Erfolge der von ihnen geschätzten wirtschaftlich-sozialen Organisation verweisen konnten.

Die Kategorisierung von Genossenschaften, Wechselseitigkeitsvereinigungen und Nonprofit-Organisationen unter dem gemeinsamen Titel Sozialökonomie (Social Economy oder Economie Sociale) ist relativ jüngeren Datums. Sie wurde in Frankreich in den späten 1970er Jahren von der sozialistischen Regierung aufgegriffen und unterstützt. Es wurden politische und gesetzgeberische Maßnahmen ergriffen, um dieses Konzept zunächst in Frankreich anzuwenden, es aber dann auch in den 1980er und 1990er Jahren in der EU einzuführen. Besonders starkes Echo hat diese französische Initiative in Spanien gefunden – weit über den Bereich der politischen Linken hinaus.

In letzter Zeit spricht man auf EU-Ebene übrigens lieber von „CMAF" (co-operatives, mutuals, associations, foundations oder den entsprechenden französischen Äquivalenten – die Stiftungen sind hier also hinzugekommen). Die Gründe für diese späte offizielle Kategorisierung sind vielfältig und werden in der Folge erörtert. Trotz der späten und noch etwas ungefestigten Einführung einer standardisierten Terminologie (und eines entsprechenden Mangels an Gemeinsamkeitsgefühl zwischen den betroffenen Institutionen) erscheint diese Kategorisierung als sinnvolles intellektuelles Werkzeug. Es handelt sich bei allen genannten Organisationen um nicht staatliche Institutionen des Wirtschaftslebens, die (zumindest ursprünglich) durch eine Art „ideologischen Überschuss" gekennzeichnet sind, wenn man sie mit gewinnsuchenden Individuen oder Firmen vergleicht.

Betrachtet man in historischer Perspektive die Häufigkeit des Vorkommens solcher Wirtschaftsorganisationen, so stößt man auf eine auf den ersten Blick überraschende Tatsache. Das 19. Jahrhundert, die Epoche des aufsteigenden Kapitalismus, war zugleich die Ära einer aufsteigenden Sozialwirtschaft im modernen Sinn. Mehr noch: das kulturelle Ideal (und der Mythos) des freien, rationalen, unbeeinflusst Entscheidungen fällenden und in Vertragsbeziehungen tretenden Individuums, das sich als Eckpfeiler der marktwirtschaftlichen liberalen Ideologie entwickelt hat, ist zugleich auch die Basis für genossenschaftliche, wechselseitige und Nonprofit-Vereinsgründungen.

Wir haben in dieser Einführung zunächst eine skizzenhafte Beschreibung verschiedener Modelle des Menschen gegeben: Aus historischer Sicht kann man argumentieren, dass der homo sociologicus, also der Mensch als Rollenspieler, in einem relativ statischen, agrarisch und feudal dominierten Gesellschaftsmodell eine dominierende Funktion bis ins 18. Jahrhundert eingenommen hat. Die „zwei Revolutionen", nämlich die aus Großbritannien stammende industrielle und die aus Frankreich stammende politische Revolution, öffneten zu Ende des 18. Jahrhunderts den Weg von einer weitgehend vom zugeschriebenen Status bestimmten ständischen Gesellschaftsordnung zu einem neuen Individualismus, in dem der Mensch als rationaler, seinen Vorteil suchender Wirtschaftstreibender ebenso wie als rationaler Teilnehmer an nicht gewinnorientierten Vereinigungen freiere Gestaltungsspielräume finden soll.

Man kann sich schwer vorstellen, wie eingeschränkt das Aktionsfeld des Individuums vor dieser doppelten Revolution war (die allerdings auf einer jahrhundertelangen Vorbereitungszeit basierte).

Einige Beispiele: Wir sind heute in der Lage, unseren Wohnort innerhalb großer geographischer Bereiche frei zu wählen. Bis ins 18. Jahrhundert hatten dagegen große Bevölkerungsgruppen enorme Schwierigkeiten, ihren Geburtsort zu verlassen und einen neuen Wohnort zu finden (meist in der – sehnsüchtig angestrebten – Stadt mit ihren im Vergleich zur ländlichen Existenz offeneren Lebenschancen).

Heute wählen die meisten Männer und Frauen in Europa frei ihre Lebenspartner: Vor 200 Jahren waren wahrscheinlich die Mehrzahl der Heiraten von anderen (vor allem von älteren Familienmitglieder) arrangiert und deren ökonomischen Zwecken untergeordnet. In diesem Sinn hat übrigens zweifellos eine gewisse Emotionalisierung und damit Entökonomisierung des Heiratsmarktes stattgefunden – eine Gegenströmung zur sonst wachsenden Ökonomisierung gesellschaftlichen Lebens.

Land konnte im Rahmen der feudalen Gesellschaftsordnung nicht frei verkauft werden und war eng mit sozialem Status verknüpft. Manche (aristokratische) Ländereien waren überhaupt – infolge fideikommissarischer Gebundenheit, – unverkäuflich. Dabei handelte es sich um ein durchaus zweifelhaftes Privileg, weil es unter anderem negative Auswirkungen für die kreditwürdige Belehnbarkeit hatte, wie etwa der ungarische Sozialreformer Graf Széchényi feststellen musste.

Berufe und soziale Positionen waren zum großen Teil durch Herkunft bestimmt. Damit war der Einfluss von Talent und Tüchtigkeit stark eingeschränkt.

Ein Austritt aus oder der Wechsel der Religionszugehörigkeit, heute eine sehr private Angelegenheit und oft bloß minimale bürokratische Formalität, wäre bis weit übers 18. Jahrhundert hinaus als dramatischer Akt oder sogar als undenkbar erschienen wegen der Hindernisse, die daraus entstanden wären (bis hin zum Emigrationszwang, zum Verlust von Besitzungen etc.).

Selbst jene Aktivitäten, die gewissen Aspekten der heutigen Sozialwirtschaft durchaus entsprechen, etwa wohltätige Brüderschaften und ähnliches, standen nicht allen Menschen offen, sondern nur Mitgliedern eines bestimmten Berufes, Bewohnern eines bestimmten Stadtviertels etc.

Ab dem Ende des 18. Jahrhunderts begann dies alles, sich dramatisch zu ändern.

Das 19. Jahrhundert kann in sehr fundamentalem Sinn als das Jahrhundert der freien Assoziation bezeichnet werden. Unter diese Bezeichnung fallen Aktiengesellschaften genauso wie wohltätige Vereinigungen, freies Unternehmertum basierend auf Vertragsautonomie ebenso wie genossenschaftliche und wechselseitige Unternehmungen, Unternehmerverbände ebenso wie Gewerkschaften und politische Parteien. Der Kapitalismus und seine individualistische Ideologie entwickelten sich somit gleichzeitig wie sein Gegenstück, das heißt jene Unternehmen, welche die durch den Kapitalismus bedingten Missstände ausgleichen oder wenigstens mildern wollten. Betrachten wir kurz die drei traditionellen Säulen der Sozialwirtschaft, um diese enge Beziehung zur kapitalistischen Entwicklung darzulegen.

Genossenschaften

Moderne Genossenschaften, entstanden in Folge der Industriellen Revolution im 19. Jahrhundert, sind demokratische Vereinigungen in denen Individuen sich zusammentun, um ihre Situation durch gemeinsame ökonomische Aktivitäten in gegenseitiger Unterstützung aber bei Aufrechterhaltung der Selbstständigkeit zu verbessern. Im 19. Jahrhundert entwickelten sich Genossenschaften vor allem in drei Bereichen:

1. Konsumenten taten sich zusammen, um Lebensmittel, Brennstoffe oder andere wichtige Konsumprodukte billiger und in besserer Qualität zu erwerben.
2. Gruppen, die (zunächst) von dem in rascher Entwicklung begriffenen Bankensektor noch vernachlässigt waren (dies galt vor allem für Bauern und Kleingewerbetreibende), gründeten Kreditgenossenschaften, in denen die Ersparnisse ihrer Mit-

glieder zusammengeführt wurden, und eben diesen Mitgliedern auch begünstigte Kreditfazilitäten geboten werden konnten.

3. Die produktiven Fähigkeiten von Mitgliedern (Facharbeitern, Handwerkern, Bauern) wurden auf Initiative besonders aktiver Individuen auf demokratische Weise zusammengeführt, um deren Produktion besseren Zugang zu den Märkten zu ermöglichen.

Die Entwicklung der Genossenschaften im 19. Jahrhundert ist eine lange und komplizierte Geschichte, über die eine große Fülle von Literatur existiert. In diesem Zusammenhang wollen wir einen essentiellen Aspekt herausstreichen: Genossenschaften mögen solidaristische Organisationen sein, und ihr Entstehen war nicht selten mit „antikapitalistischer" Rhetorik verbunden – sei es im Zusammenhang der politischen Linken (wie bei der Gründung von Konsum- und Arbeiterproduktivgenossenschaften), sei es aus traditionalistischer Sicht wie im Falle vieler landwirtschaftlicher Genossenschaften. Diese wurden zumeist von Kirchen oder konservativen Kräften unterstützt, welche die Atomisierung der Gesellschaft fürchteten und ihre „antikapitalistische" Rhetorik zuweilen auch etwas antisemitisch färbten.

Nichtsdestotrotz sind Genossenschaften typische Produkte eines Zeitalters, in dem zunehmende Wanderungsfreiheit und die vertragliche freiwillige Assoziation die traditionellen Gesellschaftsmuster, in welchen die Menschen geboren wurden und permanent verblieben, weitgehend öffneten. Man muss sich auch im klaren sein, dass jene Genossenschaften, die erfolgreich waren, in der Lage sein mussten, zumindest mittelfristig (nach einer Anlaufphase) das ökonomische Marktspiel erfolgreich zu spielen, und zwar entsprechend den neuen, liberalisierten Regeln. Das heißt, was immer auch ihre ideologische Ausrichtung gewesen sein mag, diese Organisationen mussten kurz- oder mittelfristig marktmäßig zumindest ebenso effizient sein wie ihre Mitbewerber. Dies zeigt sich in den oben angesprochenen Bereichen, die nachfolgend eingehender vorgestellt werden.

Konsumgenossenschaften

Die Konsumgenossenschaftsbewegung erzielte einen berühmten Durchbruch im 19. Jahrhundert. Die so genannten „Rochdaler Pioniere", die ihre Organisation 1844 gründeten und innerhalb von 20 Jahren enorm erfolgreich wurden, entwickelten sich zum Kern einer landesweiten föderativen Wirtschaftsorganisation und einer internationalen, lockerer strukturierten Bewegung. Zwei wichtige Aspekte müssen hier festgestellt werden. Erstens war es vermutlich kein Zufall, dass die Rochdaler Genossenschaft im Gebiet von Manchester, dem Zentralgebiet des neuen dynamischen Marktkapitalismus, gegründet wurde. Zweitens waren die wichtigsten der später kodifizierten, so genannten Rochdale-Prinzipien äußerst gut an den kapitalistischen Zeitgeist angepasst.

Abbildung 2.1: Die Rochdaler Grundsätze

> • Demokratisches Prinzip: Eine Person – eine Stimme
> • Prinzip der offenen Mitgliedschaft
> • Begrenzte Verzinsung der Kapitalanteile
> • Ausschüttung des Überschusses als Rückvergütung
> • Grundsatz der Barzahlung
> • Lieferung von unverfälschter Ware mit vollem Gewicht
> • Streben nach wahrer Bildung
> • Politische und religiöse Neutralität

Quelle: Faust (1977: 109-111).

Der Kern des Erfolges des Rochdaler Experimentes beruhte wahrscheinlich insbesondere auf zwei Prinzipien: Dem Rückvergütungsprinzip – den Mitgliedern wurden Rückvergütungen als Prozentanteil ihres Wareneinkaufs in der Genossenschaft ausgezahlt – und dem Barzahlungsprinzip. Das Rückvergütungsprinzip stellte eine faire und demokratische Alternative zur geläufigen Verteilung von Profiten entsprechend dem Anteil am bereit gestellten Kapital dar (der typischen Art, in der „kapitalistische" ökonomische Vereinigungen operieren). Zu gleicher Zeit bot es einen starken rationalen Anreiz, mehr mit der Genossenschaft Handel zu treiben, um auch höhere Rückvergütung zu erzielen. Das Rückvergütungsprinzip kann somit durchaus als ein Appell an die Mentalität des homo oeconomicus gesehen werden.

Ebenso wichtig war das Barzahlungsprinzip: Dieses wichtige Disziplinierungsinstrument machte, wenn es ernsthaft eingehalten wurde, klar, dass nur die „rationalsten" Mitglieder als Konsumenten an der neuen genossenschaftlichen Aktivität teilnehmen konnten, das heißt jene, die fähig und willens waren, mit ihrem Einkommen hauszuhalten, die also die rechnerische Kontrolle vor allem über ihre Ausgaben besaßen (was etwa im Falle des während der frühen Industrialisierung weithin verbreiteten exzessiven Alkoholmissbrauchs nicht der Fall war). Jene Genossenschaften, die das Barzahlungsprinzip strikt einhielten, waren immun gegenüber einer häufigen Quelle des Bankrotts jener Institutionen gleicher Art, die sich „wohlmeinender" gaben, nämlich der Aushöhlung der Betriebsmittel durch uneinbringliche Kredite an unzuverlässige Mitglieder.

Die konsumgenossenschaftliche Entwicklung auf der Basis des Rochdaler Modells kann somit als eine Art demokratischer Modernisierungsimpuls dargestellt werden, der auf einem „kapitalistischen" und dem Prinzip des homo oeconomicus nahestehenden Denkschema beruht.

Die Feudalgesellschaft war charakterisiert gewesen durch irrationalen ostentativen Konsum der Oberschichten und eine noch sehr reduzierte Teilnahme der in der Landwirtschaft tätigen Massen in einer monetären Ökonomie. Der wirtschaftliche und politische Aufstieg des bürgerlichen Elements in der Gesellschaft hatte sich allerdings schon über Jahrhunderte mit den bürgerlichen Tugenden von Sparsamkeit, klugen Investitionen, rationalem Management verfügbarer Mittel verbunden. Die erfolgreichsten konsumgenossenschaftlichen Unternehmen lehrten ihre Mitglieder genau dieses, und sie appellierten damit an die marktmäßig „fortgeschrittensten" Personen der urbanen Unterschichten: Das heißt, nicht das Subproletariat wurde hier mobilisiert, sondern (wie übrigens auch als Avantgarde der gewerkschaftlichen und politischen Arbeiterassoziation) die lesekundigen, politisch und sozial wachen Facharbeiter, die sich oft auch in militanter Weise gegen die Volksgeißel des Irrationalismus, nämlich den Alkoholismus, wandten. (Eine wichtige Rolle spielten hier übrigens die Frauen, die als Geldverwalter der Unterschichtfamilien in der Regel versuchen mussten, die Einkaufsausgaben zu minimieren und den Haushaltsvorstand am kostspieligen Trinken zu hindern).

Kreditgenossenschaften

Konsumgenossenschaften wurden gegründet, weil die Lebensmittelversorgung der urbanen Massen der neu industrialisierten städtischen Agglomerationen nicht wirklich gut funktionierte. Kleine Händler waren häufig schwer verschuldet gegenüber Großhändlern, verfälschten in der Konsequenz Lebensmittel (Milch mit Wasser, Mehl mit Gips und ähnliches Verhalten mehr). Unternehmensläden, die nach dem Truck-System arbeiteten, beuteten die Arbeiter aus: Bei diesem System wurden die Arbeiter nicht mit Geld bezahlt, sondern mit Gutscheinen, die nur in den unternehmenseigenen Läden einlösbar waren – wo die Preise i. d. R. höher lagen als anderswo. In der Konsequenz waren die Arbeiter in doppelter Hinsicht von den Unternehmen abhängig und ihnen gegenüber häufig schwer verschuldet. Die Konsumgenossenschaften agierten hier als Pioniere einer rationaleren Marktwirtschaft. Ähnliches und sogar in stärkerem Maß gilt für Kreditgenossenschaften.

Das moderne System von finanzwirtschaftlichen Institutionen, das sich im 19. Jahrhundert rasch entwickelte, hatte zunächst große Lücken. Es wäre nicht profitabel und vermutlich auch zu schwierig gewesen, sofort die großen Bereiche der ländlichen und der städtischen kleingewerblichen Bevölkerung mit modernen Kreditinstitutionen zu versorgen. Die Banken waren zunächst Einrichtungen ausschließlich für die Oberschicht. Handwerker, Kleinbauern und kleine Gewerbetreibende wurden bereits durch den Prunk – die Vorläufervarianten der berühmte „Glaspaläste" – davon abgehalten, Banken zu betreten. Das hatte zur Folge, dass große Bereiche der Gesellschaft Methoden des

Sparens und des Kredites überlassen blieben, die archaisch, gefährlich und/oder ausbeuterisch waren: Dem Horten und dem Wucher.

Bereits zu Beginn des 19. Jahrhunderts wurde dies von weitschauenden Mitgliedern der Oberschichten realisiert. Man begann deshalb unter allerhöchster Patronanz Sparkassen zu gründen, um einen sicheren Platz für die kleinen Ersparnisse ärmerer Menschen zu schaffen. Die Kreditgewährung der Sparkassen, vor allem im Wege von Liegenschaftspfandrechten, schloss allerdings die besitzlosen Schichten weitgehend aus (ihnen waren die auch häufig von karitativem oder monarchischem Reformgeist geprägten Pfandleihanstalten gewidmet). Es ist dabei festzuhalten, dass dieses Sparkassenmodell, obwohl es zufriedenstellend über etwa 200 Jahre funktioniert und dabei in der Regel Überschüsse erzielt hat, nicht als kapitalistisches Unternehmen gegründet wurde, sondern von Wohltätern, Aristokraten und der feudalen Staatsbürokratie.

Das Sparkassenmodell betreute allerdings nicht, wie gesagt, städtische Handwerker ohne Realvermögen, und es betreute auch nicht die Masse der Kleinbauern. Erst zwei Wellen von Kreditgenossenschaftsgründungen trugen dazu bei, diese Gruppen in einen modernisierten finanzwirtschaftlichen Sektor einzugliedern. Von den 1860er Jahren an verbreitete sich, mit bedeutenden internationalen Ausstrahlungswirkungen, die Volksbankenwelle der deutschen Schulze-Delitzsch-Genossenschaften und wenig später traten die landwirtschaftlichen Kreditgenossenschaften des Raiffeisen-Typs auf den Plan.

Schulze und Raiffeisen waren Wettbewerber im Bereich ihrer Genossenschaftsgründerfunktion und der Prozess der Modernisierung brauchte in beiden Fällen relativ lang. Sehr häufig wurden die Kleinkreditgenossenschaften der Handwerker erst in der Zwischenkriegszeit des 20. Jahrhunderts zu normalen Banken mit entsprechenden Banklokalen etc. Für die Bauernkreditgenossenschaften des Raiffeisen-Typs lag die amateurhaft kleine „Sonntagskassen"-Struktur zuweilen noch in der Mitte des 20. Jahrhunderts vor. In beiden Fällen können diese Kreditgenossenschaften aber längerfristig als wichtige Träger von Marktmentalitäten und Modernisierung angesehen werden, auch schon während des 19. Jahrhunderts. Indem diese Kreditgenossenschaften vor allem Alternativen zum privaten Wucher aufboten, trugen sie dazu bei, dass die Zinssätze, die benachteiligte Gruppen der industriellen Revolution zu zahlen hatten, sich langsam ermäßigten und der konkurrenzwirtschaftlichen Norm anglichen. Sie dienten aber zugleich ebenfalls als Disziplinierungsinstrument in Richtung auf die Entwicklung einer verantwortungsvollen finanziellen Ethik.

Die Tatsache, dass Kredite und Ersparnisse in einem relativ engen „geschlossenen Kreislauf" vernetzt wurden, in dem die Menschen einander kannten (vor allem im landwirtschaftlichen Bereich mit seinen kleinen Einheiten), hatte zur Folge, dass hochriskante Individuen und Projekte vermieden werden konnten und „ernsthafte", das heißt besser kalkulierende Personen, favorisiert wurden. Dieser Prozess kann heute immer noch in Entwicklungsländern beobachtet werden. Dies gilt etwa für Afrika oder für das berühmte Beispiel der genossenschaftsartigen Mikrokreditinstitutionen nach Art der Grameen-Bank von Bangla Desh.

Erfolgreiche Dorfkreditgenossenschaften oder auf noch engerer Basis agierende Institutionen beruhen zumeist auf dem Prinzip der Solidarhaftung oder auf ähnlichen Grundsätzen: Wenn ein Kreditnehmer in der Gruppe ausfällt, bekommen die anderen auch keinen Vorschuss mehr. Damit ist der soziale Druck und die gegenseitige Kontrolle der in die Kreditwirtschaft eintauchenden Individuen garantiert – und sie schaffen durch *gegenseitige* Disziplinierung eine Stabilisierung im Sinne rationalen ökonomischen Verhaltens, der sie vielleicht als Individuen nicht gewachsen gewesen wären. Das „Ursprungsmodell Raiffeisen" (oder Schulze-Delitzsch) ist also, in Abwandlungen, immer noch erfolgreich anwendbar, wo es darum geht, (nahezu) besitzlose Individuen kreditfähig und -würdig zu machen. Kreditgenossenschaften als wichtiges Instrument der sozialen Modernisierung sind nach wie vor an der Tagesordnung.

Wechselseitigkeitsvereinigungen

Menschen waren stets mit den Schwierigkeiten von Krankheit, Alter und Unfällen konfrontiert. Präindustrielle Gesellschaften hatten öfters solidaristische Instrumente, um für ihre Mitglieder ein gewisses Niveau an Bestattungsdiensten zu garantieren oder Witwen und Waisen zu helfen. Allerdings wurden ältere und kranke Menschen traditionell durch die existierenden Familiennetzwerke aufgefangen – gerade in ländlichen Gebieten – und arbeiteten, solange sie konnten, innerhalb der Großfamilie. Medizinische Versorgung gab es de facto für eine Mehrheit der Bevölkerung nicht.

Während des 19. Jahrhunderts brachen Urbanisierung und Industrialisierung mit ihrer hohen Produktivität die Großfamilienstruktur mit ihrer internen Arbeitsteilung auf. Individualistische Antworten auf die Fragen von Krankheit und Alter mussten gefunden werden. Das Versicherungsprinzip der Risikoverteilung (eine rationale homo oeconomicus-Konzeption) wurde bekannt und gesellschaftlich akzeptiert. Auch hier wurde die kommerzielle kapitalistische Verwendung moderner Instrumente zunächst einer privilegierten Elite zugänglich. Aber auf einer mittleren Ebene der Gesellschaft (nicht am unteren Rand) entwickelte sich auch hier das Prinzip der freiwilligen und solidarischen Assoziation, oft gefördert durch wohlwollende Arbeitgeber oder andere hochrangige Persönlichkeiten. Dieser Prozess der rationalen Risikoabdeckung auch für die weniger Begünstigten verlief parallel zum Prozess der Genossenschaftsformierung, und auch er entwickelte sich zunächst vor allem in den industriell am weitesten entwickelten Ländern wie Großbritannien und Frankreich.

Es muss allerdings festgestellt werden, dass gegen Ende des 19. Jahrhunderts, als in Deutschland das erste nationale, unter Bismarck entwickelte System der Sozialversicherung eingeführt wurde und die umliegenden Staaten beeinflusste, die Anhänger des Mutualismus oft mit den kapitalistisch orientierten Liberalen gemeinsame Sache machten: Sie wollten die „Freiheit der Assoziation" in ihren Organisationen garantieren und nicht von quasi staatlichen Bürokratien „geschluckt" werden. Dennoch wurden staatliche Systeme der Sozialversicherung während des größten Teils des 20. Jahrhunderts (wenigstens in Europa) dominierend. Dies geschah vor allem deshalb, weil freiwillige Organisationen des Mutualismus nie fähig waren, mehr als eine relativ kleine Elite der Bevölkerung zu erfassen.

Vereine („Assoziationen")

Vereine werden hier nur insoweit berücksichtigt, als der Vereinszweck zum einen wirtschaftliche Tätigkeit einschließt. Zum anderen gilt, dass die Gruppensolidarität darin ihren Ausdruck findet, gemeinsam ein Ziel sozialer, kultureller oder sonstiger Art anzustreben, das mittels einer Aktion im wirtschaftlichen Bereich verwirklicht werden soll. Bei den nicht gewinnorientierten Vereinigungen handelt es sich um einen enormen vielgestaltigen und schwer überschaubaren Bereich. Er ist allerdings als eines der Kernelemente des Modernisierungsprozesses des 19. Jahrhundert anzusehen. Der große politische Theoretiker Alexis de Tocqueville äußerte nach seinem Besuch in den Vereinigten

Staaten die Beobachtung: Was die Engländer von der Protektion eines Lords und die Franzosen vom Staat erwarten, das versuchen die Amerikaner dadurch zu realisieren, dass sie einen Verein gründen (vgl. Tocqueville 2004: 248). In diesem Sinn können die Vereinigten Staaten, weitgehend unbelastet von den Relikten des Feudalismus und absolutistischer Bürokratien, zweifellos als Vorbereiter und Rollenmodell für den Modernisierungsprozess auch in Europa betrachtet werden.

Genossenschaften und Wechselseitigkeitsvereinigungen, die hier erwähnt wurden, können als „Assoziationen" im weiteren Sinn gesehen werden: Gruppen, die durch freies vertragliches Zusammenfinden autonomer Individuen gegründet wurden, um gemeinsame Interessen zu verfolgen. Dieses Instrument wird zum Zauberstab der Entwicklung während des 19. Jahrhunderts im ökonomischen ebenso wie im kulturellen Bereich, im Bereich der Philanthropie und der Politik.

Man kann das 19. Jahrhundert in der Tat als das „Jahrhundert der Assoziation" bezeichnen. Die Assoziation schuf das Gewebe dessen, was wir heute „civil society" nennen, und was die totalitären Systeme des 20. Jahrhunderts so häufig versuchten auszuradieren.

Tocquevilles Beobachtungen hatten übrigens einen sehr zeitgeistigen Beiklang. Sie wurden kurz vor der revolutionären Schockwelle von 1848 formuliert, die durch ganz Europa ging und die einen ungeheuren Ausbruch von „Assoziationsfieber" produzierte. Neoabsolutistische Tendenzen am Beginn der zweiten Hälfte des 19. Jahrhunderts versuchten, dieses Fieber abzukühlen und waren äußerst restriktiv, sogar in Bezug auf nichtpolitische Vereinigungen. In den 1850er und 1860er Jahren musste dieser Absolutismus sich allerdings schrittweise zurückziehen, und zwar zu Beginn gerade auf wirtschaftlichem

Gebiet. Genossenschaften und wechselseitige Vereinigungen wurden zugelassen.

Der triumphierende bürgerliche Liberalismus entwickelte während des letzten Drittel des 19. Jahrhunderts ein ganzes Gewebe hochkultureller Assoziationen: Philharmonische Gesellschaften, Gesellschaften für die Entwicklung der Künste, Gesangsvereine (mit nicht selten latent nationalem oder sonstigem ideologischen Hintergrund) und ähnliches. In den 1890er Jahren kam es bei der politischen und gewerkschaftlichen Organisation ebenfalls zu einem Durchbruch. Es muss allerdings daran erinnert werden, dass die Angst vor dem explosiven Potential der freien Assoziation weiter wirkte. Ökonomischer Solidarismus trat hier häufiger an die Stelle des politischen. So ist festzuhalten, dass die außerordentliche Blüte der finnischen Genossenschaftsbewegung zu Beginn des 20. Jahrhunderts eng mit der Russifizierungspolitik zusammenhing: Da sowohl Publikationen als auch Assoziationen außerhalb des engen ökonomischen Bereichs erheblichen Beschränkungen unterworfen waren, konzentrierten sich die Finnen eben auf die verbliebenen Möglichkeiten – und dazu zählten eben insbesondere Genossenschaften.

Stiftungen

In jüngster Zeit ist – vielleicht um gewissen Animositäten gegenüber dem Begriff „Economie Sociale" oder Sozialwirtschaft entgegenzukommen – vor allem auf Europäischer Ebene der Ausdruck CMAF modern geworden. Damit wird ein sehr altes Rechtsinstitut durchaus vordemokratischen Charakters mit den der demokratischen Evolution des 19. Jahrhunderts verpflichteten Institutionen von Genossenschaft, Wechselseitigkeits- und Nonprofit-Verein auf einen zusammenfassenden Abkürzungsbegriff gebracht. Das hier gemeinsamkeitsstiftende Element ist wohl jenes der Gemeinnützigkeit im weitesten Sinn.

Urform der Stiftung ist zunächst die unter besonderem Schutz der Rechtsordnung vorgenommene Übertragung von Vermögenswerten an einen Treuhänder, und zwar mit der bindenden Auflage, bei der Vermögensverwendung ausschließlich dem geäußerten Willen des Stifters entsprechend zu handeln. Dieser Art sind die Trusts nach angelsächsischem Recht und die auch im kontinentaleuropäischen Bereich bis heute bestehenden meist kleinen, nicht rechtsfähigen Stiftungen. Stiftungen solcher Art entstanden über fast eineinhalb Jahrtausende unter der Treuhänderschaft der Kirche. Im Rahmen der Reformation fiel die Schirmherrschaft in den protestantisch gewordenen Ländern an den Landesherren.

Im Zug der antiklerikal (vor allem antikatholisch) gefärbten Stimmungslage der Aufklärung verschlechterte sich das Image des „mildtätigen" oder sonst religiös gefärbten Zwecken gewidmeten Rechtsinstituts. Zu Beginn des 19. Jahrhunderts kam es zur juristischen Emanzipation der Stiftungen und zur heute im Kontinentaleuropa bei Großstiftungen dominierenden selbstständigen Rechtspersönlichkeit. Stiftungen betreiben heute unter anderem Krankenhäuser, Altersheime, Museen, vergeben Stipendien, veranstalten Konferenzen. In den USA hatten Großstiftungen von Unternehmen und Unternehmern wie Andrew Carnegie, John D. Rockefeller oder Henry Ford im ersten Drittel des 20. Jahrhunderts große Bedeutung (und führten bis zu Befürchtungen einer Beeinflussung des politischen Lebens durch die Stiftungsaktivitäten). In Europa sind die – im Verhältnis zu den demokratisch strukturierten Institutionen der Sozialwirtschaft quantitativ eher selteneren – Stiftungen in den letzten Jahren zunehmend als positiver Beitrag zur Gestaltung der Civil Society gesehen worden.

„Bürgerstiftungen" neuen Typs als Ausdrucksform modernen philanthropischen Engagements (und im latenten Gegensatz zur historisch nicht immer stiftungsfreundlichen öffentlichen Hand) haben in letzter Zeit eine gewisse Aufmerksam erregt. Hier liegt, durch die Möglichkeit des „Anhängens" eines eigenen, auch kleineren Stifterbeitrags, eine Übergangsform zum Verein vor. Daneben bleibt aber auch das traditionelle Stiftungsbild des vom Stifterwillen in seinem Zweck festgeschriebenen „eigentümerlosen" Vermögens (universitas bonorum) im Gegensatz zum Verein als universitas personarum erhalten. Unzweifelhaft ist, dass die Stiftungen, die typischerweise in Diktaturen (wie dem NS-System oder dem Kommunismus) verboten sind und auch in stark etatistischen Systemen (wie Frankreich) immer wieder stark kritisiert wurden, einen kleinen, aber wesentlichen Beitrag zum gesellschaftlichen Pluralismus moderner Zivilgesellschaften leisten können.

Fragen und Themen für Diskussionen

1. Aus welchen Bedürfnissen heraus entwickelten sich sozialwirtschaftliche Institutionen im Mittelalter und im Zeitalter der industriellen Revolution?
2. Wie steht es um die Beziehung zwischen kapitalistischer und sozialwirtschaftlicher Entwicklung?
3. Inwieweit können sozialwirtschaftliche Institutionen als Übungsfelder rationalen Konsumenten- und Produzentenverhaltens angesehen werden?
4. Welches sind die traditionellen Hauptfelder sozialwirtschaftlicher Tätigkeit?
5. Kam historisch gesehen die Selbsthilfe vor der Fremdhilfe?
6. Geschieht Selbsthilfe immer durch eine Gruppe?
7. Ist Selbsthilfe effektiver und effizienter als Fremdhilfe?
8. Lassen sich alle Probleme durch Selbsthilfe lösen?
9. Sind alle Vereine Selbsthilfeorganisationen?
10. Sind alle Selbsthilfeorganisationen langfristig angelegt?
11. Sind Selbsthilfeorganisationen notwendigerweise demokratisch aufgebaut?
12. Verfolgen Selbsthilfeorganisationen automatisch gesellschaftlich erwünschte Ziele?
13. Verfolgen Selbsthilfeorganisationen automatisch ideelle Ziele?
14. Machen sich Selbsthilfeorganisationen tendenziell selbst überflüssig?

Zitate

„Alle wesentlichen Fortschritte des wirtschaftlichen und politischen Lebens im Mittelalter beruhen auf Formen assoziativer Organisation."

Paul Nourrisson (1920), zitiert nach Defourny/Develtere (1999: 27)

„Die Arbeit und das Genie des Volkes sind es, welche den Staat bilden und erhalten, und es muß als unglaubliche Kurzsichtigkeit und Erniedrigung betrachtet werden, wenn Arbeiter die Hilfe des Staates anrufen. – Wenn sie lernen, den Gewinn ihrer Arbeit in eigenen Händen zu behalten, dann brauchen sie von keinem, wer es auch sei, eine Hilfe. Die Arbeiter haben Geschick und Verstand genug, wirklich großartige Unternehmungen zu leiten; sie bedürfen nur des Kapitals dazu."

George Jacob Holyoake (1888: 1)

„Viele Gönner unserer Sache sind der Meinung, dass wir uns zu sehr bemühen, Kapitalisten zu werden; aber nach den Erfahrungen, die ich in den letzten 16 Jahren mit den Angehörigen der arbeitenden Klasse gemacht habe, bin ich zu der Überzeugung gelangt, dass man, um sie zu gemeinsamer Arbeit an irgendeinem Werke anzuspornen, sie mit goldenen Ketten, die sie sich selbst geschmiedet haben, fesseln muss."

George Jacob Holyoake (1888: 28)

„Nachdem das Volk eingesehen hatte, dass die Zahlung des Eintrittsgeldes von einem Shilling und des wöchentlichen Beitrages von 3 Pence – welche Beträge reine Ersparnisse waren, da sie ihnen auf die Antheile gutgeschrieben wurden – nicht schwer fallen können, begriff es bald, dass der Beitritt zur Genossenschaft in seinem Interesse, zu seinem Vorteile sein müsse. Die

Genossenschaft erweckte den Sparsinn und sammelte die Spargelder der Gemeinde."

George Jacob Holyoake (1888: 34)

„Die Rochdaler Genossenschaft erweist sich nebenbei als eine werthvolle Hilfe zur Verwirklichung des Planes der bürgerlichen Unabhängigkeit der Frauen. Frauen können Mitglieder werden und haben Stimmrecht. Es gehören alleinstehende und verheiratete Frauen der Genossenschaft an. Viele Frauen treten bei, weil ihre Männer zu bequem sind, dies zu thun, und andere thun es aus Selbstvertheidigung, damit ihre Männer nicht die Ersparnisse vertrinken sollen. Der Mann kann die auf den Namen der Frau bei der Genossenschaft stehenden Ersparnisse nicht ohne schriftliche Einwilligung der letzteren abheben."

George Jacob Holyoake (1888: 70)

„In keinen Falle, unter keinem Vorwand dürfen die Beamten der Genossenschaft Waaren anders als gegen baare Zahlung ein- oder verkaufen. Beamte, die dieser Bestimmung zuwider handeln, werden mit einer Strafe von 10 Schilling belegt und als unfähig zur Erfüllung ihres Amtes erklärt."

George Jacob Holyoake (1888: 194)

„Der durch die Genossenschaft erzielte Gewinn gelangt wie folgt zur Vertheilung: Es werden auf alle Antheile, die bis zum Beginn des Vierteljahres eingezahlt sind, 5% Zinsen jährlich gezahlt; ...; der übrig bleibende Gewinn wird unter den Mitgliedern nach Verhältnis des Betrages ihrer Einkäufe, bei der Genossenschaft während des Vierteljahrs vertheilt."

George Jacob Holyoake (1888: 195)

„Als Pionier benötigt man Mut und Ehrgeiz. Sobald die Armen bewiesen haben, wie erfolgreich sie dank eines Kleinstkredits sein können, fällt es ihren Nachbarn viel leichter, zu uns zu finden. Die nachkommenden Kreditnehmer haben dann nicht den Eindruck, daß sie sich auf unbekanntes Gebiet vorwagen."

Muhammad Yunus (1998: 138-139)

„Eine Ökonomie ohne Menschlichkeit ist sinnlos und unfruchtbar."

Muhammad Yunus (1998: 260)

„In den Vereinigten Staaten sah ich, daß die Marktwirtschaft das Individuum befreit und ihm gestatte, seine persönliche Wahl zu treffen. Der einzige Nachteil dieses Systems liegt darin, daß es immer nur die Mächtigen begünstigt, wohingegen meiner Meinung nach die Armen von dem System profitieren sollten, um ihr Los verbessern zu können.

Grameen ist eine Privatbank zur Selbsthilfe, und wenn ihre Mitglieder zu Wohlstand kommen, so investieren sie in Wasserpumpen, Latrinen, neue Unterkünfte, Schulen, Gesundheitsdienste usw."

Muhammad Yunus (1998: 260)

Interessante Websites

http://archive.co-op.ac.uk

   (National Co-operative Archive in Manchester)

http://wisc.edu/uwcc/icic/def-hist/famous.html

   (International Co-operative Information Centre: Famous Co-op People through the Ages): zahlreiche Kurzbiografien

http://www.genossenschaftsarchiv.de/

   (Genossenschafts-Archiv)

http://www.genoarchiv.de/

   (Stiftung Genossenschaftliches Archiv)

http://www.uni-kassel.de/fb4/akademie/

   (Quellensammlung zur Geschichte der deutschen Sozialpolitik 1867 BIS 1914)

http://www.zdk-hamburg.de/Kurze_Geschichte.pdf

   (Eine kurze Geschichte der Konsumgenossenschaften von Burchard Bösche)

http://skylla.wz-berlin.de/pdf/2004/iv04-502.pdf

   (Jürgen Schmidt befasst sich in einem Diskussionspapier mit dem Titel „Zivilgesellschaft und nicht-bürgerliche Trägerschichten" mit u. a. dem Verhältnis zwischen Konsumgenossenschaften und früher Arbeiterbewegung)

http://www.attacberlin.de/fileadmin/materialseite/WIR_eG_Reader.pdf

   (Wiederbelebung der Idee von Genossenschaften als einer Idee jenseits marktwirtschaftlicher Zwänge)

Weiterführende Literatur

Bruckmüller, Ernst (1985): Sozialgeschichte Österreichs, [Haupt] Wien u. a. 1985.

Defourny, Jacques/**Develtere**, Patrick (1999): Origines et contours de l'économie sociale au Nord et au Sud, in: Jacques Defourny/Patrick Develtere/Bénédicte Fonteneau (Éds.) (1999): L'économie sociale au Nord et au Sud, [De Boeck & Larcier] Paris u. a. 1999, p. 25-56.

Defourny, Jacques/**Develtere**, Patrick/**Fonteneau**, Bénédicte (Éds.) (1999): L'économie sociale au Nord et au Sud, [De Boeck & Larcier] Paris u. a. 1999.

Dunoyer, Charles (1865): Quelle influence exercent les sociétés à responsabilité limitée sur les relations économiques de notre époque? ... Exposé ... Débat, in: International Association for Social Progress: Annales de l'Association Internationale pour le Progrès des Sciences Sociales, [Bols-Wittouk] Bruxelles 1865, Bd. 4/5, 5, S. 569-591.

Elsässer, Markus (1982): Die Rochdaler Pioniere. Religiöse Einflüsse in ihrer Bedeutung für die Entstehung der Rochdaler Pioniergenossenschaft von 1844, [Duncker & Humblot] Berlin 1982

Engels, Friedrich (1848): Die Lage der arbeitenden Klasse in England, nach eigner Anschauung und authentischen Quellen, 2. Ausg., [Wigand] Leipzig 1848.

Faust, Helmut (1977): Geschichte der Genossenschaftsbewegung. Ursprung und Aufbruch der Genossenschaftsbewegung in England, Frankreich und Deutschland sowie ihre weitere Entwicklung im deutschen Sprachraum, 3. Aufl., [Fritz Knapp] Frankfurt am Main 1977

Gide, Charles (1967): Das Genossenschaftsprogramm, in: Genossenschaftliches Lesebuch. Zeugnisse aus hundert Jahren, [Fritz Knapp] Frankfurt am Main 1967, S. 130-135.

Holyoake, George Jacob (1888): Geschichte der Pioniere von Rochdale, [o. V.] Leipzig/Berlin 1888.

Holyoake, George Jacob (1891): The co-operative movement today, [Methuen] London 1891.

King, William (1922): Dr. William King and the Co-operator, 1828 – 1930, [The Co-operative Union] Manchester 1922.

Le Play, Frédéric (1877-79): Les ouvriers européens, [Mame u. a.] Tours u. a. 1877-1879.

Luzzatti, Luigi (1924): Cenni statistici sugli istituti populari cooperativi di credito. Per azioni, legalmente costituiti ed esistenti nel Regno al 1. gennaio 1923, 2. ed., [Tipografia Cooperativa Sociale] Roma 1924.

Malon, Benoit (1883): Manuel d'Economie sociale, [Dervaux] Paris 1883.

Mill, John Stuart (1970): Principles of Political Economy with Some of Their Applications to Social Philosophy, [Penguin Books] Harmondsworth/Baltimore/Victoria 1970.

Nourrisson, Paul (1920): Histoire de la Liberté d'Association en France depuis 1789, [Sirey] Paris 1920.

Ott, Auguste (1851): Traité d'économie sociale au l'économique politique au point de vue du progrès, [Renou editeur] Paris 1851.

Owen, Robert (1919): Robert Owen und der Sozialismus, [Cassirer] Berlin 1919.

Passy, Frédéric (1861): Leçons d'économie politique, [Gras] Montpellier 1861.

Pecqueur, Constantin (1839): Économie sociale des´ intérests du commerce, de l'industrie et de l'agriculture, et de la civili`sation rn général sou`s l'influence des applications de la vapeur, [Desessart] Paris 1839.

Raiffeisen, Friedrich Wilhelm (1881): Die Darlehnskassen-Vereine in Verbindung mit Consum-, Verkaufs-, Winzer-, Molkerei-, Viehversicherungs- etc. Genossenschaften als Mittel zur Abhilfe der Noth der ländlichen Bevölkerung. praktische Anleitung zur Gründung und Leitung solcher Genossenschaften, 3. Aufl., [Raiffeisen-Druckerei] Heddesdorf-Neuwied 1881.

Renner, Karl (1951): Sozialismus, Arbeiterschaft und Genossenschaft. Skizze einer ökonomischen Theorie des Genossenschaftswesens, [Verlagsgesellschaft Deutscher Konsumgenossenschaften] Hamburg 1951.

Renner, Karl (1953): Arbeit und Kapital. Eine volkstümliche Einführung in die Probleme der modernen Wirtschaft, [Verlag der Wiener Volksbuchhandlung] Wien 1953.

Schulze-Delitzsch, Hermann (1868): Der todte Schulze gegen den lebenden Lassalle, [Verlag der Volksbuchhandlung] Hottingen-Zürich 1886.

Schulze-Delitzsch, Hermann (1876): Vorschuß- und Credit-Vereine als Volksbanken. praktische Anweisung zu deren Einrichtung und Gründung, 5. Aufl., [Keil] Leipzig 1876.

Tocqueville, Alexis de (2000): Democracy in America, [Bantam Classics] New York 2000.

Tocqueville, Alexis de (2004): Über die Demokratie in Amerika, [Philipp Reclam jun.] Stuttgart 2004.

Walras, Léon (1865): Les Associations Populaires de Consommation, de Production et de Crédit, [Dentu] Paris 1865.

Yunus, Muhammad (1998) (mit Alan Jolis): Grameen – Eine Bank für die Armen der Welt, [Lübbe] Bergisch Gladbach 1998.

Kapitel 3: Die verschiedenen Zweige der Sozialwirtschaft

Verständnis von Sozialwirtschaft – Dritter Sektor – Non Profit Organizations – Non Governmental Organizations – Selbsthilfe – Fremdhilfe

Der Begriff der „Sozialwirtschaft" dürfte bei eingehenderer Betrachtung zu den schwierigsten Ausdrücken der deutschen Sprache gehören. Denn die mit ihm verbundenen Inhalte wechseln in erheblichem Ausmaß, je nachdem von wem und in welchem Kontext das Wort verwendet wird. Fragt man nach einer Definition, so können folgende Erläuterungen leicht zu der entsprechenden Palette gehören:

„Sozialwirtschaft ist das, was Sozialarbeiter und Sozialpädagogen tun."

„Sozialwirtschaft ist Gutmenschentum."

„Sozialwirtschaft ist alles, was mit dem Menschen zu tun hat."

„Sozialwirtschaft ist, wenn sich Unternehmen sozial verhalten."

„Sozialwirtschaft ist Gesundheit, Pflege und Armutsbekämpfung."

Deutlich werden dabei sehr unterschiedliche inhaltliche und konzeptionelle Verständnisse. Betrachtet man die Fachliteratur, so bleibt der Aussagendschungel nicht minder dicht. Vor diesem Hintergrund soll nachfolgend der Versuch unternommen werden, diesen Begriff jenseits disziplinspezifischen Verständnisses etwas genauer zu beleuchten.

Sozialwirtschaft und ihre Merkmale

Zieht man als Ausgangsbasis die Verwendung des Begriffes „Sozialwirtschaft" in den verschiedenen Wissenschaftsdisziplinen heran bzw. seine Benutzung durch Absolventen aus den einschlägigen Studiengängen der Sozialarbeit, der Sozialpädagogik, des Sozialrechts, des Sozialmanagements, der Soziologie und – last but not least – des Managements sozialer Dienstleistungen, so wird sehr schnell deutlich, welche unterschiedlichen Inhalte jeweils als begriffsimmanent angesehen werden. Nachfolgend werden diese Erfahrungen mit dem Begriff der Sozialwirtschaft grob strukturiert, ohne damit einen Anspruch auf Vollständigkeit oder gar Verbindlichkeit erheben zu wollen.

Das engste Verständnis bezieht sich demnach ausschließlich auf Anbieter sozialer und gesundheitsbezogener Dienstleistungen, ggf. ausschließlich aus dem Nonprofit-Bereich. Dabei werden dann u. a. Sozialversicherungsträger, aber auch eine Vielzahl von Selbsthilfeeinrichtungen insbesondere wirtschaftlicher Natur sowie viele Nonprofit-Organisationen ausgegrenzt.

Die breiteste Definition umfasst alle Organisationen, die weder mit privatem Gewinninteresse geführt werden noch Teil eines staatlichen Haushaltes sind. Dieses Verständnis schließt dann u. a. auch Kirchen, Parteien, Gewerkschaften, Arbeitgeberverbände ein, würde allerdings privat geführte, auf Gewinn ausgerichtete Kliniken nicht mehr beinhalten.

Aus dem Bereich des Sozialwesens stammt eine Definition von Wendt (2002: 16), nach der Sozialwirtschaft eine Verbindung von Institutionenlehre (organisierte Wohlfahrtspflege und andere soziale Einrichtungen einschließlich ihrer Träger, etc.), Funktionenlehre (Aufgabenstellungen und -erledigung im sozialen Handeln) und spezielle Betriebswirtschaftslehre (Betriebsfunktionen wie Controlling, Finanzierung etc.) darstellt. Unklar bleibt bei diesem Ansatz allerdings, inwieweit Gewinn orientierte private Kliniken erfasst werden. In betriebswirtschaftlicher Hinsicht findet hingegen eine Differenzierung dergestalt statt, dass die Sachzielvorgabe gegenüber der strukturellen Ähnlichkeit Vorrang hat: Verfolgt eine Organisation ein soziales Ziel, gehört sie zum Kreis der Sozialwirtschaft, auch wenn die zur Zielverfolgung erforderliche betriebswirtschaftliche Aufbau- und Ablauforganisation identisch ist zu anderen Institutionen, die z. B. Nonprofit-Ziele, aber nicht soziale Ziele verfolgen. Der Betriebswirtschaftslehre wird hier eine lediglich dienende Funktion zugewiesen, während das sozialwirtschaftliche Handeln eine tendenziell bestimmende Funktion übernimmt. Daher wäre ein Großteil der Genossenschaften, Nonprofit-Vereine und auch der gemeinnützigen Stiftungen nach diesem Verständnis nicht zur Sozialwirtschaft gehörig.

Auch das Verständnis der Europäischen Union, das Genossenschaften, Wechselseitigkeitsvereine, Nonprofit-Vereine und gemeinnützige Stiftungen unter den Begriff der Sozialwirtschaft subsumiert, ist problematisch, weicht doch zumindest bei einigen der angesprochenen Organisationen das Selbstverständnis massiv von der Zuordnung durch die Europäische Union ab. Gleichzeitig werden wiederum Organisationen wie Parteien – trotz ähnlicher betriebswirtschaftlicher Anforderungen und Strukturen – nicht mit einbezogen. Dennoch liefert diese Definition der Europäischen Union eine einigermaßen tragfähige Basis für die weiteren Ausführungen – wohl wissend, dass außerhalb des angesprochenen Kreises von Organisationen weitere Institutionen existieren, die zwar ggf. andere Ziele verfolgen, sich aber strukturell ähnlich verhalten. Darüber hinaus bestehen ggf. eindeutig gewinnwirtschaftlich oder staatlich gelenkte Organisationen, die in denselben Branchen dieselben Leistungen anbieten wie die Genossenschaften, Wechselseitigkeitsvereine, Nonprofit-Vereine und gemeinnützigen Stiftungen.

Strukturiert man die verschiedenen, oben kurz skizzierten Verständnisse der Sozialwirtschaft, so kristallisieren sich drei wesentliche Merkmale heraus:

1. Sozial gerichtetes Handeln, d. h. eine Ausrichtung auf soziale Ziele, wobei der Begriff des Sozialen unterschiedlich weit gefasst sein kann. Ursächlich dafür ist das Verständnis von sozial als einerseits gesellschaftlich bzw. die Ordnung der menschlichen Gesellschaft betreffend und andererseits als menschenfreundlich und die Mitmenschen einbeziehend.

2. Eine Sachzielorientierung der Organisation, auch bezeichnet als dienende Funktion der Organisation. Dies drückt sich in einer dienenden Rolle des Kapitals aus, demzufolge die Gewinnerzielung lediglich eine untergeordnete Rolle hat. Die Sachzielorientierung kann als Selbsthilfe oder als Fremdhilfe ausgeprägt sein.

3. Die private Träger- oder Eigentümerschaft an der Organisation.

Vor diesem Hintergrund wird im weiteren Verlauf der Ausführungen daher davon ausgegangen, dass im weitesten Verständnis von Sozialwirtschaft mindestens eines dieser Merkmale erfüllt ist, während es zugleich einen engsten Kreis sozialwirtschaftlicher Organisationen gibt, bei denen alle drei Merkmale simultan erfüllt sind.

Abbildung 3.1: Abgrenzungskriterien für das Verständnis der Sozialwirtschaft

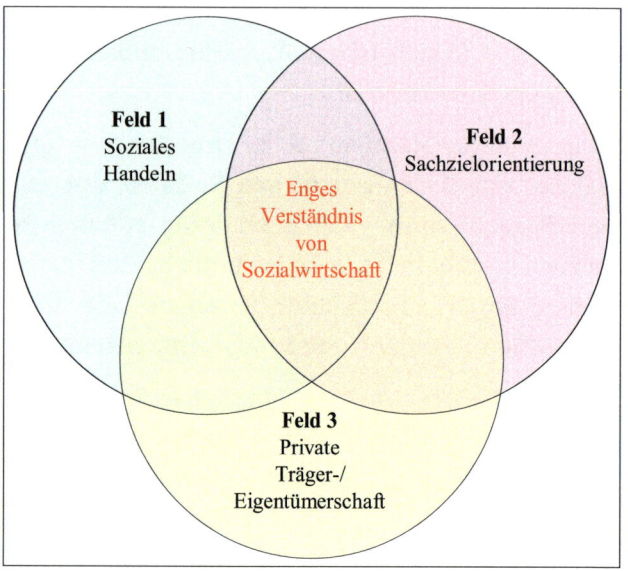

Quelle: Kramer (2006: 7).

Erweiterte Verständnisse von Sozialwirtschaft ergeben sich gemäß diesem Ansatz jeweils danach, welche Restriktion(en) aufgehoben werden. Im weiteren Verlauf dieser Ausführungen wird unter Sozialwirtschaft alles verstanden, wo sich mindestens zwei der Kreise überschneiden. Beispielhaft hierfür stehen folgende Varianten:

1. Überschneidung aller drei Felder: Krankenhaus in gemeinnütziger Trägerschaft
2. Überschneidung der Felder 1 und 2: Krankenhaus in öffentlicher Trägerschaft
3. Überschneidung der Felder 1 und 3: Privater, gewinnorientierter Pflegedienst

4. Überschneidung der Felder 2 und 3: Wohnungsgenossenschaft

Mit Hilfe dieses Schemas lassen sich dann auch viele der anderen Begriffe definieren bzw. gegeneinander abgrenzen, die derzeit in der Diskussion verwendet werden. Dazu gehören unter anderem „Dritter Sektor", „Non Governmental Organization", „Non Profit Organization/Nonprofit Organisation" etc. Diese Begriffe werden nachfolgend kurz erläutert und mit Hilfe von Schaubildern gegeneinander abgegrenzt.

Dritter Sektor

Unter dem Dritten Sektor werden Organisationen „zwischen Markt und Staat" verstanden. Hier werden jene Leistungen bereitgestellt, die von den beiden anderen Sektoren nicht oder nicht angemessen (Umfang, Preis, etc.) erbracht werden. Konkretisiert wird dieses Angebot dahingehend, dass dabei ein Erwerbszweck verfolgt wird.

Nach diesem Verständnis gehören zum dritten Sektor alle Organisationen, die einer Sachzielorientierung und damit „der dienenden Rolle des Kapitals" folgen. Dies gilt grundsätzlich für alle Organisationen, die dem Feld 2 zuzuordnen sind. Entsprechende Organisationen können sich sozialem Handeln verpflichten, aber dies ist nicht zwingend.

Abbildung 3.2: Einordnung des Dritten Sektors

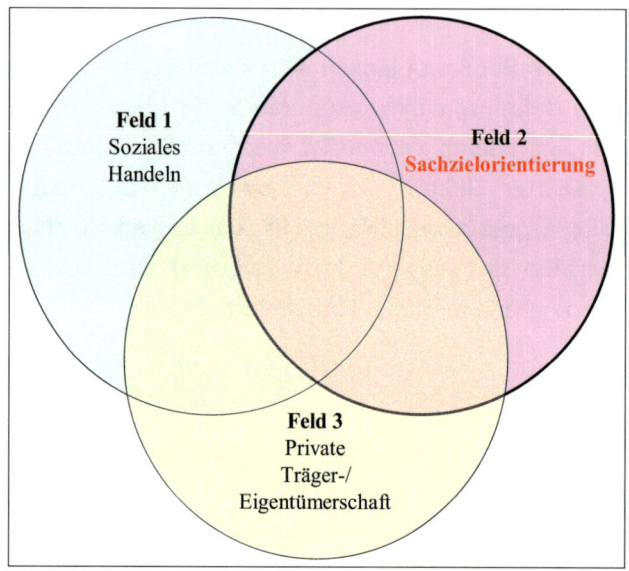

Quelle: Kramer (2006: 9).

Unstimmigkeiten bestehen allerdings zwischenzeitlich hinsichtlich der Frage, ob auch öffentlich-rechtliche Organisationen ohne vorrangige Gewinnerzielungsabsicht zum Dritten Sektor zu zählen sind, wie z. B. das oben erwähnte Krankenhaus in öffentlicher Trägerschaft. Dies hängt mit dem jeweiligen Verständnis des Begriffs „Staat" zusammen: Werden unter diesen Begriff nur die Organisationen verstanden, die zur Erfüllung hoheitlicher Aufgaben agieren, oder erweitert auch jene, denen der Staat bestimmte öffentliche Aufträge übertragen hat und die z. B. auch in privaten Rechtsformen agieren? Dem ersten Bereich wären hier beispielsweise die Finanzämter zuzuordnen, dem zweiten zusätzlich auch die öffentlichen Versicherungsgesellschaften, die Sparkassen etc.

Bei weiterem Staatsverständnis würde der Dritte Sektor dann nur noch jene Organisationen umfassen, die sich im Überschneidungsbereich der Felder 2 und 3 befinden, bei engerem Staatsverständnis aber das gesamte Feld 2.

Non Governmental Organizations (NGOs)/ Nicht-Regierungs-Organisationen

Der Begriff umfasst formal alle Organisationen außerhalb staatlicher bzw. öffentlicher Trägerschaft und damit auch gewinnorientierte private Unternehmen, also alle Organisationen in Feld 3. Im allgemeinen Sprachgebrauch werden aber darunter lediglich sachzielorientierte und privatwirtschaftliche Organisationen verstanden. Dies entspricht dem Überschneidungsbereich der Felder 2 und 3. Soziales Handeln kann angestrebt sein, ist aber nicht Voraussetzung für die Klassifizierung.

Abbildung 3.3: Einordnung von Non Governmental Organizations (NGOs)/Nicht-Regierungs-Organisationen

Feld 1 Soziales Handeln
Feld 2 Sachzielorientierung
Non Governmental Organizations (NGOs)
Feld 3 Private Träger-/Eigentümerschaft

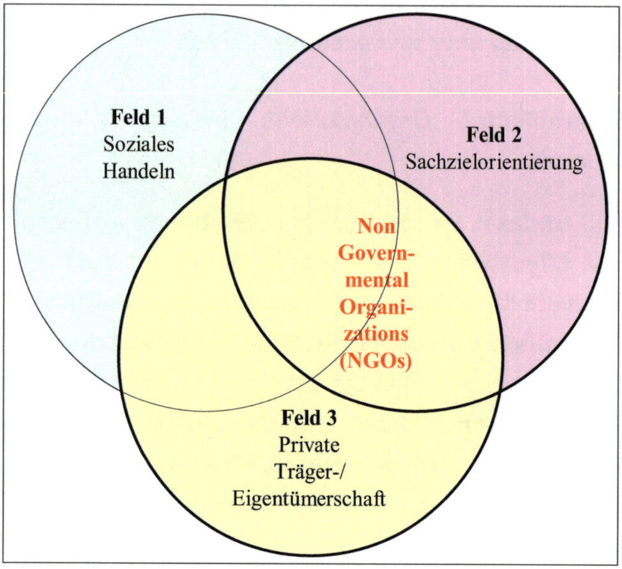

Quelle: Kramer (2006: 10).

Problematisch bei diesem Begriff ist der Ansatz der „Negativ-Abgrenzung": Zu den Nichtregierungs-Organisationen wird alles gezählt, was ein bestimmtes Kriterium nicht aufweist – wodurch sich de facto eine große Heterogenität der Organisationen ergibt.

Dies würde beispielsweise bei strenger semantischer Auslegung des Begriffes bedeuten, dass im Privateigentum stehende, Gewinn orientierte Unternehmen wie die Konzerne Microsoft oder Coca Cola zu den NGOs zu zählen wären, da sie sich eindeutig nicht im Besitz des Staates befinden.

Non Profit Organizations/Nonprofit Organisationen (NPOs)

Unter diesen Begriff werden alle sachzielorientierten Organisationen aus Feld 2 subsumiert. Dies schließt sowohl private als auch im staatlichen Besitz befindliche Organisationen ein. Soziale Orientierung kann vorliegen, aber dies muss nicht unbedingt der Fall sein.

Abbildung 3.4: Einordnung von Non Profit Organizations/Nonprofit Organisationen (NPOs)

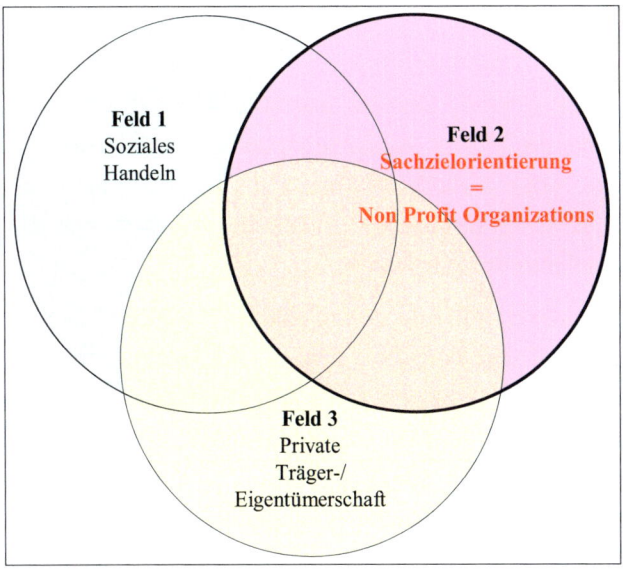

Quelle: Kramer (2006: 11).

Der Klarstellung halber sei darauf hingewiesen, dass Nonprofit Organisationen sehr wohl Gewinn erzielen dürfen – und aus betriebswirtschaftlichen Gründen (z. B. zur Ansparung für größere Investitionen) durchaus auch müssen. „Nonprofit" stellt somit lediglich eine Verkürzung von „Not for Profit" dar – Gewinne dürfen erwirtschaftet werden, stellen aber nicht das vorrangige Ziel dar, sondern ordnen sich der Sachzielorientierung unter und unterstreichen damit die dienende Rolle des Kapitals.

Auch bei diesem Begriff handelt es sich um eine Negativ-Abgrenzung, mit der Konsequenz, dass sich manche sachzielorientierten Organisationen mit diesem Begriff „falsch deklariert" fühlen. Dazu zählen beispielsweise die meisten Genossenschaften in Deutschland, die nach Satzung und Gesetz die Aufgabe haben, ihre Mitglieder zu fördern (dienende Rolle des Kapitals).

Gemeinwirtschaft

Ein weiterer Begriff, der im Kontext mit der Sozialwirtschaft Anwendung findet, ist „Gemeinwirtschaft". Darunter wird eine Orientierung der wirtschaftlichen Tätigkeit einzelner, privatwirtschaftlicher Unternehmen verstanden, die sich auf die Förderung der Allgemeinheit bezieht.

Eine Besonderheit des gemeinwirtschaftlichen Konzeptes ist es, das explizit die Verbesserung der wirtschaftlichen Situation für bestimmte Personengruppen angestrebt wird. Im diskutierten Kontext bedeutet dies, dass innerhalb aller drei Felder eine Beschränkung auf ökonomische Aspekte stattfindet. Bürgerinitiativen, karitative Initiativen und ähnliche Organisationen werden von diesem Begriff daher nicht erfasst. Im Schema finden sie sich im Überschneidungsbereich der Felder 2 und 3 wieder, wobei eine Überschneidung mit dem Feld 1 vorliegen kann, aber keinesfalls muss.

Abbildung 3.5: Einordnung gemeinwirtschaftlicher Organisationen

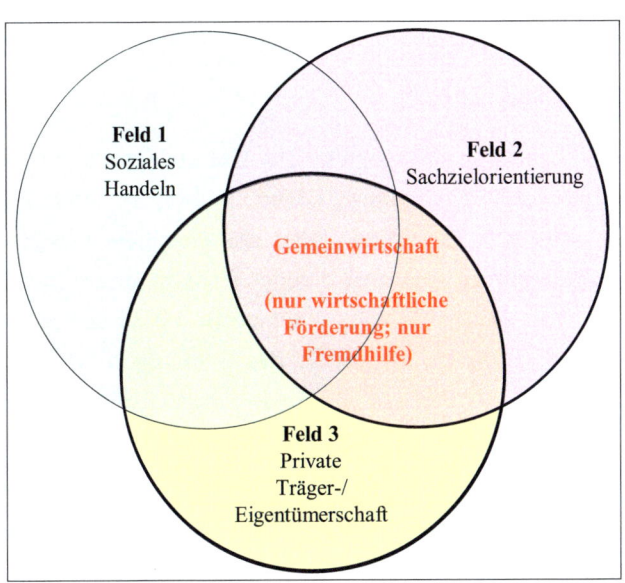

Quelle: Kramer (2006: 13).

Zugleich liegt gemeinwirtschaftlichen Organisationen eine im Vergleich zu anderen Organisationen aus dem Kontext der Sozialwirtschaft eingeschränkte Zielrichtung zugrunde: Es handelt sich bei ihnen um reine Fremdhilfe-Institutionen, die der Orientierung „Wir für andere" folgen.

Sozialwirtschaftlich ausgerichtete Selbsthilfeorganisationen, wie z. B. Arbeitsloseninitiativen, aber auch Genossenschaften oder Wechselseitigkeitsvereine vertragen sich daher nicht mit dem gemeinwirtschaftlichen Ansatz. Sie folgen dem Prinzip „Wir für uns", bei dem gemeinwirtschaftliche Aspekte aus der immanenten Logik heraus sich lediglich als externe Effekte (z. B. durch Verbesserung der Situation auf Märkten etc.) ereignen. Derartige Effekte können zwar von der Selbsthilfeorganisation durchaus auch gewünscht sein, sind jedoch vom (Selbst-)Verständnis her nicht entscheidungsrelevant, da die Verbesserung der Situation der Mitglieder, eindeutigen Vorrang genießt.

Gemeinnützigkeit

Zu einer weiteren Begriffsverwirrung hat vielfach der Begriff der Gemeinnützigkeit beigetragen. Diese vielfach als „Prädikat" verstandene Bezeichnung leitet sich bei genauerer Betrachtung aus dem Steuerrecht her und besagt, dass gemeinnützige Organisationen von Körperschafts-, Gewerbe- und Ertragssteuern befreit werden können, wenn sie Ziele verfolgen und Aufgaben übernehmen, die vom Staat als förderungswürdig erachtet werden. Damit verbunden ist zugleich die Möglichkeit, Spenden an diese Organisationen von der Steuer absetzen zu können.

Strukturell handelt es sich demzufolge um Organisationen, die sich in privater Trägerschaft befinden und eine Sachzielorientierung verfolgen. In der Graphik können sie im Überschneidungsbereich der Felder 2 und 3 lokalisiert werden. Ein soziales Handeln – und damit die Zugehörigkeit zu Feld 1 – kann, muss aber nicht zwingend vorhanden sein. Beispielhaft für eine Organisation, die dieses Kriterium aufweist, ist z. B. eine private Initiative zur Obdachlosenhilfe, während hingegen ein Verein zur Förderung eines wissenschaftlichen Forschungsinstituts nicht dazu gehört, aber trotzdem gemeinnützig sein kann.

Abbildung 3.6: Einordnung gemeinnütziger Organisationen

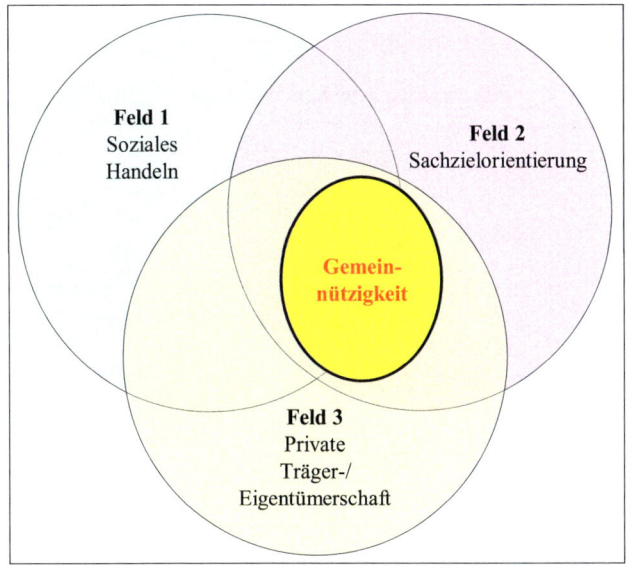

Quelle: Kramer (2006: 15).

In Zusammenhang mit dem Aspekt der Gemeinnützigkeit sind wir dann bei jenen Organisationen angelangt, die nicht mehr vollständig einzelnen Feldern bzw. Schnittmengen zuzuordnen sind, sondern Untergruppen bilden. Deutlich sichtbar wird dies insbesondere bei jenen Organisationen, die nach dem Verständnis der Europäischen Union zur Economie Sociale gehören. Dieses sind im Einzelnen gemeinnützige Stiftungen, Nonprofit-Vereine, Wechselseitigkeitsvereine und Genossenschaften.

Gemeinnützige Stiftungen

Gemeinnützige Stiftungen stellen, wie die Bezeichnung signalisiert, eine Untergruppe innerhalb des Feldes „Gemeinnützigkeit" dar, nämlich jene gemeinnützigen Organisationen, die in der

Rechtsform einer Stiftung organisiert sind. Davon richten sich allerdings wiederum nicht alle auf soziale Handlungsfelder gemäß dem obigem Verständnis aus.

Abbildung 3.7: Einordnung gemeinnütziger Stiftungen

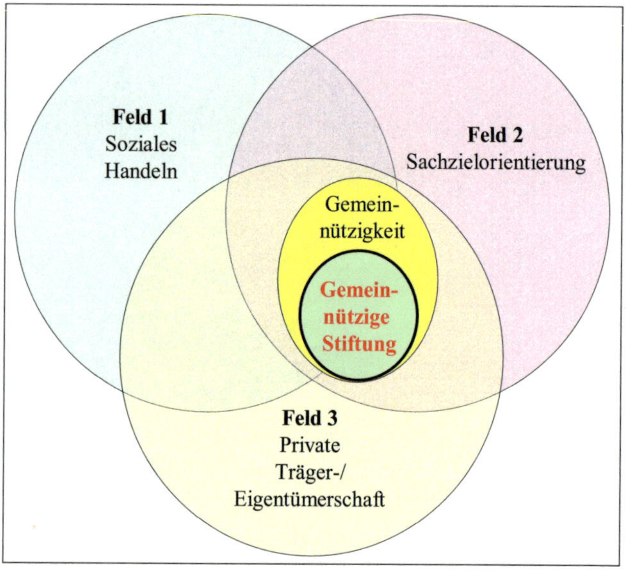

[Venn-Diagramm mit drei Feldern: Feld 1 Soziales Handeln, Feld 2 Sachzielorientierung, Feld 3 Private Träger-/Eigentümerschaft; in der Schnittmenge: Gemeinnützigkeit und Gemeinnützige Stiftung]

Quelle: Kramer (2006: 16).

Der Vollständigkeit halber sei darauf hingewiesen, dass es selbstverständlich auch nicht-gemeinnützige Stiftungen gibt, die z. T. einer sehr deutlichen Gewinnorientierung folgen. Beispielhaft hierfür stehen die Stiftungskonstruktionen bei Lidl und Kaufland im Rahmen der Schwarz-Gruppe (vgl. Hamann/Giese 2004: 11-14).

Nonprofit-Vereine

Auch bei dieser Organisationsform deutet die Bezeichnung bereits darauf hin, dass unterschiedliche Arten von Vereinen existieren, nämlich einerseits sog. Wirtschaftliche Vereine, die ausdrücklich Gewinnziele verfolgen dürfen und im deutschen Rechtssystem sogar eine eigene Rechtsform darstellen, allerdings sehr selten sind. Andererseits gibt es Idealvereine, die ausdrücklich nicht zur Verfolgung von Erwerbszwecken und Gewinnzielen gegründet werden.

Vereine werden in der Praxis zur Verfolgung sehr unterschiedlicher Ziele gegründet und dürfen innerhalb gewisser Grenzen zur Verfolgung dieser Ziele auch wirtschaftliche Tätigkeiten ausüben. Sie befinden sich daher im Überschneidungsbereich der Felder 2 und 3.

Soziales Handeln kann zu ihren Zielen gehören, dies ist aber nicht erforderlich. Sollte ihr Handeln sozial ausgerichtet sein, sind diese Organisationen in die Schnittmenge der Felder 1 bis 3 einzuordnen.

Abbildung 3.8: Einordnung von Nonprofit-Vereinen

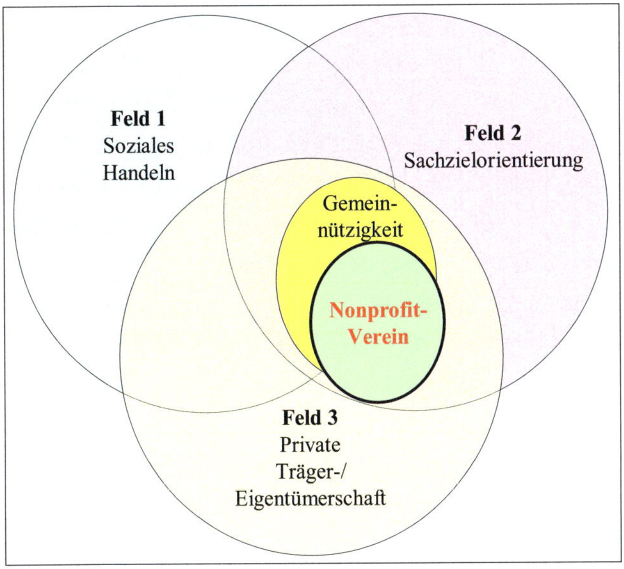

Quelle: Kramer (2006: 17).

Vereinen kann ggf. auf Antrag der Status der Gemeinnützigkeit verliehen werden. Bei ihnen handelt es sich dann um eine mögliche Ausprägung gemeinnütziger Organisationen.

Der Nonprofit-Verein steht somit im Schnittbereich der Felder 2 und 3. Eine Überschneidung mit den Feldern 3 und „Gemeinwirtschaft" ist möglich, aber nicht zwingend.

Wechselseitigkeitsvereine

Bei ihnen handelt es sich um Organisationen, die von natürlichen Personen als Selbsthilfeeinrichtungen gegründet worden sind. Konzeptionell gehören hierzu neben den in Deutschland existierenden Versicherungsvereinen auf Gegenseitigkeit z. B. die in verschiedenen afrikanischen Ländern existierenden ROSCAs dazu.

ROSCAs sind Rotating Savings and Credit Associations, bei denen alle Mitglieder regelmäßig einen Beitrag einzahlen und so ansparen. Gleichzeitig existiert ein Verteilungsplan, nach dem der zu einem Zeitpunkt eingesammelte Gesamtbetrag einem Mitglied der Gruppe als Kredit zur Verfügung gestellt wird. Seine nächsten regelmäßigen Beiträge dienen zur Kredittilgung. Da jedes Mitglied – allerdings zu unterschiedlichen Zeitpunkten – einmal den Gesamtbetrag der Beiträge erhält, kommen alle in den Genuss eines größeren Betrages, den sie für ihre Zwecke verwenden können. In Abhängigkeit von dem Zeitpunkt, an dem sie diese Summe erhalten, differiert das Verhältnis zwischen Anspar- und Kreditanteil: Während der erste (fast) nur Kredit erhält, bekommt der letzte lediglich sein Ansparvolumen.

Grundsätzlich lassen sich solche und ähnliche Wechselseitigkeitsvereine für sehr unterschiedliche Zwecke organisieren. Bekannt sind u. a. Babysitterorganisationen auf Gegenseitigkeit oder auch Tauschringe. Rechtsform, Formalisierungsgrad und

Aufgabenbereich sind je nach den Bedürfnissen gestaltbar. Demzufolge sind auch Wechselseitigkeitsvereine im Bereich des sozialen Handelns gestaltbar, wie z. B. im Bereich der Trauerbegleitung.

Immanent ist dieser Organisationsform das Merkmal der Wechselseitigkeit – und damit der Selbsthilfeorientierung.

Abbildung 3.9: Einordnung von Wechselseitigkeitsvereinen

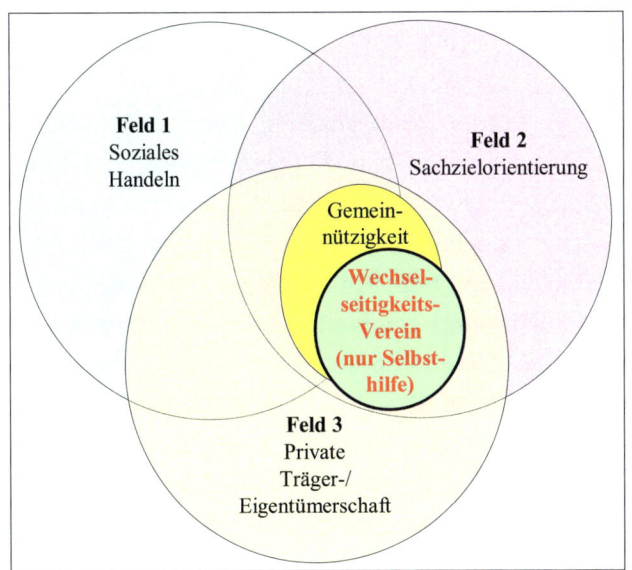

Quelle: Kramer (2006: 19).

Für Deutschland ist insofern eine Besonderheit beobachtbar, als die meisten derartigen Organisationen entweder als Nonprofit-Vereine oder als Genossenschaften organisiert sind. Vereinzelt existieren entsprechende Organisationen auch als Wirtschaftliche Vereine, wie z. B. einzelne Post-Spar- und Darlehnsvereine. Explizit schon in der Namensgebung auf Gegenseitigkeit ausgerichtet sind lediglich Versicherungsvereine auf Gegenseitigkeit (mit eigener Rechtsform), bei denen getrost unterstellt werden darf, dass sie nicht dem Bereich des sozialen Handelns zuzurechnen sind.

Sie wären im obigen Schema im Überschneidungsbereich Feld 2 und 3, aber nicht im Feld 1 zu finden, während in anderen Ländern – wie z. B. Frankreich – „organisations mutuelles" existieren, die dem Überschneidungsbereich aller drei Felder und damit der Sozialwirtschaft im engeren Sinne zuzurechnen sind.

Genossenschaften

Eine derartige Distanz zum sozialen Handeln ist nicht nur bei den Versicherungsvereinen auf Gegenseitigkeit zu beobachten, sondern auch bei einer Vielzahl von Genossenschaften. Konzeptionell handelt es sich bei Genossenschaften um Institutionen zur wirtschaftlichen Selbsthilfe. Diese Orientierung auf die Wirtschaftlichkeit sorgt einerseits dafür, dass Genossenschaften in einer Vielzahl von Branchen aktiv sind – nämlich überall dort, wo sich für ihre Mitglieder Fördermöglichkeiten durch genossenschaftlichen Zusammenschluss bieten. Andererseits sorgt die Betonung des ökonomischen Charakters dafür, dass relativ wenige Genossenschaften eine explizit auf soziales Handeln ausgerichtete Zielsetzung verfolgen, wenngleich dies durchaus möglich ist.

Hinsichtlich der Einordnung in das obige Schema bedeutet dies, dass Genossenschaften im Überschneidungsbereich der Felder 2 und 3 einzuordnen sind, wobei sich der Großteil der Genossenschaften aber dann außerhalb des Überschneidungsbereiches mit Feld 1 befinden.

Abbildung 3.10: Einordnung von Genossenschaften

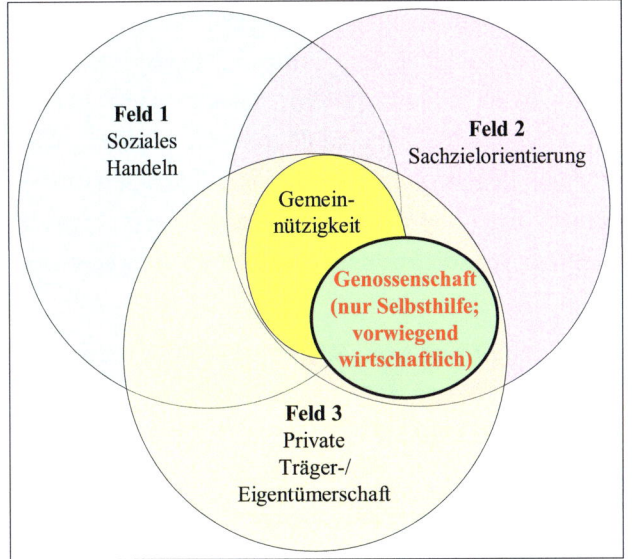

Quelle: Kramer (2006: 21).

Eine Überschneidung des Feldes der Genossenschaft mit dem Feld der Gemeinnützigkeit ist möglich, stellt aber einen seltenen Ausnahmefall dar.

Die starke Betonung des wirtschaftlichen Aspekts der genossenschaftlichen Selbsthilfe, gerade in den deutschsprachigen Ländern, sorgt überdies dafür, dass sich die meisten der deutschen Genossenschaften vom Selbstverständnis her nicht dem Bereich einer wie auch immer definierten Sozialwirtschaft zuordnen würden, sondern aufgrund ihrer großen organisatorischen Ähnlichkeit mit gewinnorientierten Unternehmen der Erwerbswirtschaft. Besonders ausgeprägt ist dieser Charakterzug im kreditgenossenschaftlichen Bereich.

Selbsthilfeorganisationen und Fremdhilfeorganisationen

Angesichts der oben bereits verschiedentlich angesprochenen Unterschiede zwischen Selbst- und Fremdhilfeorganisationen, die einerseits dazu geführt haben, dass bestimmte Organisationsformen allein der Selbsthilfe (Genossenschaften, Wechselseitigkeitsvereine) und andere der Fremdhilfe (Gemeinwirtschaft) vorbehalten bleiben, erscheint es sinnvoll, nachfolgend die unterschiedlichen Organisationsformen einander gegenüberzustellen.

Abbildung 3.11: Formen von Selbsthilfeorganisationen und Einordnung der Genossenschaften

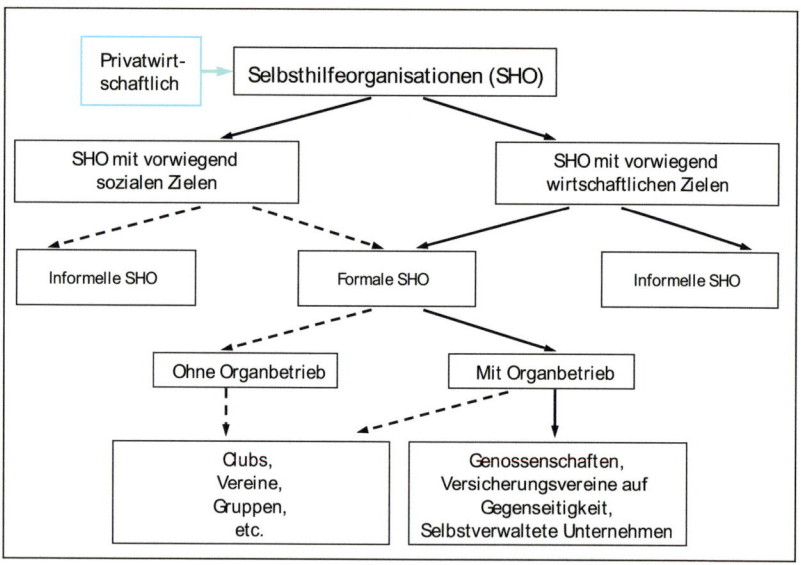

Quelle: Geringfügig erweiterte Darstellung nach Münkner (1995: 14).

Die Genossenschaft kann sich dabei durchaus förderlich auch für Nicht-Mitglieder auswirken, dies sind dann jedoch externe Effekte (z. B. durch Verbesserung der Situation auf Märkten etc.). Derartige Effekte können zwar von der Genossenschaft durchaus auch gewünscht sein, sind jedoch vom genossenschaftlichen (Selbst-)Verständnis her nicht entscheidungsrelevant, da der genossenschaftliche Förderungsauftrag, also die Verbesserung der Situation der Mitglieder, eindeutigen Vorrang genießt (vgl. auch Münkner 1995: 19). Hier bestehen auch die Unterschiede zum Ansatz der Economie Sociale (vgl. auch Clair 1996: 5-12), die insgesamt sehr darunter leidet, dass bis heute keine Klarheit darüber besteht, wo die Gemeinsamkeiten der unter die Economie Sociale subsumierten Organisationen sind und worin die Unterschiede bestehen (Münkner 1995: 41).

Abbildung 3.12: Formen von Fremdhilfeorganisationen

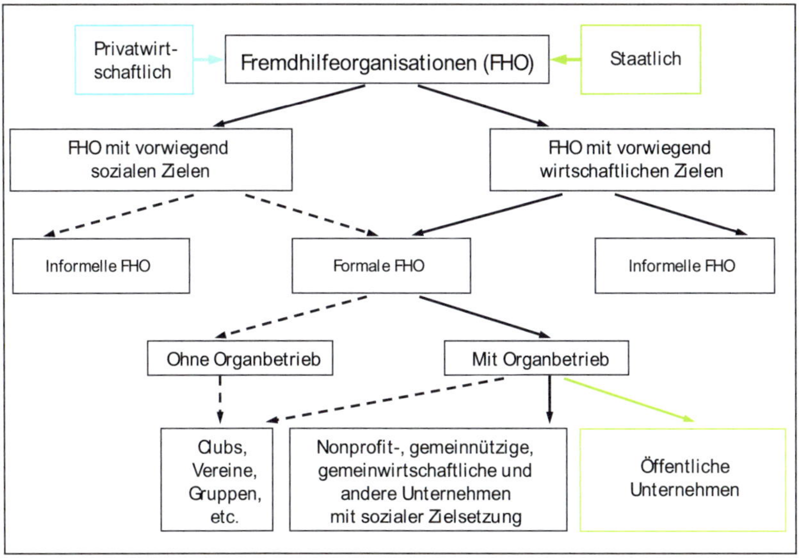

Quelle: Kramer (2004: 10).

Lässt man die bis hierhin diskutierten Begriffe noch einmal Revue passieren, so fällt auf, dass gerade die letzten beiden Organisationsformen sehr stark auf den Selbsthilfegedanken setzen, während der Aspekt der Gemeinnützigkeit nahezu konträr auf Fremdhilfe abstellt.

Dies führt zu der Vermutung, dass auf Selbsthilfe ausgerichtete Organisationen – die mehr oder weniger deutlich dem Grundgedanken „Wir für uns" folgen – nur zu einem kleinen Teil, wenn überhaupt, im Überschneidungsbereich aller drei Felder zu finden sind, während die überwiegende Mehrzahl entsprechender Organisationen im Schnittbereich von 2 und 3, aber nicht 1 zu finden sind. Fremdhilfeorganisationen wiederum – deren Leitgedanke „Wir für die anderen" lautet – finden sich aufgrund einer solchen „Fremdnutzerzentrierung" wesentlich häufiger im Schnittbereich aller drei Felder wieder als Selbsthilfeorganisationen. Für sie gilt eher die umgekehrte Relation: Meist im Schnittbereich aller drei Felder, und eher selten im Schnittbereich von 2 und 3, aber nicht in 1.

Abbildung 3.13: Einordnung von Selbst- und Fremdhilfeorganisationen (Tendenzen)

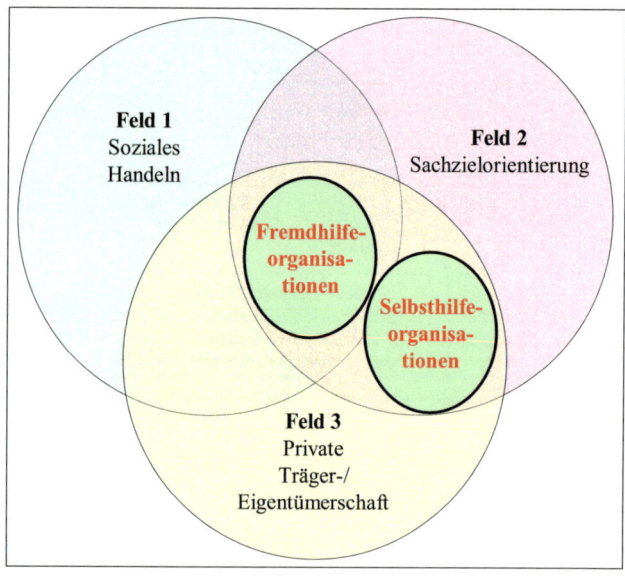

Quelle: Kramer (2006: 24).

An diesem Beispiel wird deutlich, dass es sich bei der Sozialwirtschaft – ausgedrückt in den ihr zuordenbaren Organisationen – keineswegs um einen homogenen Block handelt. Diese Heterogenität innerhalb und zwischen den Institutionen stehen aber auch viele Gemeinsamkeiten gegenüber, die eine Zuordnung zu einem weit gefassten Sektor der Sozialwirtschaft durchaus rechtfertigen.

Fragen und Themen für Diskussionen

1. Welche Organisationen gehören Ihrer Ansicht nach zur Sozialwirtschaft und warum?

    a) Privater Pflegedienst

    b) Zahnarztpraxis

    c) Kreditgenossenschaft

    d) Werkstätte für Behinderte

    e) Kommunales Krankenhaus

    f) Blutspendedienst des Deutschen Roten Kreuzes

    g) Bayern München

    h) ADAC

    i) ADFC

    j) Erste Österreichische Sparkasse

    k) Bundesverband der Deutschen Industrie

    l) Österreichischer Gewerkschaftsbund

    m) Sozialdemokratische Partei Österreichs

    n) Katholische Kirche

    o) Hamburger Sparkasse

    p) Caritas

    q) Arbeiterwohlfahrt

2. Welche der oben genannten Organisationen sind Ihrer Ansicht nach Nonprofit-Organisationen?

3. In welchen Fällen stehen Fremdhilfe- und Selbsthilfeorganisationen in Konkurrenz zueinander?

4. Sind öffentlich-rechtliche Selbsthilfeorganisationen machbar?

5. Ist eine Einzelunternehmung eine privatrechtliche Selbsthilfeorganisation?

6. Handelt es sich bei Genossenschaften Ihrer Ansicht nach um Nonprofit-Organisationen?

7. Bei der Offenen Handelsgesellschaft (OHG) handelt es sich um eine klassische Personengesellschaft. Wo und wie könnten Sie sich durch eine OHG angebotene soziale Dienstleistungen vorstellen?

8. Sind Vereine für soziale Zwecke die beste Rechtsform?

9. Sind Vereine für soziale Zwecke die beste Wirtschaftsform?

10. Diskutieren und bewerten Sie die Vor- und Nachteile folgender drei Alternativen der Arbeitsplatzbeschaffung:

    a) Arbeitsplatzvermittlung durch das Arbeitsamt.

    b) Arbeitsplatzvermittlung durch eine private Agentur.

    c) Arbeitsplatzschaffung durch eine Arbeitsloseninitiative.

    Begründen Sie bitte Ihre eigene Präferenz.

Zitate

„By any Measure – size, economic impact, political influence, cultural role, effect on personal and social values, effect on public policy, or international presence – private nonprofit organizations hold a highly important position in American life. The striking thing about the third sector is that it is seldom seen as important and in a sense seldom seen at all. When John D. Rockefeller III called it "the invisible sector", he identified a keyproblem of nonprofits, that of not being taken seriously. Any other American industry that employed more civilians than the federal and fifty state governments combined and ranked eighth among the world's economies would be treated with awe, suspicion, and fear. The nonprofit sector is hardly noticed, relegated to a pleasant and harmless world of churchgoers, opera buffs, and Girl Scout cookie vendors. It is, in many people's minds, still the world of do-gooders."

Michael O'Neill (1989: 169)

„Frei von Vorannahmen der herkömmlichen Ökonomiewissenschaften gehen wir in der Sozialwirtschaftslehre von der Beziehung wirtschaftlichen Handelns im sozialen Raum auf die primäre Wirtschafts- und Lebensweise von Menschen aus. Sie sind Subjekt wirtschaftlicher Aktivität in sozialen Belangen, und sie werden unter Umständen zum Objekt spezifischer Wohltätigkeit und wirtschaftlicher Aktivität in sozialen Belangen. Mit anderen Worten: Wir beziehen intermediäre dienstliche, versorgende und unternehmerische Aktivitäten auf individuelles und gemeinschaftliches Haushalten (griech. oikonomike). Sie haben sich, was das Wirtschaften bzw. die „Bewirtschaftung der sozialen Wohlfahrt" betrifft, historisch aus diesem Haushalten entfaltet.

Es stellt den engeren Bezugsrahmen der Sozialwirtschaft dar und bezeichnet ihre inneren Abhängigkeiten."
Wolf Rainer Wendt (2002: 14)

„Man muss dem Schwachen so helfen, dass er seinen Mut nicht verliere, sondern mit allen Kräften darnach trachte, sich selbst wieder aufzuhelfen."
Johann Heinrich Pestalozzi, zitiert nach Faucherre (1933: 36).

„Gaben (lies Almosen), die den Schwachen nachlässig und träge machen, sind keine Gaben, denn sie hindern ihn, selbst wieder zu Kräften zu kommen."
Johann Heinrich Pestalozzi, zitiert nach Faucherre (1933: 36).

„Die Wohltätigkeitsorganisation, die es sich nicht zum Ziel gesetzt hat, überflüssig zu werden, leistet keine wirklichen Dienste. Sie tut nichts weiter, als sich selbst einen Lebensunterhalt zu schaffen und den großen Posten Unproduktivität noch zu erhöhen."
Henry Ford, zitiert nach Roth (2004: 31).

„Ich bin fest davon überzeugt, daß die Zahlung von Almosen nicht zu einer Lösung des Problems beiträgt, sondern die Schwierigkeiten der Armen nur zementiert und sie in ihrem Elend festhält. Die arbeitsfähigen Armen wollen keine Almosen und haben sie auch nicht nötig. Die soziale Wohlfahrt erhöht nur ihren Jammer, denn sie beraubt sie ihres Unternehmungsgeistes und ihrer Würde.

Doch nicht die Armen sind für ihre Armut verantwortlich, sondern Armut ist ein Produkt bestimmter Gesellschaftsstrukturen und politischer Strategien. Baut man die Gesellschaft um, wie wir dies in Bangladesch versuchen, so ändern sich die Lebensbedingungen der Armen. Die Erfahrungen der Grameen-

Bank zeigen, daß die Armen durch den Zugriff auf Kapital, so niedrig der jeweilige Kredit auch sein mag, in die Lage versetzt werden, ihr Leben in unglaublichster Weise zu verändern."

Muhammad Yunus (1998: 262)

„Die große Herausforderung, vor der der Kapitalismus in der heutigen Welt steht, betrifft das Problem der Ungleichheit, der drückenden Armut in einer Welt nie gekannten Wohlstands, und der „öffentlichen Güter", also jener Güter, in die die Menschen sich teilen, wie etwa die Umwelt. Sicherlich werden wir diese Probleme nur auf dem Wege von Institutionen in den Griff bekommen, die jenseits der kapitalistischen Marktwirtschaft angesiedelt sind. Doch auch die kapitalistische Marktwirtschaft ist fraglos in vielen Hinsichten erweiterungsfähig, wenn es uns gelingt, eine für diese Probleme empfängliche Moral zu entwickeln. Mit welchen Werten der Marktmechanismus vereinbar ist, ist eine wichtige Frage, der wir uns ebenso stellen müssen wie dem Problem, wie wir die Institutionen jenseits der Grenzen des reinen Marktmechanismus stärken und ausbauen können."

Amartya Sen (2000: 317-318)

„Die Humanisten greifen Ciceros Satz auf, der Philosoph, der die Weisheit verfolge, nütze nur sich selbst, der Bürger dagegen, der sich für das Gemeinwohl einsetzte, nütze vielen anderen."

Maurizio Viroli (2002: 90)

„Der Versuch, das Definitionsproblem durch Negativabgrenzungen zu lösen, ist mit großen Schwierigkeiten verbunden. Zunächst stellt sich eine solche Vorgangsweise erfahrungsgemäß als Quelle zahlreicher Mißverständnisse heraus. Das wohl häufigste dabei ist die spontane Vermutung, NPOs dürften oder würden keine Gewinne erzielen. Mit anderen Worten: Der aus dem Englischen stammende Ausdruck „nonprofit", der eigentlich „not for profit" meint, wird als „no profit" mißverstanden."

Christoph Badelt (1999: 6)

„Konkrete Beobachtungen über Organisationen, die weder dem öffentlichen Sektor noch dem Bereich gewinnorientierter Unternehmen zuzurechnen sind, können nur in sehr engen Grenzen zu tragfähigen Aussagen verdichtet werden. Oft läßt sich im weiten Feld der NPOs auch das Gegenteil durch Beispiele belegen. Qualitative Aussagen, die für einen Typus der NPO, z. B. eine etablierte Produktionsgenossenschaft, ein zentrales Beschreibungsmerkmal treffen, mögen für andere NPOs, staatsnahe Wirtschaftsverbände oder politisch-solidarische Vereinigungen, wenig brauchbar oder schlicht falsch sein."

Alfred Zauner (1999: 123)

„Eine gewisse Prominenz hat allerdings mittlerweile der Versuch erlangt, die besondere Position, die der Dritte Sektor im institutionellen Gefüge der Sozial- und Wirtschaftsordnung moderner Gesellschaften einnimmt, unter Bezug auf die in ihm zur Wirkung kommenden spezifischen „Faktorkombinationen" zu bestimmen. Die definitorische „Zauberformel" dieses Ansatzes heißt Intermediarität ... . Die wissenschaftliche Aufgabe sieht dieser Ansatz darin, die spezifische Mischung artverschiedener Ingredienzen, wie wir sie in der einen oder anderen Weise in Organisationen des Dritten Sektors vorfinden, möglichst differenziert herauszufiltern. Intermediär sind demnach Nonprofit-Organisationen, weil sie von ihrer Ressourcenausstattung, ihren Koordinationsmechanismen und ihren Zweckvorgaben her zwischen Markt, Staat und Privatsphäre siedeln, weil sie zwischen Individuum und Gesellschaft mittels einer besonderen Mixtur formeller und informeller, sozialer und ökonomischer, privater und politischer Funktionsweisen bzw. Funktionen zu vermitteln wissen, und schließlich auch deswegen, weil ihre wirtschaftlichen Zwecke weder alleine durch die Gesetze des Marktes noch diejenigen des Staates bestimmt sind, sondern (idealtypisch) der Logik einer Bedarfsökonomie folgen, die einen Mittelweg zwischen der Ausrichtung an einer anonymen Nachfrage und des Vollzugs politischer Angebotsauflagen geht."

Arbeitskreis Nonprofit-Organisationen (1998: 3)

„Reine Sozialleistungsverbände, die nur soziale Dienstleistungen bereitstellen, ansonsten aber abstinent sind, sind selten. Die überwiegende Mehrzahl von Organisationen, die Dienstleistungen für Dritte erbringen, versuchen auch, Interessen durchzusetzen und stellen somit Sozialanspruchsvereinigungen dar."

Stefan Pabst (1998: 179)

„Das Prinzip der Identität von Eigentümern, Entscheidungsträgern und Begünstigten dient als wesentliches Kriterium, um Genossenschaften gegenüber gemeinwirtschaftlichen Unternehmen abzugrenzen, während beide förderungswirtschaftliches Management haben. Ein zweites Unterscheidungsmerkmal hängt eng mit dem ersten zusammen: In Genossenschaften haben die Mitglieder/Nutzer eine aktive Rolle bei der Willensbildung und Kontrolle ihres gemeinsamen Unternehmens, während in gemeinwirtschaftlichen Unternehmen die Begünstigten sich in der Regel in der Rolle passiver Leistungsempfänger befinden. Genossenschaften sind nutzer-kontrolliert, während gemeinwirtschaftliche Unternehmen nutzer-orientiert und erwerbswirtschaftliche Unternehmen investor-kontrolliert sind."

Hans-H. Münkner (2000: 23)

„Für die soziale Arbeit in einem Gemeinwesen wie Frankfurt trifft es natürlich zu, dass viele Menschen ähnliche Benachteiligungen und daher entsprechende ähnliche Bedürfnisse haben.

Aber es ist nicht zu erwarten, dass zum Beispiel Drogenabhängige eine Genossenschaft gründen, um so ein Hilfesystem für Betreuung und Therapie aufzubauen. Daraus folgt: Die Fähigkeit zur Selbstorganisation ist eine Voraussetzung für die Gründung einer Genossenschaft. Dort, wo diese Fähigkeit nicht ausgeprägt ist, werden auch in Zukunft Vereine und zunehmend gemeinnützige GmbHs die Hauptrolle als Rechtsform sozialer Organisationen spielen."

Conrad Skerutsch (2004: 46)

„The nonprofit institution is not merely delivering a service. It wants the end user to be not a user but a doer. It uses a service to bring about a change in human beings. It attempts to become a part of the recipient rather than merely a supplier."

Peter F. Drucker (2005: 329)

„In Germany, the terms "Sozialwirtschaft" und "Gemeinwirtschaft" have a meaning that is quite different from what the French understand by Economie Sociale. There is no tradition of collaboration between cooperatives and mutual insurance associations on the one hand, and voluntary associations providing social, cultural and health services on the other. There is also a lack of a common ideological and political basis for the idea of a third sector or for a special sector of the economy comparable to the French Economie Sociale."

Hans-H. Münkner (1994: 306)

Interessante Websites

http://www.nonprofit.de

(NonProfit Informationen für Vereine, Verbände, Organisationen)

http://www.socialnet.de

(Kommentierte Links, Buchbesprechungen und Aufsätze zu Themen der sozialen Arbeit, Sozialmanagement und NPO)

http://www.neuegenossenschaften.de

(Kooperation und Genossenschaft – Strategien für den Mittelstand)

http://www.guidestar.org

(American charities and nonprofit organizations)

http://www.idealist.org

(Directory of nonprofit web resources)

http://www.ngo.at

(Experten Pool)

http://dritte-sektor-forschung.de/

(Info-Portal für Wissenschaft, Forschung, Theorie und Praxis der Dritte-Sektor-Forschung)

http://www.jhu.edu/~cnp/

(John Hopkins Comparative Nonprofit Sector Project des Centers for Civil Society Studies mit Forschungsergebnissen)

http://www.npo-colloquium.org

(Internationales Colloquium der NPO-Forscher)

http://www.verbandsforschung.de

(Seminar für Vereins- und Verbandsforschung der Technischen Universität München mit vorwiegend betriebswirtschaftlicher Forschung zu Vereinen und Verbänden)

http://www.vmi.ch

(Verbandsmanagement Institut, Universität Fribourg mit Forschung, Weiterbildung und Lehre auf dem Gebiet des Nonprofit-Managements)

http://uni-bremen.de/~sozarbwi

(Institut für Lokale Sozialpolitik und Nonprofit-Organisationen)

http://www.wu-wien.ac.at/wwwu/institute/Sozialpolitik/forsch.html

(Abteilung Sozialpolitik an der Wirtschaftsuniversität Wien)

http://www.ivr.org.uk

(Das Institute for Volunteering Research forscht zu freiwilligem Engagement)

http://www.dritte-sektor-forschung.de/forsch.html

(Forschungsschwerpunkt „Gemeinnützige Organisationen NPO´s")

http://www.aknpo.de

(Interdisziplinäres Forum für Doktoranden und Habilitanden zum Thema Nonprofit-Organisationen)

http://www.lse.ac.uk/Depts/ccs

(The Centre for Civil Society an der London School of Economics and Political Science)

http://www.philanthropy.org

(The Center for the Study of Philanthropy (CSP) CSP ist ein interdisziplinäres Forum mit dem Schwerpunkt multikulturelle Philanthropie)

http://www.jhu.edu/~ccss

(The Center for Civil Society Studies am John Hopkins Institute for Policy Studies)

http://www.istr.org

(The International Society for Third Sector Research (ISTR) ist eine internationale wissenschaftliche Gesellschaft für Dritter Sektor ForscherInnen)

http://www.socialcapital.strath.ac.uk

(The Center for the Study of Public Policy – Social Capital)

http://arts.deakin.edu.au/anztsr

(Australia New Zealand Third Sector Research; Netzwerk zur Dritten Sektor Forschung in Australien und Neuseeland)

http://www.charitynet.org/arvac/index.html

(Association for Research in the Voluntary and Community Sector (ARVAC) in England)

http://www.arnova.org

(Association for Research on Nonprofit Organizations and Voluntary Action forscht zu freiwilligem Engagement und Nonprofit-Organisationen)

http://www.wi.hs-wismar.de/fbw/org/fgkoop/forschungsgruppe.html

(Forschungsgruppe für Kooperation, Netzwerke und Unternehmenstheorie, Hochschule Wismar; Teil des Instituts für Genossenschaftswesen an der Humboldt-Universität zu Berlin e. V.)

Weiterführende Literatur

Arbeitskreis Nonprofit-Organisationen (1998): Nonprofit-Organisationen und ihre Besonderheiten im Wandel, in: Arbeitskreis Nonprofit-Organisationen (Hrsg.): Nonprofit-Organisationen im Wandel. Ende der Besonderheiten oder Besonderheiten ohne Ende?, [Verein für öffentliche und private Fürsorge] Frankfurt am Main 1998, S. 1-18.

Arnold, Ulli/**Maelicke**, Bernd (Hrsg.) (2003): Lehrbuch der Sozialwirtschaft, 2. Aufl., [Nomos] Baden-Baden 2003.

Badelt, Christoph (1999): Zielsetzungen und Inhalte des „Handbuchs der Nonprofit Organisation", in: Christoph Badelt unter Mitarbeit von Werner Bachstein (Hrsg.): Handbuch der Nonprofit Organisation. Strukturen und Management, 2. Aufl., [Schäffer-Poeschel] Stuttgart 1999, S. 3-18.

Badelt, Christoph unter Mitarbeit von Werner **Bachstein** (Hrsg.) (1999): Handbuch der Nonprofit Organisation. Strukturen und Management, 2. Aufl., [Schäffer-Poeschel] Stuttgart 1999.

Bauer, Rudolph (1995): Nonprofit-Organisationen und NPO-Forschung in der Bundesrepublik Deutschland, in: Reinbert Schauer/Helmut K. Anheier/Ernst-Bernd Blümle (Hrsg.): Nonprofit-Organisationen – Dritte Kraft zwischen Markt und Staat?, [Rudolf Trauner Verlag] Linz 1995, S. 59-96.

Clair, Pierre-Maurice (1996): Does the French „Economie Sociale" Genuine-ly Constitute a „Third Sector"?, in: Institut für Genossenschaftswesen an der Humboldt-Universität zu Berlin (Hrsg.): Aspects of Economie Sociale, Transformation and Development, [Institut für Genossenschaftswesen an der Humboldt-Universität zu Berlin] Berlin 1996, pp. 5-12.

Drucker, Peter F. with Joseph A. **Maciariello** (2005): The Daily Drucker. 366 Days of Insight and Motivation for Getting the

Right Things Done, [Elsevier Butterworth-Heinemann] Oxford 2005.

Eisen, Andreas (1997): Die Institution des Genossenschaftswesens, in Jost W. Kramer/Andreas Eisen (Hrsg.): Genossenschaften und Umweltveränderungen. Prof. Dr. Rolf Steding zum 60. Geburtstag, [LIT] Münster 1997, S. 3-28.

Faucherre, Henry (1933): Abriss der Erziehungslehre Pestalozzis in Beziehung zum Genossenschaftswesen, [Buchdruckerei des V. S. K.] Basel 1933.

Hamann, Andreas/**Giese**, Gudrun (2004): Schwarz-Buch Lidl. Billig auf Kosten der Beschäftigten, 2. Aufl. [Vereinte Dienstleistungsgewerkschaft (ver.di)] Berlin 2004.

Kramer, Jost W. (2003): Entwicklung und Perspektiven der produktivgenossenschaftlichen Unternehmensform, [Hochschule Wismar, Fachbereich Wirtschaft] Wismar 2003.

Kramer, Jost W. (2005): Internes Rating spezieller Kundensegmente bei den Banken in Mecklenburg-Vorpommern, unter besonderer Berücksichtigung von Nonprofit-Organisationen, [Hochschule Wismar, Fachbereich Wirtschaft] Wismar 2005.

Kramer, Jost W. (2006): Sozialwirtschaft – Zur inhaltlichen Strukturierung eines unklaren Begriffs, [Hochschule Wismar, Fachbereich Wirtschaft] Wismar 2006.

Lorendahl, Bengt A. (1997): Die Integration der öffentlichen und der Genossenschafts- bzw. Sozialwirtschaft. Die Entstehung eines neuen schwedischen Modells, in: Zeitschrift für Gemeinwirtschaft – ZGW, Heft 3/4, 1997, S. 72-88.

Münkner, Hans-H. (1994): Panorama of cooperatives, mutuals and associations in Germany, which do not consider themselves as forming a sector of "Economie Sociale", in: Annales de l'économie publique, sociale et cooperative, Band 65, Heft 2, 994, S. 301-331.

Münkner, Hans-H. (1995): Economie Sociale aus deutscher Sicht, [Institut für Genossenschaftswesen an der Philipps-Universität Marburg/Lahn] Marburg 1995.

Münkner, Hans-H. (2000): Rechtliche Rahmenbedingungen für Unternehmen mit sozialer Zielsetzung in Deutschland, in: Hans-H. Münkner u. a.: Unternehmen mit sozialer Zielsetzung. Rahmenbedingungen in Deutschland und anderen europäischen Ländern, [AG SPAK Bücher] Neu-Ulm 2000, S. 11-121.

O'Neill, Michael (1989): The third America. The emergence of the nonprofit sector in the United States, [Jossey-Bass] San Francisco u. a. 1989.

Pabst, Stefan (1998): Interessenvermittlung im Wandel. Wohlfahrtsverbände und Staat im Postkorporatismus, in: Arbeitskreis Nonprofit-Organisationen (Hrsg.): Nonprofit-Organisationen im Wandel. Ende der Besonderheiten oder Besonderheiten ohne Ende?, [Verein für öffentliche und private Fürsorge] Frankfurt am Main 1998, S. 177-197.

Roth, Brigitta (2004): Wirtschaft und Politik in Zitaten der Welt, [Signum] Wien 2004.

Sen, Amartya (2000): Ökonomie für den Menschen. Wege zu Gerechtigkeit und Solidarität in der Marktwirtschaft, [Carl Hanser] München 2000.

Skerutsch, Conrad (2004): Sozialgenossenschaften aus Sicht von Verwaltung und Politik, in: Nicole Göler von Ravensburg (Hrsg.): Perspektiven für Genossenschaften aus Sicht der Sozialen Arbeit. Tagungsband, [Institut für Genossenschaftswesen an der Philipps-Universität Marburg/Lahn] Marburg 2004, S. 44-48.

Viroli, Maurizio (2002): Die Idee der republikanischen Freiheit. Von Machiavelli bis heute, [Pendo] Zürich/München 2002.

Wendt, Wolf Rainer (2002): Sozialwirtschaftslehre. Grundlagen und Perspektiven, [Nomos] Baden-Baden 2002.

Yunus, Muhammad (1998) (mit Alan Jolis): Grameen – Eine Bank für die Armen der Welt, [Lübbe] Bergisch Gladbach 1998.

Zauner, Alfred (1999): Von Solidarität zu Wissen. Nonprofit Organisationen in systemtheoretischer Sicht, in: Christoph Badelt unter Mitarbeit von Werner Bachstein (Hrsg.): Handbuch der Nonprofit Organisation. Strukturen und Management, 2. Aufl., [Schäffer-Poeschel] Stuttgart 1999, S. 119-135.

Kapitel 4: Die Entwicklung der Sozialwirtschaft in Mitteleuropa

Pioniere der Sozialwirtschaft – Friedrich Wilhelm Raiffeisen – Hermann Schulze-Delitzsch – Johann Heinrich Pestalozzi

Die deutschsprachigen Gebiete Mitteleuropas wurden etwas später von der industriellen Revolution erfasst als Großbritannien und Frankreich. In der zweiten Hälfte des 19. Jahrhunderts kam es aber zu einem starken Aufschwung der wirtschaftlichen Entwicklung und zu einem Aufholen im Industrialisierungsprozess. Auch hier begegnen wir dem Phänomen, dass parallel zur Entwicklung der modernen bürgerlichen Gesellschaft auch die moderne Sozialwirtschaft pionierhaft vorangetrieben wurde.

Einige Länder gelten als Ausgangspunkt spezieller Genossenschaftssparten: Großbritannien für die Konsumgenossenschaften (Robert Owen, Rochdaler Pioniere), Frankreich für die Produktivgenossenschaften (Buchez, Blanc) und Dänemark für die landwirtschaftlichen Genossenschaften. In Deutschland wurde Pionierarbeit bei der Entwicklung von Kreditgenossenschaften einerseits und gewerblichen Waren- und Dienstleistungsgenossenschaften andererseits geleistet. Hermann Schulze-Delitzsch und Friedrich Wilhelm Raiffeisen waren die Führungspersönlichkeiten und die von ihnen gegründeten Bewegungen hatten vielfach Modellcharakter für benachbarte Regionen: So hatte das deutsche Kreditgenossenschaftswesen starke Ausstrahlungswirkungen in den nahegelegenen slawischen Bereich. Mitteleuropa spielte aber auch in anderen Bereichen bald eine führende Rolle. So dienten die deutsche Arbeiterbewegung und ihre Konsumgenossenschaften ebenso wie das landwirtschaftliche

Genossenschaftswesen als Modell für die Entwicklung in Skandinavien.

Deutlicher als anderwärts wird der „sozialwirtschaftliche" Impuls bei deutschen Genossenschaftspionieren wie Raiffeisen oder Schulze-Delitzsch. Dabei ist der Zusammenhang von gesamtgesellschaftlicher Demokratisierung und Genossenschaftsentwicklung zu beachten. Der „post-absolutistische" Impuls zum Aufbau solidarischer ökonomischer Institutionen war im Mitteleuropa des 19. Jahrhunderts ebenso spürbar wie etwa in Spanien und Portugal nach der Überwindung der politischen Diktaturen in der Mitte der 70er Jahre.

In gewissem Sinne kann bis heute gelten, dass ein „Schub" solidaristischer wirtschaftlicher Unternehmensformen mit einem gleichzeitigen Schub an gesellschaftlicher Demokratisierung einhergeht.

Friedrich Wilhelm Raiffeisen

Friedrich Wilhelm Raiffeisen (1818-1888) war Amtsbürgermeister, also mittlerer Beamter in einer kleinen Gemeinde des deutschen Westerwaldgebietes. Eine bis an den Rand einer Hungersnot heranführende Missernte und deren wirtschaftliche Folgen mobilisierten ihn. Raiffeisen ging es nicht vorrangig um die Gründung von Unternehmen; in erster Linie war er Sozialpolitiker. Die Verantwortung für die Gemeinde, der er vorstand, führte ihn dazu, nach dem Hungerwinter von 1846 einen „Brotverein" zu gründen, 1849 auch einen Hilfsverein zur Unterstützung unbemittelter Landwirte. Diese dem Prinzip nach karitativen Institutionen enthielten allerdings bereits einige genossenschaftliche Elemente: Den Gedanken gegenseitiger Hilfe und den der praktizierten christlichen Nächstenliebe („Tatchristentum"). Wahrscheinlich angeregt durch die gewerblichen Kreditgenossenschaften Hermann Schulze-Delitzschs gründete Raiffeisen später in den 50er und 60er Jahren einige Darlehenskassenvereine im Westerwald. Ihnen gehörten allerdings nur wohlhabende Bürger an, die Raiffeisen aufgerufen hatte, Kapital für Kredite an notleidende Mitbürger zur Verfügung zu stellen. Die Unterstützungsbedürftigen waren selbst nicht Mitglieder. Die erste wirkliche Raiffeisengenossenschaft, die auch den Kreditnehmern die Mitgliedschaft zur Pflicht machte, wurde der aus einem Wohltätigkeitsverein hervorgegangene Heddersdorfer Darlehenskassenverein (gegründet 1854).

Friedrich Wilhelm Raiffeisen sah nach eigener Aussage seine Aufgabe darin, „dem auf falscher Fährte befindlichen Zeitgeist eine andere Richtung zu geben" und zwar im Sinne einer Rückbesinnung auf die Werte des Christentums und der Bereitschaft zur tätigen Nächstenliebe. Raiffeisen verfolgte, wie man aus seinen eigenen Lebenszeugnissen deutlich sehen kann, eine konservative, antikapitalistische Richtung. Er missbilligte die „wilde Jagd nach Mehrerwerb und Mehrbesitz, und die damit einhergehende Verschwendung und Schlemmerei" (siehe Abschnitt Zitate). Allerdings setzte er sich durchaus für Modernisierungsinitiativen wie den Bau von Straßen, die Steigerung der Ertragskraft der bäuerlichen Grundstücke und die Erweiterung der bäuerlichen Vertriebswege ein. Es liegt eine gewisse Folgerichtigkeit darin, dass die von ihm gegründeten Institutionen in ihrem erfolgreichen Weg über die Generationen letztlich zu Mitträgern des Kapitalismus und zu Pionieren der Modernisierung auf dem Lande wurden. Anders als der im gewerblichstädtischen Bereich verwurzelte, liberalere Genossenschaftspionier Hermann Schulze-Delitzsch war Raiffeisen allerdings ein strikter Gegner von Wechselkrediten. Im städtischen Handwerker- und Gewerbebereich war dies bereits eine durchaus gängige Praxis, Raiffeisen lehnte den Wechselkredit aber ab; er entspreche der Mentalität der Menschen auf dem Lande nicht. Raiffeisen sprach sich eher für Hypothekarkredite aus, weil ja die bäuerliche Bevölkerung im Allgemeinen ihren Grundbesitz als Sicherstellung anbieten konnte.

Der Ursprung der ländlichen genossenschaftlichen Selbsthilfeeinrichtungen Raiffeisens war ebenso wie der seines Zeitgenossen und Konkurrenten Schulze-Delitzsch die reine Ehrenamtlichkeit der Geschäftsführung. Nur der Buchhalter oder „Rechner" sollte hauptamtlich tätig sein. Lange Zeit wurde so eine Vielzahl kleiner Raiffeisen-Genossenschaften von Geistlichen oder Lehrern im Nebenberuf geleitet. Im Endeffekt setzte sich aber doch in der Konkurrenz mit anderen Institutionen der Kreditwirtschaft in immer stärkerem Maße die Professionalisierung durch.

Friedrich Wilhelm Raiffeisen verfocht früh den Gedanken des dreistufigen Aufbaus seiner Darlehenskassenvereine, das heißt, dem regionalen Zusammenschluss sollte auch ein zentrales Institut übergeordnet werden. Dagegen gab es lange Zeit Widerstände, auch von Seiten anderer Genossenschaftspioniere. Im Endeffekt hat sich Friedrich Wilhelm Raiffeisen vorgestellt, als eine Folge der durch die Genossenschaften praktizierten gegenseitigen Hilfeleistung auf der Grundlage christlicher Lebensanschauung zum sozialen Frieden zu gelangen. Dies war vielleicht eine etwas überschießende und illusorische Hoffnung. Besondere Strahlkraft hatte aber die Veröffentlichung von Raiffeisens Buch „Die Darlehenskassenvereine im Jahr 1866". Um die Jahrhundertwende bestanden Kreditgenossenschaften und ländliche Genossenschaften nach dem System von Raiffeisen in fast allen europäischen Ländern. Zur gleichen Zeit war auch eine Ausstrahlungswirkung nach Japan und Indien zu beobachten.

Hermann Schulze-Delitzsch

Hermann Schulze-Delitzsch (1808-1883) lernte die soziale Realität des vormärzlichen Deutschland als Vertreter eines Verwandten in dessen Patrimonialrichterstellung kennen. Der musisch veranlagte Jurist (er schrieb auch Gedichte und einen posthum veröffentlichten Roman) erwies sich im Hungerjahr 1846 ebenfalls als Mann der Tat. Schulze bildete ein Komitee, das Sammlungen veranstaltete, um Getreide im Großen einzukaufen, das eine Mühle und eine Bäckerei pachtete und somit in der Lage war, Brot in eigener Regie herzustellen. Verarmte wurden dabei gratis oder zu besonders niedrigen Preisen beliefert.

1848 wurde Hermann Schulze Abgeordneter des Kreises Delitzsch in der preußischen Nationalversammlung. Er war im Revolutionsjahr Vertreter des linken Zentrums und vertrat maßvolle Reformen ohne radikalen Bruch mit der Vergangenheit. Nach dem Scheitern der Revolution hielt sich Schulze-Delitzsch mehr als 10 Jahre vom politischen Leben fern. Aufgrund politischer Schwierigkeiten, bedingt durch den herrschenden Neoabsolutismus nach dem Scheitern der 1848er Revolution, musste Schulze zunächst als Armenadvokat arbeiten.

Die Idee, Arbeiter und Handwerker in „Assoziationen" zusammenzuschließen, war damals weit verbreitet und kam vor allem in Frankreich stark zur Geltung. Schulze meinte, solche Institutionen sollten allerdings nicht von oben, also durch staatliche oder behördliche Aktion, geschaffen werden, sondern aus dem freien Zusammenwirken im Sinn von Selbsthilfe, Selbstverwaltung und Selbstverantwortung. Zunächst (1849) setzte sich Schulze für die Gründung von Rohstoffvereinen für Tischler und Schuhmacher ein. Ab den 1850er Jahren war Schulze aber vor allem als Propagator eines auf dem Grundsatz der Selbsthilfe aufbauenden gewerblichen Kreditgenossenschaftswesens tätig. Die Vielzahl neu gegründeter Vereinigungen dieser Art führte auch zur Verbandsbildung. Die Bildung von Zentralkassen der Genossenschaften, wie sie Friedrich Wilhelm Raiffeisen früh vorschwebte, hat Schulze allerdings nachdrücklich bekämpft. Große Verdienste hat sich Schulze-Delitzsch um das 1867 in Preußen in Kraft getretene Genossenschaftsgesetz erworben.

Schulze-Delitzsch war im politischen wie im wirtschaftlichen Sinn wahrscheinlich fundamental als Liberaler anzusehen. Lange Zeit setzte er große Hoffnung in Produktivgenossenschaften als Lösung der schwierigen sozialen Lage der neuen Arbeiterschichten, als Träger einer solidarischen Selbsthilfe in der Arbeiterschaft. Nachdem sich die produktivgenossenschaftlichen Hoffnungen Schulzes nicht erfüllten, sah er seine Hauptaufgabe im Wirken für den durch die industrielle Revolution gefährdeten gewerblichen Mittelstand. Staatshilfe und Subventionen lehnte er konsequent ab, Aktivierung und Bündelung der eigenen Kräfte in Gemeinschaft mit anderen, die das gleiche wollen, standen für ihn stets im Zentrum. Wir begegnen hier, wie auch im Falle Raiffeisens, implizit eben jenem Gedanken der „Erziehung zur Marktwirtschaft", den wir weiter oben als Kennzeichen erfolgreicher solidaristischer Wirtschaftsorganisation festgestellt haben.

Persönlichkeiten wie Friedrich Wilhelm Raiffeisen oder Hermann Schulze-Delitzsch, aber auch Viktor Aimé Huber, ein wie Raiffeisen vom christlichen Menschenbild ausgehender Genossenschaftspropagator, vertraten allerdings auch eine Ethisierung der Wirtschaft. Huber (1800-1869), einer der geistigen Begründer der deutschen Genossenschaftsbewegung, appellierte an die Unternehmerschaft, aus sittlichen Gründen die Situation der Arbeiter zu verbessern. Huber vertrat vor allem die Siedlungsgenossenschaftsidee. Er trat auch dafür ein, dass bis zu dem Zeitpunkt, zu dem Arbeiter selbst dazu in der Lage sind,

Unternehmer Konsum- und Produktivgenossenschaften gründen und diese finanzieren und leiten sollten. Das wohltätige Genossenschaftselement kommt hier deutlich zum Ausdruck.

Der Aufschwung der Konsumgenossenschaften vollzog sich in Deutschland, Österreich und der Schweiz in der zweiten Hälfte des 19. Jahrhunderts im Wesentlichen in zwei Stufen: In der ersten Stufe waren es vor allem fortschrittlich und ethisch gesonnene Unternehmer und Wohltäter, die hier tätig wurden, in der zweiten Stufe entfaltete die erstarkende Arbeiterbewegung um die Wende zum 20. Jahrhundert eine reiche Gründungstätigkeit der Konsumgenossenschaften mit zum Teil explizit gesellschaftsverändernder Intention. Diese können hier als Begleitphänomen der politischen und gewerkschaftlichen Mobilisierung der Arbeiterschaft bzw. ihrer erfolgreichsten Mitglieder gesehen werden.

Johann Heinrich Pestalozzi

Weder Schulze-Delitzsch noch Raiffeisen stehen historisch für sich allein. Sie beide und mit ihnen viele andere Pioniere der Genossenschaftsbewegung stehen in Anlehnung an das Wort von Didacus Stella „auf den Schultern von Riesen". Denn das Konzept der Selbsthilfe wurde zwar von ihnen vorangetrieben, aber keineswegs völlig neu entwickelt. Sie beide und damit der genossenschaftliche Gedanke haben ihre Wurzeln in einer Verknüpfung unterschiedlicher geistiger Strömungen, zu denen christliches Gedankengut ebenso gehörte wie sozialistisches und liberales.

Die möglicherweise stärkste Prägung dürften Raiffeisen, Schulze-Delitzsch, Victor Aimé Huber und andere Gründungsväter des Genossenschaftswesens aber durch den Humanismus erfahren haben. Diese Bewegung, in deren Mittelpunkt Menschlichkeit, Nächstenliebe und die Achtung vor der menschlichen Würde stehen, findet sich immanent in allen Konzepten freiwilliger menschlicher Kooperation. Sie ist geprägt durch die Überzeugung, dass Menschen lernfähig sind, dass auch die Schwächsten es verdienen, dass man sich um sie kümmert und vor allem, dass Menschen bereit, willens und in der Lage sind, sich um ihre eigene Lage zu kümmern, wenn man ihnen dafür Mittel und Wege aufzeigt. Kurz gesagt: Menschen können dazu erzogen werden, sich selbst zu helfen – und gerade dadurch zu wichtigen Mitgliedern der menschlichen Gemeinschaft zu werden. Diese Sichtweise nicht nur formuliert, sondern durch sein Vorbild und seine Werke auch gelebt zu haben ist das unschätzbare Verdienst von Johann Heinrich Pestalozzi (1746 – 1827).

Pestalozzi wurde in Zürich geboren, verlor schon mit fünf Jahren seinen Vater und wuchs in ärmlichen Verhältnissen auf. Dennoch erhielt er eine gute Schulbildung und begann später ein Studium der Theologie und Jurisprudenz, dass er allerdings nach zwei Jahren abbrach. Seine späteren Versuche als Unternehmer in der Landwirtschaft oder mit einer Armenanstalt schlugen fehl, wie ihm Zeit seines Lebens nach allen vorliegenden Berichten jegliches Geschick für eine nachhaltige praktische Umsetzung seiner Gedanken abging. „Zur Besorgung würde ich Pestalozzi nicht einmal meinen Hühnerstall anvertrauen; aber wenn ich König wäre, würde ich ihn zu meinem ersten Rate machen." (Faust 1977: 68) So soll sich ein wohlmeinender Zeitgenosse über Pestalozzi geäußert haben. Und in der Tat war seinen Ideen, seiner Erziehungsphilosophie und seinem Vorbild weit größerer Erfolg beschieden, als seinen praktischen Taten. Ihren Ausdruck fand seine Philosophie in verschiedenen volksschriftstellerischen Werken, darunter der Erziehungsroman „Lienhard und Gertrud". Auch die von ihm gegründeten Armenanstalten, Kinderheime und Erziehungsanstalten hatten Vorbildfunktion – ungeachtet ihrer relativ kurzen Lebensdauer und ihres wirtschaftlichen Scheiterns.

Alle seine Unternehmungen basierten auf einem erzieherischen Grundgerüst, das in seiner Zeit geradezu revolutionär wirkte: Anstatt Arme und Ungebildete – darunter besonders die Kinder – durch Almosengeben zu entwürdigen, will er sie durch Arbeit zur Selbstständigkeit erziehen. Hierin verwirklicht sich der Gedanke der Hilfe zur Selbsthilfe, der wiederum Pestalozzis Erziehungslehre zu einem Einflussfaktor für die Genossenschaftsbewegung machte.

Abbildung 4.1: Erziehungsgrundsätze nach Pestalozzi

Prinzip	Bedeutung
1. Das selbstschöpferische Prinzip	1. Hilfe zur Selbsthilfe
2. Das Prinzip der Führung	2. Lernen durch Vorbild
3. Das Prinzip der Auslese	3. Delegation von Aufgaben nach Befähigung
4. Das Prinzip der Elementarbildung	4. Bildung beginnt beim Elementaren und setzt sich dann Stufe für Stufe fort
5. Das Prinzip der inneren Anschauung	5. Erkenntnisse aufnehmen, verarbeiten und nutzbringend anwenden
6. Das Gesetz der Harmonie oder des Gleichgewichtes der Kräfte	6. Herz, Kopf und Hand müssen zusammenwirken
7. Das Prinzip der Individualität und der Gemeinschaft	7. Die Ertüchtigung des Individuums für das Wirken in der Gemeinschaft
8. Das Prinzip der Nähe	8. Erziehung und Engagement beginnen im engsten (Familien-)Kreis und expandieren dann

Quelle: Eigene Darstellung, Prinzipien nach Faucherre (1933).

Pestalozzi hat als einer der ersten erkannt, dass die Lebensumstände das Wesen des Menschen beeinflussen, dass es aber gerade der Mensch ist – oder besser gesagt: die Menschen sind – die diese Umstände so gemacht haben. Aufgabe der Gesellschaft in ihrer Gesamtheit ist es, die Umstände zum Guten zu verändern, damit sich auch der Mensch zum Besseren hin entwickeln könne.

„Der Mensch ist das Werk seiner selbst." (Pestalozzi nach Faust 1977: 68). In dieser Aussage liegt nicht nur der Kern von Pestalozzis Erziehungsphilosophie, sondern zugleich auch der Grundgedanke aller auf Selbsthilfe und Zusammenarbeit beruhenden ökonomischen, sozialen und politischen Bestrebungen.

Fragen und Themen für Diskussionen

1. Nennen Sie Persönlichkeiten und Konzepte, die im mitteleuropäischen Raum besondere Bedeutung für die Entwicklung des Genossenschaftswesens hatten.

2. Welches waren die unterschiedlichen ideologischen Ausgangspunkte der deutschen Genossenschaftspioniere des 19. Jahrhunderts?

3. Wie haben sich die häufig aus Motiven der Bekämpfung exzessiven Gewinnstrebens gegründeten traditionellen Institutionen der Sozialwirtschaft im mitteleuropäischen Raum verändert?

4. Worin liegen die Triebkräfte dieser Veränderungen?

5. Wo finden sich heute Bemühungen im Bereich von Selbsthilfe, Kooperation und Genossenschaften?

Zitate

„Das materielle Prinzip der Association ist Vereinigung vieler kleiner atomistischer Kräfte – besonders proletarischer Atome, wenn der Ausdruck mir gestattet ist – zu einer relativ großen Kraft, und möglichst fruchtbarer Verwendung der letzteren in der produktiven oder distributiven Industrie, nach Umständen auch über die Grenzen der Bedürfnisse der eigenen häuslichen Ökonomie der Beteiligten hinaus. In dieser fruchtbaren Verwendung der Gesamtkraft als solcher zu Gunsten der einzelnen Atome liegt die Möglichkeit, die Tragfähigkeit, also den wirklichen Wert auch der kleinsten Beiträge in demselben Verhältnis zu steigern, wie bekanntermaßen die große Ökonomie und Industrie relativ viel größere Vorteile in jeder Beziehung in Produktion und Konsumtion gewährt, als die kleine. .... Aber die materiellen Vorteile, diese Steigerung der Tragweite des Erwerbs der materiellen Kräfte, bilden nur eine Seite der Association. Die andere und noch wichtigere und wohlthätigere Seite ist eine entsprechende Steigerung der sittlichen und intellektuellen Kräfte. Denn die Association setzt wirklich Gemeinschaft der Arbeit und der Ökonomie, sowie überhaupt genossenschaftliche, gesellige Beziehungen voraus – immer mit Vorbehalt der Selbständigkeit, Abgeschlossenheit und Heiligkeit des Familienlebens. ... Die Association ist ohne allen Vergleich die wirksamste Anstalt zur Einwirkung der bildenden Kräfte christlicher Civilisation auf alle Punkte des proletarischen Alltagslebens, also recht eigentlich eine kirchliche Anstalt."

Viktor Aimé Huber (1894: 730ff)

„Die Assoziation beruht auf dem Erfahrungssatz, daß durch Vereinigung einer größeren Anzahl kleinerer Kräfte – und zwar gilt dies vom materiellen, wie vom sittlichen Leben – eine große

Kraft erzeugt wird, deren Wirksamkeit nicht nach dem Gesetz einer einfachen Addition, sondern nach einem etwa jenem der arithmetischen Reihe zu vergleichenden Gesetz steigt, wodurch die Tragweite, der praktische Wert jedes einzelnen Gliedes in ähnlicher Weise vermehrt wird."

Viktor Aimé Huber, zitiert nach Ebert (1852: 968f)

„Da muß man sich denn zuerst die einfache wirtschaftliche Voraussetzung auf der das Genossenschaftswesen beruht, klar machen. Das ist dann eine gedrückte, eine nicht genügende Lage in Erwerb und Wirtschaft, aus der sich der einzelne in seiner Isolierung entweder nur sehr schwer, oder nur sehr unvollkommen oder vielleicht auch gar nicht herauszuarbeiten vermag. Als einziges Gegenmittel dagegen dient aber die genossenschaftliche, auf Gegenseitigkeit beruhende Kooperation, das Zusammentreten, das Zusammenschließen einer Menge solcher einzelner, die sich aber in der gleichen Lage befinden, und die ein gleiches Interesse an der Verbesserung ihrer Lage haben, und die gleiche Zwecke im gemeinsamen Vorgehen befolgen, so dass das Ineinandergreifen ihrer einzelnen Tätigkeit zu einer Gesamtwirksamkeit überhaupt möglich wird. Die kleinen Mittel, die den einzelnen zu Gebote stehen, die aber unzureichend sind für den Zweck des einzelnen, werden so zu einer Gesamtkraft vereinigt, die allen Teilnehmern dient."

Friedrich Thorwart (1909: 396)

„Friedrich Wilhelm Raiffeisen war ein Kind seiner Zeit. Wie alle Menschen vor und nach ihm war er eingebunden in die geistigen Strömungen seiner Epoche und mitgeformt von den äußeren Ereignissen, die sie kennzeichnen: den Auswirkungen der ersten industriellen Revolution und den Begleiterscheinungen des frühen Kapitalismus, von dem er hauptsächlich seine Kehrseiten sah. Doch was ihn eigentlich prägte, war sein tatbereites

Christentum und eine als sittliche Verpflichtung aufgefaßte Liebe zum leidenden und hilfsbedürftigen Mitmenschen."

Theodor Sonnemann (1980: 1391)

„Aber auch in sittlich religiöser Beziehung, wir möchten sogar sagen, hauptsächlich, sind die Vereine von der größten Wichtigkeit. Mit zunehmender Verarmung, immer größer werdender Noth, wird in der Regel die Entsittlichung in jeder Beziehung gleichen Schritt halten. Ohne materielle Hilfe wird sogar die auf den besten Willen, auf das aufrichtigste Streben sich gründende geistliche Wirksamkeit wenig helfen; es wird ihr allein nicht gelingen, der zunehmenden Verkommenheit kräftig genug entgegenzuwirken. ... Almosen oder sonstige ähnliche Zuwendungen können dazu nicht dienen, sie werden in der Regel mehr schaden als nützen. Die Hilfe muß sich gründen auf den Spruch: So Jemand nicht will arbeiten, der soll auch nicht essen. Sie muß dahin gehen, die Fähigkeiten und Kräfte der Hilfsbedürftigen möglichst zu entwickeln, und für diese zu erheblichem erlaubten Vermögenserwerbe zur Anwendung zu bringen, kurz in dieser Weise die Selbsthilfe zu fördern. Dann wird das Vertrauen zu sich selbst, zu den Menschen und zu Gott gehoben und es wird der Boden zu echt christlicher Einwirkung mehr vorbereitet werden, als in sonstiger Weise geschehen kann. Es dürfte die Mitwirkung, nicht allein der Herren Beamten überhaupt, sondern besonders auch der Herrn Geistlichen und Lehrer wünschenswerth sein."

Friedrich Wilhelm Raiffeisen (1866: Vorwort)

„Von außen und auf der Oberfläche gesehen, ist der Anblick, den unsere Zeit bietet, ein überaus glänzender. Dank der gewaltigen Fortschritte der Wissenschaft und Technik, der Erfindungen und Entdeckungen und des ungeheuren Aufschwungs der Industrie und des Handels, den sie im Gefolge gehabt haben, ist die Menge und Mannigfaltigkeit der Kulturgüter und Kulturgenüsse auf eine Höhe gebracht worden, von der man sich in früheren Jahrhunderten nichts träumen ließ. Auch die Zustände des öffentlichen Lebens sind bei allen Völkern des Abendlandes bessere, befriedigendere, lichtere und freiere geworden. Hiernach sollte man glauben, daß auch die Lebensfreude und Zufriedenheit eine größere und allgemeinere wäre als jemals. Allein dem ist leider nicht so. Mit den Gütern und Genüssen sind überall auch die Bedürfnisse und Ansprüche gewachsen; auch an den Kindern dieser Zeit bewährt sich die Erfahrung, daß das Menschenherz in dem Besitze und Genusse der vergänglichen Erdengüter keine rechte Ruhe und Befriedigung findet und daß sein Durst nach Glück durch das Trinken aus dem Becher der Welt nicht gestillt, sondern nur immer mehr gereizt wird. Zugleich wird der Kampf ums Dasein mit einer früher ungekannten Heftigkeit und Rastlosigkeit geführt; die industrielle Produktion ringt mit atemloser Hast im Wettbewerb auf dem Weltmarkt. Unter der erwerbenden Klasse herrscht weithin eine wilde Jagd nach Mehrerwerb und Mehrbesitz, und diejenigen, welche ihr Ziel erreicht und es zu Reichtümern gebracht haben, frönen vielfach verderblicher und anstößiger Verschwendung und Schlemmerei."

Friedrich Wilhelm Raiffeisen (1951: 17)

„Zahlreiche bedeutende schweizerische konsumgenossenschaftliche Gründungen gingen aus gemeinnützig philanthropischen Bestrebungen von Männern hervor – die durchaus nicht zur Klasse der Proletarier gehörten – deren soziale Gesinnung und deren Überblick über die politischen, wirtschaftlichen und gesellschaftlichen Verhältnisse sie aber die Nöte und Probleme der Zeit erkennen ließen."

Ernst Jaggli (1980: 1456)

„Das Eigentum ist nur des Menschen und nicht der Mensch um des Eigentums willen da."

Johann Heinrich Pestalozzi, zitiert nach Faucherre (1933: 33)

„Der Kreis des menschlichen Wesens ist enge und dieser Kreis fängt nahe um den Menschen her, um sein Wesen, um seine nächsten Verhältnisse an, dehnt sich von da aus, und muss bei jeder Ausdehnung sich nach diesem Mittelpunkt aller Segenskraft richten."

Johann Heinrich Pestalozzi, zitiert nach Faucherre (1933: 35)

„Es geht nicht darum, Wohlstand zu verteilen, sondern Chancen."

Arthur H. Vanderberg, zitiert nach Roth (2004: 31)

„Pestalozzis „Erziehungs-Methode" ist den genossenschaftlichen Prinzipien verwandt. In ihrem Mittelpunkt stehen die Selbsthilfe und die gesellschaftliche Vereinigung. Der Mensch soll dahin gebracht werden, sich selbst zu helfen, da ihm auf Gottes Erdboden niemand helfe und niemand helfen könne. Durch Arbeit und Erziehung zur Gemeinschaft soll er befähigt werden, seine wirtschaftliche Lage zu verbessern."

Helmut Faust (1977: 68)

„Moderne Gesellschaften sind „mittelverknüpft", nicht „zielverknüpft" (von Hayek 1976/1981: 153). Wer die Implementationschancen der Moral in der modernen Gesellschaft verbessern will, hat daher bei den Handlungsbedingungen anzusetzen – und nicht bei den individuellen Entscheidungen, ihren Zielen und Motiven."

Karl Homann (1998: 21.

„Die zentrale Frage jeder Sozialwissenschaft ist die nach der Herkunft, dem Wesen und der weiteren Entwicklung des modernen Gesellschaftssystems, und diese Frage kann man nicht gänzlich ausblenden."

Manfred Prisching (1995: 58)

Interessante Websites

http://www.iru.de/

(Internationale Raiffeisen-Union)

http://www.genossenschaftsgedanke.de/aktuelles.html

(Bundesverein zur Förderung des Genossenschaftsgedankens e. V.)

http://oracle02.ilo.org/dyn/empent/empent.Portal?p_prog=C

(ILO und Genossenschaften)

http://www.bautz.de/bbkl/s/s1/schulze_delitzsch_h.shtml

(Biografisches zu Hermann Schulze-Delitzsch)

http://www.mgv-info.de/index.php?main=foerderverein&cat=schulze-delitzsch

(Förderverein Hermann Schulze-Delitzsch und Gedenkstätte des deutschen Genossenschaftswesens e. V.)

http://www.ruv.de/de/ueber_uns/geschichte/chronik/nheresz uhermannschulze-delitzsch.jsp

(Biografisches zu Hermann Schulze-Delitzsch)

http://www.bautz.de/bbkl/r/raiffeisen_f_w.shtml

(Biografisches zu Friedrich Wilhelm Raiffeisen)

http://www.iru.de/historie_de/

(Biografisches zu Friedrich Wilhelm Raiffeisen)

http://www.raiffeisen.de/drv/friedrichraiffeisen/

(Biografisches zu Friedrich Wilhelm Raiffeisen)

http://www.stiftung-der-genossenschaftsmitglieder.de/html/museum/museum.html

(Raiffeisen Museum)

http://www.hamm-sieg.de/verbandsgemeinde/ortsgemeinden/hamm_sieg/einrichtungen/raiffeisenmuseum/

   (Raiffeisen Museum)

http://www.heinrich-pestalozzi.de/

   (Biografisches zu Johann Heinrich Pestalozzi)

http://www.bruehlmeier.info/pestalozzi.htm

   (Biografisches zu Johann Heinrich Pestalozzi)

http://www.member.uni-oldenburg.de/wilhelm.topsch/pesta/beginn.htm

   (Biografisches zu Johann Heinrich Pestalozzi)

http://www.birr.ch/index.asp?R_ID=2

   (Wirkungsstätte von Pestalozzi)

Literatur

Braumann, Franz (2000): Ein Mann bezwingt die Not. Friedrich Wilhelm Raiffeisen. Ein Lebensroman, [Deutscher Genossenschafts-Verlag] Wiesbaden 2000.

Deutscher Genossenschaftsverband (Schulze-Delitzsch) (Hrsg.) (1987): Schulze-Delitzsch ein Lebenswerk für Generationen, [Deutscher Genossenschaftsverband (Schulze-Delitzsch)] Bonn 1987.

Ebert, Günter: Victor Aimé Huber, in: Eduard Mändle/Hans-Werner Winter (Hrsg.): Handwörterbuch des Genossenschaftswesens, [Deutscher Genossenschafts-Verlag] Wiesbaden 1980, Sp. 966-970.

Faucherre, Henry (1933): Abriss der Erziehungslehre Pestalozzis in Beziehung zum Genossenschaftswesen, [Buchdruckerei des V. S. K.] Basel 1933.

Faust, Helmut (1977): Geschichte der Genossenschaftsbewegung. Ursprung und Aufbruch der Genossenschaftsbewegung in England, Frankreich und Deutschland sowie ihre weitere Entwicklung im deutschen Sprachraum, 3. Aufl. [Fritz Knapp] Frankfurt am Main 1977.

Hayek, Friedrich August von (1976/1981): Recht, Gesetzgebung und Freiheit, Band 2: Die Illusion der sozialen Gerechtigkeit, [Moderne Industrie] Landsberg am Lech 1976/1981.

Hesse, Otmar/**Burbach**, Brigitte/**Koch**, Walter (1997): Friedrich Wilhelm Raiffeisen 1818-1888. Woher – Wohin, [Dr. Walter Koch] Fürstenfeldbruck 1997.

Homann, Karl (1998): Normativität angesichts systemischer Sozial- und Denkstrukturen, in: Wulf Gaertner (Hrsg.): Wirtschaftsethische Perspektiven IV. Methodische Grundsatzfragen, Unternehmensethik, Kooperations- und Verteilungsprobleme, [Duncker & Humblot] Berlin 1998, S. 17-50.

Huber, Viktor Aimé (1852): Bruch mit der Revolution und Ritterschaft, [Wilhem Hetz (Besser'sche Buchhandlung)] Berlin 1852.

Huber, Viktor Aimé (1892): Allgemeine Charakteristik des Genossenschaftswesens, in: Karl Munding: Victor Aimé Hubers Ausgewählte Schriften über Socialreform und Genossenschaftswesen, [Verlag der Aktien-Gesellschaft Pionier] Berlin 1894.

Jaggli, Ernst (1980): Schweizerisches Genossenschaftswesen, in: Eduard Mändle/Hans-Werner Winter (Hrsg.): Handwörterbuch des Genossenschaftswesens, [Deutscher Genossenschafts-Verlag] Wiesbaden 1980, Sp. 1449-1467.

Kanther, Michael/**Petzina**, Dietmar (2000): Victor Aimé Huber (1800-1869) Sozialreformer und Wegbereiter der sozialen Wohnungswirtschaft, [Duncker & Humblot] Berlin 2000.

Klein, Michael (1997): Leben, Werk und Nachwirkungen des Genossenschaftsgründers Friedrich Wilhelm Raiffeisen, [Rheinland-Verlag] Köln 1997.

Mändle, Eduard/**Winter**, Hans-Werner (Hrsg.): Handwörterbuch des Genossenschaftswesens, [Deutscher Genossenschafts-Verlag] Wiesbaden 1980.

Pankoke, Eckart (1970): Sociale Bewegung, sociale Frage, sociale Politik. Grundfragen der deutschen "Socialwissenschaft" im 19. Jahrhundert, [Klett] Stuttgart 1970.

Prisching, Manfred (1995): Sozioökonomie in der Tradition Schumpeters, in: Karl S. Althaler/Egon Matzner/Manfred Prisching (Hrsg.): Sozioökonomische Forschungsansätze. Historische Genese, Methoden, Anwendungsgebiete, [Metropolis] Marburg 1995, S. 43-69.

Raiffeisen, Friedrich Wilhelm (1866): Die Darlehnskassen-Vereine als Mittel zur Abhilfe der Noth der ländlichen Bevölkerung, sowie auch der städtischen Handwerker und Arbeiter. Praktische Anleitung zur Bildung solcher Vereine, gestützt auf sechszehnjährige Erfahrung als Gründer derselben [Raiffeisen-Druckerei] Neuwied 1866.

Raiffeisen, Friedrich Wilhelm (1951): Die Darlehenskassen-Vereine, Unveränderter Neudruck der 5. Auflage von 1887, [Verlag der Raiffeisendruckerei] Neuwied 1951.

Roth, Brigitta (2004): Wirtschaft und Politik in Zitaten der Welt, [Signum] Wien 2004.

Sonnemann, Theodor (1980): Friedrich Wilhelm Raiffeisen, in: Eduard Mändle/Hans-Werner Winter (Hrsg.): Handwörterbuch des Genossenschaftswesens, [Deutscher Genossenschafts-Verlag] Wiesbaden 1980, Sp. 1391-1402.

Thorwart, Friedrich (1909): Hermann Schulze-Delitzsch's Schriften und Reden, Bd. 1: Quellen zur Geschichte des Genossenschaftswesens, [Guttentag] Berlin 1909.

Kapitel 5:   Die Sozialwirtschaft in der heutigen Gesellschaft

Genossenschaften – Gegenseitigkeitsgesellschaften – Gemeinnützige Vereine und Stiftungen – Entwicklung und Perspektiven

Das Konzept einer „social economy" erscheint als sinnvoll und gewinnt offenbar zunehmend Akzeptanz in der internationalen sozialwissenschaftlichen Gemeinschaft, ebenso wie in der administrativen Sphäre der Europäischen Union. Dennoch handelt es sich um ein immer noch ziemlich im Fluss befindliches Konzept. Man kann daher nicht davon ausgehen, dass die Komponenten dessen, was wir als Sozialwirtschaft bezeichnen, notwendigerweise ein starkes Gefühl der Zusammengehörigkeit aufweisen. Es liegt in der Natur dieses relativ vagen mittleren Bereichs zwischen öffentlichem und privatem Sektor, dass seine Grenzen schwer zu umreißen sind. Eine gewisse Willkürlichkeit ist nicht zu vermeiden. Mit erschwerend ist auch die große Unterschiedlichkeit der nationalen rechtlichen Grundlagen, die das regulieren, was man manchmal den „dritten Sektor" nennt.

Wenn wir ein Panorama der Rolle der Sozialwirtschaft in der heutigen Gesellschaft geben, werden wir einige gemeinsame Züge feststellen, die allen europäischen industrialisierten Wirtschaften gemeinsam sind. Wir werden allerdings auch gewisse deutliche Unterschiede feststellen. Diese Unterschiede sind in starkem Ausmaß auf historische Divergenzen in den religiösen, wirtschaftlichen und politischen Traditionen zurückzuführen, insbesondere auch auf Unterschiede in Bezug auf die Entwicklung des Staates und des öffentlichen Sektors. Angesichts dieser deutlichen Unterschiede auf nationaler Ebene erscheinen Bemerkungen über die Sozialwirtschaft in verschiedenen größeren Ländern oder Ländergruppen sinnvoll. Zunächst allerdings ein allgemeiner Überblick:

Genossenschaften

Entsprechend den Statistiken des internationalen Genossenschaftsbundes (IGB, englisch ICA – International Co-operative Alliance) gibt es gegenwärtig rd. 750.000 Genossenschaften in 90 Ländern in denen rd. 80% der Weltbevölkerung leben. Ihre Gesamtmitgliedschaft beträgt rd. 800 Mio. Menschen, das sind fast 13% der Weltbevölkerung. Da meistens ein Haushalt durch ein Haushaltsmitglied in einer Genossenschaft vertreten ist, erreichen durch die Einbeziehung aller Haushaltsmitglieder der Organisation des ICA fast 50% der Weltbevölkerung die Förderleistungen von Genossenschaften.

Eine Gliederung nach Kontinenten zeigt die größte Mitgliederzahl in Asien mit 64% gefolgt von Europa mit 26%, Amerika mit 6% und Afrika mit 4%. Die größten Mitgliederzahlen finden wir in Indien (ca. 183 Mio.), in China (ca. 160 Mio.), in den USA (ca. 157 Mio.) und in Japan (ca. 43 Mio.). Die Gruppe der Konsum-, Kredit- und Agrargenossenschaften umfasst allein rd. 52% der Mitgliedergenossenschaften des ICA.[1]

In der EU gibt es lt. einer ICA-Statistik aus 1996 rd. 132.000 Genossenschaften, von denen 35% auf den primären Sektor, 20% auf den sekundären Sektor und 45% auf den tertiären Sektor entfielen. Ihnen gehören rd. 83,5 Mio. Mitglieder an, das sind 22,4% der Gesamtbevölkerung. Die Genossenschaften in der Europäischen Union beschäftigen rd. 2,3 Mio. Menschen (ca. 2,3% aller vollzeitbeschäftigten Arbeitnehmer). Der Anteil der Beschäftigung reicht von 0,57% in Griechenland und 0,66% in Großbritannien bis hin zu 4,58% in Spanien und 4,48% in Finnland.

---

[1] Quelle: Annual Report 1997-98 in: Review of International Co-operation, Vol. 91 No. 2, pp. 15f., http://www.coop.org.

In den EU-Mitgliedstaaten hat der Anteil der Genossenschaften an der Wirtschaftstätigkeit im Laufe des 20. Jahrhunderts stetig zugenommen. So haben beispielsweise die Kreditgenossenschaften seit 1990 ihre Position nachhaltig gestärkt. Ihre Mitgliederzahl stieg bis 1999 um 16% von 30,1 Mio. auf 35 Mio. an. Gleichzeitig nahm ihre Bilanzsumme von 1,17 Billionen ECU auf 1,9 Billionen Euro zu. Ingesamt erzielten die Genossenschaften in den meisten Mitgliedstaaten in wichtigen Industriezweigen, vor allem im primären und tertiären Sektor, bedeutende Marktanteile. So lag ihr Marktanteil in der Landwirtschaft 1996 in den Niederlanden bei 83%, in Finnland bei 79% und in Italien bei 55%. In der Forstwirtschaft betrug er in Schweden 60% und in Finnland 31%. Die im tertiären Sektor tätigen Genossenschaften sicherten sich hohe Marktanteile im Bankwesen, die in Frankreich 50%, in Finnland 35%, in Österreich 31% und in Deutschland 21% ausmachen. Die starken Kreditgenossenschaftsorganisationen in Frankreich, Deutschland, Italien und den Niederlanden vereinigen fast 90% der gesamten Bilanzsumme auf sich. Der Marktanteil der Genossenschaften im Einzelhandel war in Finnland 35,5% und in Schweden 20%. Im Gesundheits- und Arzneimittelwesen beträgt er in Spanien 21% und in Belgien 18%.[2]

Ähnlich wie bei anderen Statistiken gibt es hier natürlich gewisse Probleme bei der Interpretation. Zunächst existieren Genossenschaften in vielfältigen Rechtsformen und in einigen Mitgliedstaaten der EU gibt es kein spezielles Genossenschaftsgesetz. Deshalb sind viele Genossenschaften in den Unternehmensregistern nur „versteckt" enthalten. Zu weiteren statistischen Problemen zählen: Quantitative Darstellungen dieser Art vermitteln oft einen gewissen Eindruck der Scheinpräzision,

---

[2] Quelle: International Co-operative Alliance (ICA): Statistics and Information in Euro-pean Co-operatives, Genf 1998.

zumal sie qualitative Aspekte, wie die Intensität der Mitgliederbeziehungen überdecken. Weiter werden die großen Unterschiede zwischen dem im Aggregat zusammengefassten Genossenschaften eingeebnet. So können wir unter dem Titel Genossenschaften sehr kleine (und dadurch stark mitgliederorientierte) Organisationen finden, aber auch sehr große, stark „kapitalistisch" orientierte Firmen. Viele der bei Erhebungen erfassten Tätigkeiten sind streng genommen nicht den Genossenschaften zuzuordnen. Beispielsweise haben viele Genossenschaften umsatzstarke Tochtergesellschaften, bei denen es sich nicht um genossenschaftliche Unternehmen handelt. Es kann auch durchaus vorkommen, dass Daten, die sich auf eine Sekundärgenossenschaft beziehen, in die Umsatz- oder Beschäftigungszahlen der Primärgenossenschaft eingehen.

Genossenschaften können auch in starker Weise dem öffentlichen Sektor und seinen bürokratischen Lenkungsmethoden angeglichen sein. In besonderem Maße war dies bis zur „Wende" von 1989-91 in den Ländern des so genannten „real existierenden Sozialismus" der Fall (allerdings mit bedeutenden Abweichungen). Aber auch einige Länder des afrikanischen und asiatischen Kontinents hatten stark „staatsorientierte" und von wenig Mitgliederdynamik getragene Genossenschaften aufzuweisen. Die Methoden und die Qualität der statistischen Analyse je nach Region oder Land können höchst verschieden sein. Somit werden zuweilen Zahlen zusammengruppiert, die unter sehr unterschiedlichen qualitativen statistischen Standards eruiert wurden.

In einem Großteil der Sektoren, in denen Genossenschaften tätig sind, geht der aktuelle Trend in Richtung Konzentration und Wettbewerb. Dies gilt insbesondere für den Einzelhandel, die Nahrungsmittelverarbeitung, die Kreditwirtschaft und das Versicherungsgewerbe. Bereits seit einigen Jahren haben die

Genossenschaften in den einzelnen Mitgliedstaaten ihre Kräfte durch Fusionen gebündelt. Inzwischen gibt es auch grenzübergreifende Fusionen und strategische Allianzen, an denen sich sogar Genossenschaften aus EU-Bewerberländern und anderen Drittländern beteiligen. In einigen Fällen sind Fusionen zwischen Genossenschaften verschiedener Mitgliedstaaten auf unnötige rechtliche Hindernisse gestoßen. Daher erließ der Rat der Europäischen Kommission im Juli 2003 eine Verordnung über ein Statut der Europäischen Genossenschaft (SCE), das den Rechtsrahmen für derartige grenzübergreifende Aktivitäten in Zukunft bilden soll.

Zur gleichen Zeit entstehen in den meisten Mitgliedstaaten der EU neue kleine Genossenschaften. Bevorzugte Bereiche für Genossenschaftsgründungen sind das Gesundheits- und Sozialwesen, die lokale und regionale Entwicklung, das Bildungs- und Wohnungswesen sowie Unternehmensdienstleistungen und wissensbasierte Dienstleistungen. Besonders für Frauen bieten diese Unternehmen Arbeitsplätze und die Möglichkeit zum Erwerb von Führungserfahrungen. Beispielsweise wurden in Finnland in den Neunzigerjahren rund 700 Arbeitnehmergenossenschaften gegründet, um Beschäftigungsmöglichkeiten zu schaffen.

In vielen Mitgliedstaaten der EU wird die Rechtsform der Genossenschaft oder des wirtschaftlichen Vereins gewählt, wenn die Entstehung von sozialen Unternehmen als eine Reaktion auf die zunehmende Belastung des Sozialstaates erfolgt. In einigen Mitgliedstaaten existieren spezifische Gesetze für derartige soziale Betriebe, was insbesondere auf Länder zutrifft, in denen eine wirtschaftliche Tätigkeit von Vereinen nur begrenzt möglich ist. Gesetzliche Regelungen gibt es für soziale Genossenschaften in Italien, für die Société à but social (bzw. Société coopérative à but social) in Belgien, die sozialen Genossenschaften mit beschränkter Haftung in Portugal und Griechenland sowie die Société Coopérative d'Intérêt Collectif (SCIC) in Frankreich. Mit diesen neuen Rechtsgrundlagen soll erreicht werden, dass soziale Dienstleistungen zunehmend nach unternehmerischen Grundsätzen und auf kommerzieller Basis erbracht werden, die Erwerbsbeteiligung der Frauen steigt und verschiedene Anspruchsgruppen (Beschäftigte, freie Träger, Zielgruppen und Kommunen) in den Produktionsprozess einbezogen werden. Das Wachstum und die Leistungen dieser Unternehmen stimmen optimistisch.

Im Großen und Ganzen können wir sagen, dass Genossenschaften je nach dem Sektor und der Region, in der sie tätig sind, sowie nach ihrer Größe sehr unterschiedlich aussehen. Entsprechend einer traditionellen historischen und auch politischen Unterteilung der Genossenschaften lässt sich folgendes sa-gen:

Landwirtschaftliche Genossenschaften (Lagerhäuser und Vermarktungsgenossenschaften) ebenso wie Kreditgenossenschaften sehen sich üblicherweise als Teil des „privaten Sektors" der Wirtschaft und haben traditionell starke Bindungen an gemäßigt konservative politische Institutionen und Parteien. Bei ihnen gibt es eine sehr starke Größendifferenzierung von sehr kleinen, stark mitgliederorientierten Genossenschaften zu Großunternehmen, die mit den multinationalen Riesenunternehmen des Agrobusiness konkurrieren. Die Organisationen am oberen Ende der Größenskala scheinen sich stark in reine Privatunternehmensbereiche zu entwickeln. Man kann hier von „Typentransformation" sprechen. Am unteren Ende der Größenskala finden vor allem bei den Kleingenossenschaften des finanzwirtschaftlichen Bereiches starke Verschmelzungsprozesse und Größenwachstum statt.

Die Konsumgenossenschaften bildeten lange Zeit den organisatorischen und finanziellen Kern des Internationalen Genossenschaftsbundes. Auch heute noch haben sie, wenn auch in abgeschwächter Form, diese Funktion. Sie standen vielfach (aber nicht überall) mit gemäßigten Parteien der demokratischen Linken und Gewerkschaften in enger Beziehung. Anders als viele Landwirtschaftliche Genossenschaften, die über Jahrzehnte und zum Teil bis heute in einem partiell geschützten Sektor operiert haben, mussten sie sich stets dem wirtschaftlichen Wettbewerb stellen. Während einer relativ langen Zeitspanne, bis ungefähr 1960, gelang es den Konsumgenossenschaften vielfach, als Pionierunternehmen im Einzelhandelsbereich zu agieren. Nicht zuletzt aufgrund ihrer, gegenüber individuellen Lebensmitteleinzelhändlern, höher strukturierten Organisation, die ihnen etwa bei der Einführung der Selbstbedienung und bei der Errichtung von Großmärkten Vorteile verschaffte. Spätestens seit der Mitte der 60er Jahre haben allerdings andere organisierte Formen industrialisierter Warenverteilung im Einzelhandel eine führende Rolle eingenommen: Kettenläden, Diskontvertriebsformen, transnationale Institutionen und Einkaufsgruppen. Die Nahebeziehung vieler Konsumgenossenschaften zu gewissen politischen Parteien und Gewerkschaften scheint dabei nicht zu ihrem Vorteil ausgeschlagen zu haben. Während der 1980er Jahre gab es offene Krisen in mehreren Ländern (so etwa in Deutschland, Frankreich, Argentinien, Finnland etc.). Als Resultat kam es dazu, dass vor der Jahrtausendwende die Rolle der Konsumgenossenschaften in zahlreichen industrialisierten Ländern sich dramatisch reduziert hat (hierzu zählt etwa der dramatische Untergang von Konsum Österreich 1995). Jene Konsumgenossenschaften, die noch aktiv tätig sind, scheinen entweder dabei zu sein, sich sehr weitgehend an ihre privaten Konkurrenten anzupassen (so etwa in

Schweden) oder sie werden von diesen schrittweise übernommen (so etwa in Frankreich) und sind auf dem Weg der Marktanteilsverluste und des langsamen Ausscheidens aus dem Markt.

Kreditgenossenschaften nach dem nicht politisierten (liberalen) Schulze-Delitzsch-Modell und credit unions sind relativ erfolgreich in den meisten europäischen Ländern. Es zeigen sich hier allerdings deutliche Tendenzen für zunehmende Kommerzialisierung und Verlust des genossenschaftlichen Gehaltes.

Im Bereich der Wohnungsbaugenossenschaften findet sich eine deutliche Kluft zwischen kleinen, idealistischen und „alternativen neuen Baugenossenschaften" und relativ bürokratisierten großen Einheiten mit hohen Mitgliedszahlen, aber nicht sehr intensiven demokratischen Aktivitäten.

Gegenseitigkeitsgesellschaften

Diese Organisationen funktionieren nach dem selben Prinzip wie die übrigen Akteure der Sozialwirtschaft (Genossenschaften und Vereine): Es handelt sich um freiwillige, privatrechtliche Zusammenschlüsse von (natürlichen und juristischen) Personen, denen es um die Deckung des Bedarfs ihrer Mitglieder und nicht um die Verzinsung von Kapital geht. Diese Unternehmen orientieren sich am Grundsatz der Solidarität unter den Mitgliedern und der Beteiligung der Mitglieder an der Unternehmensführung. Erwirtschaftete Gewinne und Überschüsse dienen nicht der Kapitalverzinsung, sondern werden eingesetzt, um die bestehenden Leistungen für die Mitglieder zu verbessern, die Weiterentwicklung des Unternehmens zu finanzieren, die Eigenmittel aufzustocken, oder sie werden in begrenztem Rahmen in verschiedenster Form an die Mitglieder zurückverteilt.

Ob bestimmte Wirtschaftstätigkeiten eher in Form von Gegenseitigkeitsgesellschaften, Genossenschaften oder Vereinen wahrgenommen werden, hängt im Wesentlichen von der Kultur und der Tradition der einzelnen Staaten ab. Die Gegenseitigkeitsgesellschaften haben sich vor allem in den Bereichen stark weiterentwickelt, in denen sie ursprünglich entstanden sind, nämlich in den Bereichen Versicherung, Vorsorge und Gesundheit sowie im Bankwesen. Dagegen hat ihnen die Gesetzgebung der europäischen Staaten in nur sehr begrenztem Umfang die rechtlichen Mittel an die Hand gegeben, auch in anderen Wirtschaftsbereichen aktiv zu werden.

In allen Mitgliedstaaten der EU sind Gegenseitigkeitsgesellschaften im Gesundheitsbereich vertreten. Sie sind entweder unmittelbar mit der Verwaltung des Pflichtversicherungssystems betraut, bieten zusätzlichen Krankenschutz an oder sie sind im Bereich der Vorsorge, der gegenseitigen Hilfe, der medizinischen oder sozialen Unterstützung usw. tätig.

Gegenseitigkeitsgesellschaften in den Sektoren der Schadensversicherung (Brand, Unfall, verschiedene Risiken) und im Bereich der Lebensversicherung gibt es ebenfalls in praktisch allen Mitgliedstaaten der EU. Die wirtschaftliche Bedeutung der Gegenseitigkeitsgesellschaften unterscheidet sich in diesen Bereichen von Staat zu Staat aber sehr stark. Größere Bedeutung haben sie auf dem französischen und dem deutschen Versicherungsmarkt, geringere auf dem italienischen. In Griechenland, wo der Gesetzgeber solche Aktivitäten Kapitalgesellschaften oder Genossenschaften vorbehält, sind sie dagegen gar nicht vorhanden. In Großbritannien halten die Building societies (spezialisierte Bausparkassen) 18% des britischen Markts sowohl bei den Hypothekenkreditgeschäften als auch bei den Bankeinlagen (Zahlen von 2003).

In Bezug auf die Beschäftigung hat eine von EUROSTAT im Jahr 2001 in einigen Mitgliedstaaten durchgeführte Pilotstudie ergeben, dass die Gegenseitigkeitsgesellschaften im Jahr 1998 in Frankreich 16,04% der Arbeitsplätze im Kredit- und Versicherungsgewerbe stellten. In Finnland und in Schweden lag diese Quote bei 13%. Die jährliche Wachstumsrate der Gegenseitigkeitsgesellschaften lag, bezogen auf die Zahl der Beschäftigten, zwischen 1995 und 1998 in Frankreich im Kredit- und Versicherungsgewerbe bei 1,5%, in Spanien im Bereich „Erbringung von sonstigen öffentlichen und persönlichen Dienstleistungen" bei 80% und im Bereich „Grundstücks- und Wohnungswesen, Vermietung und Dienstleistungen für Unternehmen" bei 36%.

Von Anfang an haben die Versicherungsvereine auf Gegenseitigkeit im Bereich der ergänzenden Krankenversicherung eine vorherrschende Rolle gespielt. Aufgrund der allgemein steigenden Kosten im Gesundheitswesen und des stetigen Rückgangs des von den Pflichtversicherungen übernommenen Kostenanteils – aber auch aufgrund der teilweise sehr langen Wartezeiten für die Inanspruchnahme von öffentlichen Gesundheitsleistungen (das ist vor allem im Vereinigten Königreich der Fall) – hat sich dieser Sektor ganz beträchtlich entwickelt und ist sehr wettbewerbsfähig geworden. Den Gegenseitigkeitsgesellschaften ist es gelungen, sich auf diesem Markt eine vorherrschende Stellung zu bewahren, indem sie sich von anderen abhoben und originelle Produkte entwickelten, die preislich sehr fair und allen zugänglich sind sowie den Bedürfnissen der Benutzer entsprechen.

Die Gegenseitigkeitsgesellschaften haben auch Lösungen erarbeitet, die für Probleme im Zusammenhang mit der Überalterung der Bevölkerung geeignet sind. Im Bereich der Rentenversicherung zahlen sie ihren Mitgliedern nicht nur eine Rente, sondern bieten ihnen auch weitere Dienstleistungen an.

Viele Gegenseitigkeitsgesellschaften tragen durch die Einrichtung von Betreuungs- und Beschäftigungsstrukturen für Behinderte, Lebensräumen für ältere, kranke oder drogenkranke Menschen, Treffpunkten für isolierte Menschen zur Bekämpfung von sozialer Ausgrenzung bei.

Die Europäische Kommission definiert die soziale Verantwortung der Unternehmen (*CSR – Corporate Social Responsibility*) als „Konzept, das den Unternehmen als Grundlage dient, auf freiwilliger Basis soziale Belange und Umweltbelange in ihre Unternehmenstätigkeit und in die Wechselbeziehungen mit den Stakeholdern zu integrieren".

Die Gegenseitigkeitsgesellschaften haben diese Problematik von Anfang an in die Art ihrer Unternehmensführung und die Betriebsabläufe integriert, da sie ihre Mitglieder und Nutzer ins Zentrum ihrer Bemühungen stellen. Demokratische Mitwirkung, gerechte Verteilung der Überschüsse, Solidarität und eine langfristig angelegte Unternehmensstrategie sind für diese Unternehmen wichtige Ziele, die mit der erforderlichen ökonomischen Effizienz kombiniert werden müssen.

Da sie keine Kapitalanleger bedienen müssen, können die Gegenseitigkeitsgesellschaften ihren Ertrag dafür einsetzen, weitere Dienstleistungen für ihre Mitglieder zu entwickeln. Hierfür fehlt es nicht an Beispielen, sei es im Bereich der Risikoprävention (Fahrsicherheitstraining, Informationskampagne zu Gefahren im Haushalt, Anleitung zum korrekten Gebrauch von Medikamenten usw.), im Bereich der ethischen Investitionen, der Achtung der Umwelt usw. Die Versicherer auf Gegenseitigkeit waren auch unter den ersten Unternehmen, die die so genannte „Sozialbilanz" erprobt haben, d. h. ein freiwillig eingesetztes Instrument, das ein Gesamtbild der Unternehmenstätigkeit und ihrer Auswirkungen auf die Umwelt und die Gesellschaft ergibt.

Die Gegenseitigkeitsgesellschaften sind auf Märkten tätig, die häufig auf europäischer Ebene stark reglementiert sind (vor allem Versicherungen und Kreditgewerbe) und auf denen großer Wettbewerbsdruck herrscht. Sie haben sich effizient in diese Märkte integriert und gut positioniert. Um auch angesichts der Globalisierung der Wirtschaft und des stärkeren Wettbewerbs auf den Märkten erfolgreich zu sein, haben die Gegenseitigkeitsgesellschaften Lösungen entwickelt, die in Ermangelung eines geeigneten rechtlichen Rahmens zuweilen gegen die Grundsätze der Gegenseitigkeitsgesellschaften verstoßen und damit die ursprünglichen Besonderheiten der betreffenden Gesellschaften verwässern.

Folgende unterschiedliche Lösungen wurden entwickelt:

1. Entwicklung durch internes Wachstum: Die Gegenseitigkeitsgesellschaften werden versuchen, ihr Produktangebot zu maximieren und neue, den Bedürfnissen ihrer Mitglieder besser angepasste Produkte zu entwickeln, bzw. die Zahl ihrer Mitglieder zu erhöhen;

2. Entwicklung durch externes Wachstum, entweder durch den Kauf von gemeinrechtlichen Gesellschaften oder durch die Gründung von börsennotierten oder nicht börsennotierten Tochterunternehmen;

3. Partnerschaftsabkommen oder Zusammenschlüsse mit häufig internationalem Charakter; die Zahl der Verschmelzungen von Gegenseitigkeitsgesellschaften ist jedoch aufgrund der großen Disparitäten zwischen den nationalen Rechtsvorschriften und des Fehlens eines Statuts für eine Europäische Gegenseitigkeitsgesellschaft sehr gering.

Um Zugang zu den Kapitalmärkten zu haben, um dadurch eine defizitäre Gegenseitigkeitsgesellschaft zu retten, oder um den Mitgliedern Zugang zu einem Teil der Vermögenswerte der Gesellschaft zu verschaffen bzw. aus sonstigen Gründen haben sich einige Gegenseitigkeitsgesellschaften, vor allem in den angelsächsischen Ländern, dafür entschieden, ihre ursprüngliche Rechtsform zugunsten einer Kapitalgesellschaft aufzugeben. Außerdem ist festzustellen, dass in jüngster Zeit Rechts- bzw. Verwaltungsvorschriften erlassen wurden, um die Zahl der Demutualisierungen zu begrenzen.

In vielen Fällen sind die durch Umwandlung der Rechtsform entstandenen Gesellschaften nach kurzer Zeit vom Markt verschwunden. Von den 13 Unternehmen, die ihre Umwandlung im Vereinigten Königreich vollzogen haben, konnten sich nur wenige vergrößern, und viele von ihnen wurden kurz nach ihrer Demutualisierung aufgekauft.

Die Gegenseitigkeitsgesellschaften, die auf solidarischen Werten gründen, gleichzeitig aber effiziente und wettbewerbsfähige Unternehmen sind, könnten nützliche Instrumente zur Verwirklichung der auf der Tagung des Europäischen Rates von Lissabon im März 2000 formulierten Ziele sein, nämlich ein dauerhaftes Wirtschaftswachstum mit mehr und besseren Arbeitsplätzen, um einen größeren sozialen Zusammenhalt anzustreben.

Der Zugang zu Wohnraum ist ein wesentliches Element im Kampf gegen soziale Ausgrenzung. Das Recht auf angemessenen Wohnraum ist in Artikel 34 Absatz 3 der Charta der Grundrechte der Europäischen Union verankert. Dennoch finden in der Europäischen Union viele Menschen mit sehr geringem Einkommen keine bezahlbare, hygienisch akzeptable Wohnung. Um diesem Zustand Abhilfe zu schaffen, haben sich Wohnungsbaugenossenschaften gebildet, doch sind die Wartelisten für angemessenen Wohnraum nach wie vor lang.

Unter der Voraussetzung, dass die Mitgliedstaaten die erforderlichen rechtlichen Rahmenbedingungen schaffen, könnten die auf dem Grundsatz des gemeinsamen Eigentums gegründeten Gegenseitigkeitsgesellschaften in diesem Bereich tätig werden und eine interessante Alternative für die Lösung des Wohnungsproblems darstellen.

Seit 1998 werden die Mitgliedstaaten über die nationalen Aktionspläne für Beschäftigung (NAP) dazu angehalten, Berichte über die im Bereich der Sozialwirtschaft ergriffenen Initiativen zum Pfeiler „Unternehmergeist" vorzulegen. In den Leitlinien für beschäftigungspolitische Maßnahmen der Mitgliedstaaten im Jahr 2002 werden die Mitgliedstaaten ausdrücklich dazu aufgefordert, „Maßnahmen zur Stärkung der Wettbewerbsfähigkeit und des Vermögens der Sozialwirtschaft, mehr und qualitativ hochwertigere Arbeitsplätze zu schaffen, zu fördern" (Leitlinie 11).

Es ist jedoch festzustellen, dass die Beschäftigungsberichte der Mitgliedstaaten nicht hinreichend auf die Gegenseitigkeitsgesellschaften eingehen. Das ist zumindest zum Teil dadurch zu erklären, dass einige Mitgliedstaaten keine Tradition im Bereich der Sozialwirtschaft haben und ihnen deren Bedeutung daher unbekannt ist. In den Leitlinien für die kommenden Jahre sollte deshalb der Begriff der Sozialwirtschaft definiert und seine Elemente (Gegenseitigkeitsgesellschaften, Genossenschaften, Vereine und Stiftungen) klargestellt werden.

Außerdem zeigt die Praxis, dass den Gegenseitigkeitsgesellschaften die Lebensqualität der Arbeitnehmer am Herzen liegt und sie ihnen (z. B. im Hinblick auf die Arbeitszeitregelung) flexiblere Arbeitsplätze bieten und dadurch einem größeren Personenkreis den Zugang zum Arbeitsmarkt ermöglichen.

In ihrem Grünbuch zu „Dienstleistungen von allgemeinem Interesse" unter-streicht die Kommission die entscheidende Rolle dieser Dienstleistungen bei der Erhöhung der Lebensqualität aller Bürger und betont die Notwendigkeit, den Interessen und Bedürfnissen der Verbraucher stärker Rechnung zu tragen.

Die Gegenseitigkeitsgesellschaft, die ihre Mitglieder und Nutzer am Leben der Gesellschaft beteiligt und somit dieselben Mitglieder und Nutzer in den Mittelpunkt ihrer Arbeit stellt, ist eine interessante Alternative zur Erbringung von Dienstleistungen von allgemeinem Interesse durch den Staat oder durch Gesellschaften, die die Interessen der Investoren in den Vordergrund stellen.

Der Gedanke, die Organisation natürlicher Monopole, insbesondere die Bewirtschaftung der Wasserversorgungs- und Abwasseraufbereitungs-Infrastrukturen Gegenseitigkeitsgesellschaften zu übertragen, kam in den 1980er Jahren im Vereinten Königreich während der Privatisierung der wichtigsten öffentlichen Versorgungsbetriebe für Strom, Wasser und Telekommunikation auf.

Die Entwicklung des Internet und der neuen Technologien im Allgemeinen hat die Kluft zwischen den sozialen Schichten vergrößert. Das Gegenseitigkeitsprinzip könnte nützlich sein, um hier Abhilfe zu schaffen. Die Einrichtung von Websites und die Vernetzung erfordern anfangs keine großen finanziellen Investitionen, was die Bürger dazu anregen könnte, ihre eigene Website einzurichten, eigene Kommunikationszentren in Form von „Technologie-Pools" durch Zusammenlegung einzelner Instrumente (Rechner, zur Verfügungstellung von Räumlichkeiten usw.) zu errichten. Gegenseitigkeitsgesellschaften für Kommunikation könnten den Austausch von Erfahrungen, Wissen und Kompetenzen fördern.

Als Zusammenschluss von Unternehmen des Handels und der Industrie, von Herstellern, Handwerkern und Handelsgesellschaften dient eine Bürgschaftsgesellschaft auf Gegenseitigkeit dazu, Garantien für ihre Mitglieder im Zusammenhang mit der Finanzierung ihrer beruflichen Tätigkeit zu übernehmen. Die Bürgschaftsgesellschaft auf Gegenseitigkeit tritt als Bürge gegenüber dem Darlehensgeber auf. An das Mitglied, für das sie die Bürgschaft übernimmt, fließen keine Mittel. Das betreffende Mitglied ist verpflichtet, das Darlehen zurückzuzahlen. Kommt es dieser Verpflichtung nicht nach, wird es aus der Gesellschaft ausgeschlossen. Im Fall einer Nicht-Rückzahlung trägt die Bürgschaftsgesellschaft auf Gegenseitigkeit die verbleibenden Kosten für das Darlehen aus dem Garantiefonds, in den alle Unternehmer, die Darlehen aufnehmen, einzahlen. Die Bürgschaftssysteme auf Gegenseitigkeit erleichtern den KMU, die keine ausreichenden persönlichen oder dinglichen Sicherheiten bieten, den Zugang zu Kapital. Die Form der Gegenseitigkeitsgesellschaft erscheint für diese Systeme besonders geeignet, da sie auf der Solidarität der Darlehen in Anspruch nehmenden Unternehmen beruhen.

Gemeinnützige Vereine und Stiftungen

Unter den drei Bereichen, aus denen sich die Sozialwirtschaft zusammensetzt – Genossenschaften, Gegenseitigkeitsgesellschaften und gemeinnützige Vereine – bereitet eine exakte Abgrenzung bzw. Definition der gemeinnützigen Vereine die bei weitem größten Probleme. Wenn man es auf den kleinsten Nenner bringt, so sind gemeinnützige Vereine einfach Gruppen von Personen, die zu einem bestimmten Zweck zusammengekommen sind. Am einen Ende des Spektrums verschmilzt die Welt der gemeinnützigen Vereine unmerklich mit dem alltäglichen Privat- und Familienleben; am anderen Ende finden sich einflussreiche Institutionen von enormer nationaler oder sogar internationaler Bedeutung wie z. B. Universitäten, Kliniken, Forschungs- und Kultureinrichtungen, die vielfach (irrtümlicherweise) für eindeutig „öffentliche" oder „staatliche" Körperschaften gehalten werden. Andere dagegen verfügen über Hunderte fest angestellter Mitarbeiter, Tausende von Freiwilligen und über einen Umsatz von mehreren Millionen ECU. Eine Vielzahl von gemeinnützigen Vereinen arbeitet in konventionellen Bereichen wie Sozialarbeit eng mit staatlichen Stellen zusammen, andere achten pedantisch auf ihre völlige Unabhängigkeit und befassen sich mit radikalen Sozialprogrammen oder „alternativen" Lebensweisen. Gewisse Einigkeit herrscht jedoch dahingehend, dass allen gemeinnützigen Vereinen folgende Merkmale in unterschiedlicher Ausprägung gemeinsam sind:

Sie unterscheiden sich von formlosen oder ad hoc gebildeten, rein privaten oder familiären Gruppierungen durch einen gewissen, wenn auch oft rudimentären Grad an Formalität oder Institutionalität.

Sie schütten keine Gewinne aus, d. h. ihr Zweck besteht nicht darin, Gewinne für ihre Führungskräfte oder Mitglieder zu erwirtschaften.

Sie sind unabhängig, insbesondere von staatlichen Stellen oder Behörden, d. h. sie genießen Selbstbestimmung nach ihren eigenen Regeln und Verfahren.

Sie müssen in einer Weise geführt werden, die häufig als „uneigennützig" bezeichnet wird. Damit soll nicht nur angedeutet werden, dass gemeinnützige Vereine selbst keine Gewinnerzielungsabsicht haben dürfen, sondern auch, dass die Vorstandsmitglieder ihre Tätigkeit nicht zum Zwecke der persönlichen Bereicherung ausüben sollten.

Sie müssen in gewissem Grade in der Öffentlichkeit tätig und ihre Tätigkeit muss zumindest teilweise auf das Gemeinwohl ausgerichtet sein.

Viele gemeinnützige Vereine und Stiftungen agieren natürlich landesweit oder sogar international. Die große Mehrheit jedoch ist regional oder örtlich tätig.

Ebenso wie gemeinnützige Vereine sind auch Stiftungen auf verblüffend vielen Gebieten aktiv. In einigen Ländern erhält die Stiftung sogar häufig den Vorzug bei Zielen, die anderswo in der Regel von gemeinnützigen Vereinen abgedeckt werden. Aus rechtlicher Sicht bilden Stiftungen jedoch eine homogenere Gruppe als gemeinnützige Vereine und gliedern sich lediglich nach: Stiftungen für im Wesentlichen private und für im wesentlichen öffentliche Zwecke. Auch hier konzentriert sich die Mitteilung auf Stiftungen mit gewissen öffentlichen Zielsetzungen (auch wenn es sich um private Körperschaften handelt). Im Rahmen dieser Mitteilung handelt es sich bei Stiftungen also um Körperschaften mit eigenen finanziellen Mitteln, die nach eigenem Ermessen für dem Gemeinwohl dienende Vorhaben oder Tätigkeiten verwendet werden. Sie sind vollkommen unabhängig von staatlichen Stellen oder Behörden und werden von eigenständigen Vorständen oder Treuhändern geführt.

Gemeinnützige Vereine und Stiftungen verfügen – obgleich sie einzeln zumeist recht klein sind – in ihrer Gesamtheit über beträchtliche Vermögenswerte. Zudem können sie umfangreiche Humanressourcen sowohl an bezahlten als auch an ehrenamtlichen Mitarbeitern mobilisieren. Wie andere Unternehmensformen, insbesondere kleine und mittlere Unternehmen, mit denen sie sich zumeist am genauesten vergleichen lassen, üben auch viele gemeinnützige Vereine und Stiftungen eine wirtschaftliche Tätigkeit im reinsten Sinne aus: Sie verkaufen Produkte, erbringen Dienstleistungen, für die sie bezahlt werden, und sie erzeugen Überschüsse, die sie dann reinvestieren.

Der Beitrag des Sektors zur Volkswirtschaft ist daher ganz und gar nicht unerheblich. Wie groß er ist, zeigten erst unlängst die Ergebnisse der ersten exakten komparativen Erhebung des Sektors in vier Mitgliedstaaten (Vereinigtes Königreich, Frankreich, Deutschland und Italien), die von der Johns Hopkins University Baltimore durchgeführt wurde. Diese Ergebnisse sind äußerst interessant.

Die Studie ergab folgendes: In Deutschland sind 3,7% aller Arbeitnehmer und 10% aller Arbeitnehmer des Dienstleistungsgewerbes in diesem Sektor beschäftigt, d. h. nicht weniger als eine Million. Eine besonders große Rolle spielt der nichterwerbswirtschaftliche Sektor im Gesundheitswesen. Hier entfallen 40% der Pflegetage im Krankenhaus und 60% der stationären Einrichtungen auf ihn. In Frankreich sind 4,2% der Beschäftigten bzw. über 10% der Arbeitnehmer des Dienstleistungsgewerbes im Sektor tätig, alles in allem 800.000 Personen. Organisationen ohne Erwerbszweck kümmern sich um mehr als die Hälfte der stationär betreuten Personen und um etwa 20% der Grund- und Sekundarschüler. Besonders aktiv sind sie im Bereich der Sozialdienste sowie im Sport, wo 80% der Sporttreibenden gemeinnützigen Clubs angehören.

In Italien umfasst der Sektor fast 2% aller Beschäftigten bzw. über 5% der Arbeitnehmer im Dienstleistungsgewerbe. Insgesamt beschäftigt der Sektor, besonders im Bereich Sozialdienste, ca. 400.000 Personen. Von Organisationen ohne Erwerbscharakter werden 20% der Kindergärten und über 40% der stationären Einrichtungen geführt.

Im Vereinigten Königreich entfallen 4% aller Beschäftigten bzw. über 9% der Beschäftigten im Dienstleistungsgewerbe auf den Sektor, insgesamt etwa 900.000 Personen. Eine vorrangige Stellung nimmt er in der Forschung und im Bildungswesen ein. So werden sämtliche Colleges sowie 22% der Grundschulen von Organisationen ohne Erwerbszweck geleitet.

Die Ausgaben des Sektors beliefen sich in allen vier Ländern zusammen auf immerhin 127 Mrd. ECU (17 Mrd. in Italien, 31,3 Mrd. in Frankreich, 36,6 Mrd. im Vereinigten Königreich und 42,2 Mrd. in Deutschland). Nicht weniger beeindruckend sind die Zahlen für den Anteil der Betriebsaufwendungen von Organisationen ohne Erwerbszweck am jeweiligen Bruttosozialprodukt: 2% in Italien, 3,3% in Frankreich, 3,6% in Deutschland und 4,8% im Vereinigten Königreich. Am interessantesten wird es, wenn man das Beschäftigungswachstum betrachtet. Im Rahmen der Untersuchung wurde – zumindest für Frankreich und Deutschland, wo die entsprechenden Zahlen vorlagen – festgestellt, dass der Sektor im Zeitraum von 1980 bis 1990 höchst beschäftigungswirksam war; jeder siebente neue Arbeitsplatz in Frankreich und jeder achte oder neunte Arbeitsplatz in Deutschland wurde im gemeinnützigen Sektor geschaffen. Diese Erkenntnis ist in der Tat äußerst signifikant.

Selbstverständlich kommen diese Zahlen angesichts der Zuwächse des Sektors und der wahrscheinlich dafür verantwortlichen Gründe nicht völlig überraschend. Einige dieser Gründe sind bzw. waren möglicherweise historischer Art oder auf bestimmte Mitgliedstaaten bezogen. Andere Faktoren jedoch – so die Wahrnehmung neuer Bedürfnisse und die Entwicklung neuer sozialer Betätigungsfelder sowie vor allem die Neigung staatlicher Stellen, gemeinnützige Vereine und Stiftungen für die Erbringung von Dienstleistungen zu gewinnen, die diese

Stellen ursprünglich selbst ins Leben gerufen und bereitgestellt haben – nahmen in der gesamten Gemeinschaft zu.

Derartige politische Entwicklungen verliefen jedoch nicht in allen Mitgliedstaaten gleichmäßig. Der Umfang, in dem sie durch klare verfassungs- und verwaltungsrechtliche Veränderungen mit dem Ziel, die Einbeziehung von gemeinnützigen Vereinen und Stiftungen zu fördern, begleitet wurden, war unterschiedlich.

Das Zahlenmaterial zeigt deutlich, dass sich der Sektor als fähig erwiesen hat, sich neue Möglichkeiten zu erschließen und dabei nicht nur einfach einen Beitrag zur Verbesserung der Lebensqualität, sondern auch in hohem Maße zur Entwicklung des Arbeitsmarkts und des Wirtschaftswachstums zu leisten. Aus diesem Grunde sollte er angeregt werden, beim Bemühen um die Schaffung von Arbeitsplätzen eine größere Rolle zu spielen, wie im "Beschäftigungspakt" dargelegt, beispielsweise im Rahmen lokaler Beschäftigungsinitiativen.

Überall engagiert sich eine Großzahl von gemeinnützigen Vereinen und Stiftungen in der Ausbildung und Umschulung von Arbeitslosen, zuweilen als Träger staatlicher Programme, oftmals aber auch von sich aus, und erbringen Leistungen für die Benachteiligten der Gesellschaft – für Behinderte, gefährdete Jugendliche, für jene, die aus dem einen oder anderen Grunde nicht auf dem Arbeitsmarkt Fuß fassen konnten.

Gemeinnützige Vereine und Stiftungen sind auch ein Ort der Ausbildung für zahlreiche Freiwillige, von denen viele später aufgrund der so erworbenen Erfahrungen und Kenntnisse eine Stelle auf dem normalen Arbeitsmarkt finden. Außerdem bildet Freiwilligendienst für viele eine unschätzbare Möglichkeit, in einer Zeit weiter am Arbeitsleben teilzunehmen, in der es – besonders für Langzeitarbeitslose – sehr schwer ist, einen Arbeitsrhythmus aufrechtzuerhalten.

Der gemeinnützige Sektor bietet auch die Gelegenheit zu bereichernden Erfahrungen, die zum Erwerb sozialer Fähigkeiten führen, die Beschäftigungsfähigkeit erhöhen und darüber hinaus das Gefühl von Zugehörigkeit und Bürgersinn bei jungen Leuten stärken. Der Europäische Freiwilligendienst widmet sich dieser Aufgabe und bietet eine lehrreiche Erfahrung auf der Basis einer aktiven Beteiligung junger Leute an lokalen Projekten. Der Freiwilligendienst ist auch sehr wichtig für Rentner, die nach Möglichkeiten suchen, ihre über ein ganzes Leben erworbenen Fähigkeiten weiter einzusetzen.

Probleme und Herausforderungen

Gemeinnützige Vereine und Stiftungen arbeiten unter erheblichem Druck und in einem sich ständig ändernden Umfeld. Manche Einrichtungen übernehmen Dienstleistungen, die vorher von staatlichen Stellen erbracht wurden. Bei der Erbringung dieser neuen Dienstleistungen steht der Sektor jedoch vor ganz konkreten Problemen und Herausforderungen. Einrichtungen, die traditionell die Dienstleistungen staatlicher Stellen unterstützten, müssen diese Dienstleistungen mit einem Mal selbst erbringen. Das kann eine völlig neue Personalbesetzung, neue Managementstrukturen und -erfordernisse, eine völlig andere Finanzierung der Einrichtung, eine andere Art der Zusammenarbeit mit den staatlichen Stellen sowie mit anderen gemeinnützigen Vereinen und Stiftungen zur Folge haben. Wie wird die Einrichtung jetzt finanziert? Werden die staatlichen Stellen Mittel in Form von langfristigen Fördermitteln oder kurzfristigen Verträgen bereitstellen, – ist die Finanzierung überhaupt ausreichend gesichert? Wird die Einrichtung in zunehmendem Maße die Öffentlichkeit (einzelne Bürger) oder den Unternehmenssektor um Unterstützung angehen können? Eine solche Veränderung kann auch ein intensives Umdenken im Hinblick auf die Zielsetzung eines Vereins oder einer Stiftung erforderlich machen. Sollte etwa ein Verein, der zur Förderung der Interessen spezifischer Bevölkerungsgruppen (Menschen mit Behinderungen, sozial ausgegrenzte Menschen, ethnische Minderheiten usw.) und zur Erbringung von unterstützenden Dienstleistungen ins Leben gerufen wurde, plötzlich die Hauptdienstleistung selbst übernehmen müssen?

Alle diese Aspekte wirken sich stark auf die Finanzierung und Ausbildung solcher Einrichtungen aus. Den staatlichen Stellen sollte daher klar sein, dass gemeinnützige Vereine und Stiftungen Mittel und Zeit brauchen, um sich an die veränderten Bedürfnisse anpassen zu können.

Obwohl sich staatliche Stellen bei der Erfüllung der verschiedensten Aufgaben immer mehr auf Vereine und Stiftungen stützen, haben sie sich bisher noch nicht generell zu ihrer Verantwortung bekannt, die bestmöglichen Ausgangsbedingungen für den Sektor zu schaffen, damit er seinen Beitrag zum Gemeinwohl leisten kann. Infolgedessen operiert der Sektor als solcher in vielen Mitgliedstaaten – zumindest strategisch gesehen – in einem politischen Vakuum. Ohne eine in sich schlüssige staatliche Rahmenpolitik konnte er bisher seinen Anteil an der Lösung der anstehenden Probleme nicht in dem potenziell durchaus möglichen Umfang übernehmen.

Eines der größten Probleme für die politischen Entscheidungsträger besteht in dem beträchtlichen Mangel an Informationen über den Sektor. Die politischen Entscheidungsprozesse werden in erheblichem Maße auch durch die Verwaltungsstrukturen selbst und insbesondere durch die Neigung der staatlichen Stellen beeinträchtigt, Vereine und Stiftungen als Dienstleistungserbringer für bestimmte Zielgruppen und als Ansprechpartner für bestimmte Sachbereiche zu betrachten. So haben Dienststellen für soziale Leistungen Kontakte mit Einrichtungen, die solche Leistungen erbringen, Umweltdienststellen mit Umweltorganisationen usw. Im Lauf der Zeit erwerben solche Dienststellen und ihre Mitarbeiter oft umfassende und detaillierte Kenntnisse über die Einrichtungen, mit denen sie jeweils zusammenarbeiten. Innerhalb der staatlichen Verwaltung als Ganzes bleiben solche Kenntnisse einzelner Dienststellen jedoch fragmentarisch, und die Behörden erwerben nur in seltenen Fällen einen Überblick über den gesamten Sektor, über seine Bedürfnisse oder seine wesentlichen Entwicklungstrends.

Fragen und Themen für Diskussionen

1. Welches sind die unterschiedlichen Ausgangspunkte, von denen aus eine Ausdehnung des „Dritten Sektors" heute wünschenswert erscheinen kann?
2. Beschreiben Sie die Kritik von Gewerkschaftsvertretern am Vordringen von Organisationen des „dritten Sektors".
3. Welche Bedenken können Unternehmer gegen die Förderung von Beschäftigungsprojekten für Langzeitarbeitslose anführen?
4. Inwieweit kann man die Auslagerung von Pflegeleistungen in Organisationen, die mit Freiwilligenarbeit tätig sind auch als „Aushöhlung des Sozialstaats" bezeichnen, und was wären darauf die Gegenargumente?
5. Sind Genossenschaften wegen ihrer Größe eigentlich noch Selbsthilfeorganisationen?
6. Genossenschaften werden als altmodisch und veraltet angesehen. Wie sieht es mit ihrem Zukunftspotenzial aus?
7. Genossenschaften weisen in Deutschland und anderen Ländern eine enorm hohe Gesamtanzahl von Mitgliedern auf, mehr als z. B. die Aktiengesellschaften an Aktionären. Sind sie damit die erfolgreichste Beteiligungsform?
8. Wie verträgt sich das Konzept einer Sozialgenossenschaft mit den Genossenschaftsprinzipien der wirtschaftlichen Förderung und der Selbsthilfe?
9. Lassen sich Sozialgenossenschaften auch als gemeinnützige Fremdhilfeorganisationen konstruieren?

Zitate

„Kaum jemand weiß, dass der gemeinnützige Sektor in den Vereinigten Staaten der bei weitem größte Arbeitgeber ist. Jeder zweite Erwachsene – insgesamt über 80 Millionen Menschen – arbeitet durchschnittlich knapp fünf Stunden pro Woche als Freiwilliger für eine oder mehrere Einrichtungen ohne Gewinnzweck. Dies entspricht zehn Millionen Vollzeitbeschäftigungen. Würde all diesen Freiwilligen der Mindestlohn bezahlt, so würden sie insgesamt 150 Milliarden US-Dollar verdienen, was fünf Prozent des amerikanischen Bruttosozialprodukts entspricht."

Peter F. Drucker (2005a: 59)

„A major cause of the nonprofit sector's invisibility is conceptual, even semantic. Business and commerce are clear, strong, no-nonsense words and ideas, as American as the flag. Government and politics have been a national fixation for nearly four centuries. There is no such semantic clarity and conceptual strength about the nonprofit sector. Its descriptors are negative, complicated, verbally boring. Its public image is weak, diffuse, inconsistent."

Michael O'Neill (1989: 169)

„The real answer to the question "Who takes care of the social challenges of the knowledge society?" is neither "the government" nor "the employing organization". It is a separate and new social sector. Government has proved incompetent at solving social problems. The nonprofits spend far less for results than governments spend for failures."

Peter F. Drucker (2005b: 197)

„So ist ein SÖB [sozial-ökonomischer Betrieb; JWK] beispielsweise in der Gestaltung der Arbeitsbedingungen und im Hinblick auf seine Humanressourcen gefordert, zwei unterschiedliche Ansprüche zu erfüllen. Die Qualifkationsanforderungen und Tätigkeitsspektren müssen nicht nur im Hinblick auf die Produktion und Produktivität, sondern vor allem auch im Hinblick auf die Bedarfe der Klienten ausgewählt werden. Üblicherweise ist des weiteren jeder Betrieb darum bemüht, jene Mitarbeiter, die sich bewähren, möglichst auch längerfristig zu halten. In einem SÖB trifft für den Mitarbeiteranteil der TAK [Transitarbeitskräfte = Langzeitarbeitslose Menschen; JWK] genau das Geneteil zu – je schneller und höher die Qualifizierungsfortschritte eines Klienten, desto kürzer ist er in der Regel im SÖB beschäftigt, da er vermittelt wird. Eine solche Ausrichtung wäre für ein kommerzielles Unternehmen, welches quasi seine besten Mitarbeiter laufend auszugliedern versucht, extrem kontraproduktiv."

Rainer Loidl-Keil (2002: 351)

„1. Armut läßt sich plausibel als Mangel an Verwirklichungschancen deuten; die These konzentriert sich – im Gegensatz zum bloß instrumentell bedeutsamen niedrigen Einkommen – auf einen intrinsisch bedeutsamen Mangel.

2. Mangel an Verwirklichungschancen und damit reale Armut werden noch von anderen Faktoren als einem niedrigen Einkommen beeinflußt. (Das Einkommen ist nicht das einzige Instrument, um Verwirklichungschancen zu schaffen.)

3. Die instrumentelle Beziehung zwischen niedrigem Einkommen und geringen Verwirklichungschancen ist variabel. Je nach Gesellschaft, Familie und Individuum kann sie verschieden ausfallen (die Auswirkung des Einkommens auf Verwirklichungschancen ist kontingent und von den Umständen abhängig)."

Amartya Sen (2000: 110)

„Bei theoretischen Erkenntnissen über den Nonprofit Sektor lassen sich im wesentlichen zwei Hauptzugänge unterscheiden. Ein erster Zugang versucht die Rolle von NPOs grundsätzlich zu beschreiben, also die Frage zu beantworten, warum NPOs existieren und wie sie sich im Zeitablauf verändern. Theoretische Aussagen dieser Art können über eine Volkswirtschaft insgesamt oder über einzelne Teilbereiche (z. B. Branchen) einer Wirtschaft aufgestellt werden. Ihr Erklärungsgehalt steigt, wenn sie auch auf unterschiedliche regionale Gegebenheiten Bezug nehmen können und mit geschichtlichen Entwicklungen konsistent sind.

Ein zweiter theoretischer Zugang versucht das Verhalten von NPOs zu erklären. Im Vordergrund dieser Theorien stehen Aussagen über die Zielvorstellungen, über Restriktionen und Entscheidungen von NPOs und ihrer Repräsentanten. Verhaltenstheorien führen zu prognosefähigen Aussagen über die Ergebnisse des Handelns von NPOs."

Christoph Badelt (1999: 102f)

„However, the fact that the contents of the Economie Sociale remains somewhat unclear, is not a proof that it does not exist. Even though its opponents see the enterprises of Economie Sociale as a marginal group as compared to the economic weight of the mainstream commercial firms, Economie Sociale has become a factor to reckon with in the discussions on economic reforms in France and into the European Union."

Hans-H. Münkner (1994: 301)

„Mit 8.7 Millionen Vollzeitarbeitskräften, das heißt 6.4% der zivilen Beschäftigten (im EU-Europa), weist der dritte Sektor eine enorme Divergenz auf zwischen seiner objektiven Bedeutung und dem Interesse, das ihm seitens der Regierungen gewidmet wird. Das ist normal. Seine Definition beruht auf ideologischen Vorstellungen (Solidarität, Demokratie, Bedarfsdeckung...) welche die materialistische Strömung heute nicht mehr hören will. Daher ein „strategischer? – Rückzug auf negative Definitionen („was weder zum öffentlichen noch zum privaten Sektor im engeren Sinn gehört") oder auf statutarische („die Genossenschaften, Wechselseitigkeitsvereinigungen, Vereine und Stiftungen"). Dennoch fehlt es dem „Dritten Sektor" nicht an Argumenten: ein Beschäftigungswachstum, das viermal so hoch ist wie in der traditionellen Privatwirtschaft, die Fähigkeit, lokale Ressourcen zu mobilisieren und nicht gestillte Bedürfnisse zu befriedigen, ein bedeutender Beitrag zu den Anstrengungen, die Beschäftigung anzupassen, Chancengleichheit, Beschäftigbarkeit und größeren sozialen Zusammenhalt herbeizuführen etc."

Pierre Verbeeren/Toby Johnson (1999: 5) aus dem Französischen [RS]

„In der Stadt Heidelberg ... gibt es zwei Beschäftigungsgesellschaften, „Die Werkstatt" und „Die Heidelberger Dienste". Ihre Arbeit hat sich so gut durchgesetzt, daß die Kommune ihnen bei öffentlichen Ausschreibungen oft den Vorrang gibt. Daraus hat sich ein Streit zwischen den Beschäftigungsgesellschaften und dem örtlichen Handwerk entwickelt." So argumentiert zum Beispiel Leopold Übelhoer, Geschäftsführer der Kreishandwerksschaft in Heidelberg: „Pro 100.000 DM (50.000 Euros) Auftragssumme, die dem Handwerk entgehen, geht ein Arbeitsplatz bei uns verloren. Für eine faire Konkurrenz soll die Ausgangslage ähnlich sein, ansonsten gibt es Wettbewerbsverzerrung. Wir fordern deswegen die Beschäftigungsgesellschaften dazu auf, zu beweisen, wie hoch der Grad des Nachteils bei ihrer Resozialisierungsarbeit ist. Die Subventionen sollen einen reinen Nachteilsausgleich und doch nicht per Saldo einen Vorteil bringen. ... Unsere Betriebe haben zwar keine Zeit, um

Langzeitarbeitslose einzugliedern. Aber warum wählen die Beschäftigungsgesellschaften nicht andere Felder als unsere? Im sozialen Bereich gibt es bestimmt vieles zu tun.""

Geneviève Hesse (1999a: 18f)

„Sozialunternehmen bemühen sich häufig, nur in Bereichen aktiv zu sein, in denen sich keine privaten Unternehmen etabliert haben. Dennoch sind Überschneidungen nicht immer zu vermeiden, vor allem dann, wenn Sozialunternehmen Dauerarbeitsplätze für Benachteiligte schaffen wollen. Das gelingt nur, wenn sie einen Markt finden. Wenn Beschäftigte unter den üblichen Tarifen bezahlt werden – was allerdings nicht nur in Sozialunternehmen vorkommt – oder mit freiwilligem Engagement ihr Unternehmen unterstützen, können manchmal Sozialunternehmen günstigere Preise als die private Konkurrenz anbieten. Tauschringe sind ein weiteres Beispiel aus dem Dritten System, das die kleinen örtlichen Privatunternehmen irritieren können. Dennoch werden oft aus Mücken Elefanten gemacht. Denn der Anteil von solchen Beispielen an der ganzen Wirtschaft bleibt sehr gering."

Geneviève Hesse (1999a: 19)

„Many european experiences of savings and financing on solidarity already exist. Banca Popolare Etica, a formally ordinary bank (under the control of Italian Central Bank) which finances only solidarity projects, is the most interesting among them. What is the result? More than 14.000 associates with 8.5 millions Euro share capital and 22 millions EURO of savings.

Carlotta Jesi (1999: 22)

„Daß das Doppelspiel und die Usurpation der Macht sozusagen in aller Unschuld und Aufrichtigkeit klappen, liegt darin begründet, daß häufig die Interessen der Mandatsträger und die der Mandanten sich weitgehend decken, so daß der Beauftragte selbst glauben wie die anderen glauben machen kann, daß es keine andere Interessen als die seiner Auftraggeber gibt."

Pierre Bourdieu (1992: 187)

„Da gibt es Posten, Privilegien, und die Leute ergreifen sie; weit entfernt, sich dafür schuldig zu fühlen, werden sie, darauf angesprochen, antworten, daß sie den Posten nicht etwa für sich persönlich ergreifen, sondern um der Partei oder der Sache willen; und sie werden auf den grundsatz verwiesen, daß man schließlich einen Posten, den man einmal erkämpft hat, nicht freiwillig aufgibt. Und am Ende wird es ihnen sogar gelingen, ethische Vorbehalte gegen die Machtergreifung als schuldhaften Absentismus oder als Dissidenz anzuschwärzen."

Pierre Bourdieu (1992: 192)

„Für das konservative Lager bietet das dritte System eine ideale Lösung gegen die Arbeitslosigkeit, weil Bürger freiwillig bereit sind, für gemeinnützige Zwecke mit wenig Geld und trotzdem mit großer Motivation zu arbeiten. In Zeiten leerer öffentlicher Kassen kommt es dem Staat außerdem gerade zupaß, wenn die Erledingung von Wohlfahrtsleistungen mit geringerer Bezahlung durchgeführt werden kann"

Geneviève Hesse (1999b: 33)

„In 1997, a special provision was incorporated in the law on social services, which instructs the municipalities and the councils to co-operate with voluntary social organisations in the provision of social services. However, this law has in some cases led to situations for instance in the home help area, where volunteers feel forced to do personal nursing of elderly, formerly provided by the public, local authorities. In this manner, the public sector can treat the volunteers as unpaid employees and is consequently able to reduce the different authorities' costs in delivering the home help services."

Marianna Lubanski Sager/MetteR. Larsen (1999: 37)

„Die Freiwilligenagenturen übernehmen eine Betreuung, die eigentlich den Arbeitsämtern zusteht. ... Sie können aber kein klassisches Beschäftigungspro-gramm sein, sondern wollen neue Arbeitswerte vertreten"

Gerd Mutz zitiert nach Hesse (1999c: 65)

„... es gibt einen hohen Prozentsatz von Langzeitarbeitslosen, denen zu Hause die Decke auf den Kopf fällt. Nach mehreren Jahren Arbeitslosigkeit wollen sie wieder aktiv werden, Kontakte knüpfen, etwas Sinnvolles tun. Sie haben es für sich selbst einfach dringend nötig, überhaupt wieder tätig zu werden – auch wenn sie dafür nicht bezahlt werden."

Nicole Marcus im Interview mit Geneviève Hesse (1999d: 66)

Interessante Websites

http://www.coop.org/
   (International Co-operative Alliance – ICA)
http://www.co-operativebank.co.uk
   (Cooperative Bank – UK)
http://www.triodos.nl
   (Triodos Bank (NL))
http://www.abs.ch
   („Alternative Bank" (CH))
http://europa.eu.int/comm/enterprise/entrepreneurship/coop
   (Europa Social Economy)
http://www.artslap.fi/projektit/netcis/
   (New Employment Trends in the Creative Industries Sector)
http://www.aries.eu.int
   (ARIES – European Social Economy)
http://www.inaise.org
   (Association of Investors in the Social economy)
http://www.sepgb.co.uk
   (Social Enterprise Partnership)
http://www.febisp.be
   (Réseau europeen des villes et regions pour l'economie sociale – REVES)

Weiterführende Literatur

Anheier, Helmut K. (ed.) (2000): Social Services in Europe. Annotated Bibliography, [Observatorium für die Entwicklung der sozialen Dienste in Europa/Observatory for the Development of Social Services in Europe] Frankfurt am Main 2000.

Anheier, Helmut K./**Priller**, Eckhard/**Seibel**, Wolfgang/**Zimmer**, Annette (Hrsg.) (1997): Der Dritte Sektor in Deutschland. Organisationen zwischen Staat und Markt im gesellschaftlichen Wandel, [edition sigma rainer bohn] Berlin 1997.

Anheier, Helmut K./**Then**, Volker (Hrsg.) (2004): Zwischen Eigennutz und Gemeinwohl. Neue Formen und Wege der Gemeinnützigkeit, [Bertelsmann Stiftung] Gütersloh 2004.

Badelt, Christoph (1999): Zwischen Marktversagen und Staatsversagen? Nonprofit Organisationen aus sozioökonomischer Sicht, in: Christoph Badelt unter Mitarbeit von Werner Bachstein (Hrsg.): Handbuch der Nonprofit Organisation. Strukturen und Management, 2. Aufl., [Schäffer-Poeschel] Stuttgart 1999, S. 97-118.

Bourdieu, Pierre (1992): Delegation und politischer Fetischismus, in: Pierre Bourdieu: Rede und Antwort, [Suhrkamp] Frankfurt am Main 1992, S. 174-192.

Drucker, Peter F. (2005a): Die gemeinnützige Einrichtung als Lehrmeister des Unternehmens, in: Peter F. Drucker: Was ist Management? Das Beste aus fünfzig Jahren, 3. Aufl, [Econ] Berlin 2005, S. 59-72.

Drucker, Peter F. with Joseph A. **Maciariello** (2005b): The Daily Drucker. 366 Days of Insight and Motivation for Getting the Right Things Done, [Elsevier Butterworth-Heinemann] Oxford 2005.

Gassler, Robert Scott (1986): The economics of nonprofit enterprise. A study in applied economic theory, [University Press of America] Lanham u. a. 1986.

Hesse, Geneviève (1999a): Eine „unfaire" Konkurrenz für den Markt? Is the competition with private companies really unfair? "Concurrence déloyale": mot d'ordre ou réalité?, in: Pierre Verbeeren et al. (eds.): The Third System in Europe as seen by specialist journalists/Regards journalistiques sur le Troisieme systeme, [Agence Alter] Brüssel 1999, S. 18-19.

Hesse, Geneviève (1999b): Ausrede um Löhne zu senken und den Staat zu entlasten. Une excuse pour réduire les salaires et alléger l'État? A way to reduce wages and reduce public costs, in: Pierre Verbeeren et al. (eds.): The Third System in Europe as seen by specialist journalists/Regards journalistiques sur le Troisieme systeme, [Agence Alter] Brüssel 1999, S. 33-34.

Hesse, Geneviève (1999c): Wenn Arbeitslose ehrenamtlich arbeiten... Quand les chômeurs travaillent bénévolement... When unemployed people work as volunteers..., in: Pierre Verbeeren et al. (eds.): The Third System in Europe as seen by specialist journalists/Regards journalistiques sur le Troisieme systeme, [Agence Alter] Brüssel 1999, S. 64-65.

Hesse, Geneviève (1999d): Freiwilligenarbeit: in erster Linie für sich selbst – Interview mit Nicole Marcus von der Freiwilligenagentur Halle/Saalkreis e. V., in: Pierre Verbeeren et al. (eds.): The Third System in Europe as seen by specialist journalists/Regards journalistiques sur le Troisieme systeme, [Agence Alter] Brüssel 1999, S. 66-67.

Hodgkinson, Virginia Ann (1989): The future of the nonprofit sector. Challenges, changes, and policy considerations, [Jossey-Bass] San Francisco u. a. 1989.

James, Estelle Dinerstein/**Rose-Ackerman**, Susan (1986): The nonprofit enterprise in market economics, [Harwood] Chur u. a. 1986.

Jesi, Carlotta (1999): Verso la finanza etica. Vers une finance plus éthique? Towards a more ethical finance?, in: Pierre Verbeeren et al. (eds.): The Third System in Europe as seen by specialist journalists/Regards journalistiques sur le Troisieme systeme, [Agence Alter] Brüssel 1999, S. 21-24.

Loidl-Keil, Rainer (2002): Soziales Unternehmertum in Österreich, in: Reinbert Schauer/Robert Purtschert/Dieter Witt (Hrsg.): Nonprofit-Organisationen und gesellschaftliche Entwicklung: Spannungsfeld zwischen Mission und Ökonomie. 5. Colloquium der NPO-Forscher im deutschsprachigen Raum, [Rudolf Trauner Verlag] Linz 2002, S. 341-354.

Lubanski Sager, Marianna/**Larsen**, Mette R. (1999): The Third sector's future role. Prendre en charge l'urgence et refuser la responsabilité collective, in: Pierre Verbeeren et al. (eds.): The Third System in Europe as seen by specialist journalists/Regards journalistiques sur le Troisieme systeme, [Agence Alter] Brüssel 1999, S. 37-38.

Münkner, Hans-H. (1994): Panorama of cooperatives, mutuals and associations in Germany, which do not consider themselves as forming a sector of "Economie Sociale", in: Annales de l'économie publique, sociale et cooperative, Band 65, Heft 2, 994, S. 301-331.

O'Neill, Michael (1989): The third America. The emergence of the nonprofit sector in the United States, [Jossey-Bass] San Francisco u. a. 1989.

Priller, Eckhard/**Zimmer**, Annette (Hrsg.) (2001): Der dritte Sektor international. Mehr Markt – weniger Staat?, [edition sigma rainer bohn] Berlin 2001.

Sen, Amartya (2000): Ökonomie für den Menschen. Wege zu Gerechtigkeit und Solidarität in der Marktwirtschaft, [Carl Hanser] München 2000.

Strachwitz, Rupert (1995): Der zweite und der dritte Sektor. Was heißt Corporate Community Investment?, [Maecenata-Verlag] München 1995.

Verbeeren, Pierre/**Johnson**, Toby (1999): Dix millions de travailleurs. History and figures as cornerstones of development, in: Pierre Verbeeren et al. (eds.): The Third System in Europe as seen by specialist journalists/Regards journalistiques sur le Troisieme systeme, [Agence Alter] Brüssel 1999, S. 5-8.

Zimmer, Annette/**Stecker**, Christina (Hrsg.) (2004): Strategy mix for nonprofit organisations. Vehicles for social and labour market integration, [Kluwer Academic/Plenum Publishers] New York 2004.

Kapitel 6: Heute in aller Munde – der Nonprofit-Bereich

Ziele in Nonprofit-Organisationen – konstitutioneller Rahmen – institutioneller Rahmen

Dass Nonprofit-Organisationen seit einiger Zeit in aller Munde sind, liegt an einigen Besonderheiten. Zum einen erbringen sie eine nahezu unüberschaubar große Zahl von Dienstleistungen und sind daher bedeutsam für ihre vielen Nutzer, zum anderen weisen sie gerade im Vergleich mit gewinnorientierten Unternehmen einige Besonderheiten auf, die eine intensivere Beschäftigung mit ihnen erforderlich macht. Denn gerade innerhalb der betriebswirtschaftlichen Theorie bzw. der kaufmännischen Praxis besteht zwischenzeitlich die Neigung, sich ausschließlich auf kommerziell ausgerichtete Organisationen zu konzentrieren bzw. deren Merkmale absolut zu setzen.

So steht am Anfang die Frage, was Nonprofit-Organisationen eigentlich sind bzw. anhand welcher Merkmale man sie erkennt. Konzeptionell lassen sie sich anhand von parallel erfüllten Kriterien erkennen (Badelt 1999: 8-9):

- Mindestmaß an formalem Aufbau,
- private Organisation,
- keine Ausschüttung von Gewinnen an Eigentümer und/oder Mitglieder
- Mindestmaß an Selbstverwaltung und Entscheidungsautonomie
- Mindestmaß an Freiwilligkeit.

Diese fünf Kriterien sind aber keineswegs unstrittig. So ist beispielsweise die Frage der privaten Organisation durchaus offen für unterschiedliche Sichtweisen. Die Frage, ob beispielsweise ein kommunales Krankenhaus in der Rechtsform einer GmbH mit dem Ziel der Kostendeckung eine Nonprofit-Organisation darstellt oder nicht, findet durchaus unterschiedliche Antworten.

Auch die Frage, ob eine Genossenschaft eine Nonprofit-Organisation darstellt, ist keineswegs endgültig geklärt. Denn nach deutschem oder österreichischem Genossenschaftsgesetz dürfen Genossenschaften nicht nur Gewinne an ihre Mitglieder ausschütten, sondern tun dies auch. Dessen ungeachtet ist in Gesetz und Satzungen festgelegt, dass die vorrangige Aufgabe einer Genossenschaft nicht die Erwirtschaftung eines Gewinnes ist, sondern die Förderung der Mitglieder durch die Erbringung von Leistungen.

Derartige Probleme sollen an dieser Stelle nicht weiter vertieft werden, sondern lediglich signalisieren, dass der Begriff der Nonprofit-Organisation keineswegs abschließend geklärt ist und im Gegenteil durchaus offen für unterschiedliche inhaltliche „Auffüllungen".

Ziele in Nonprofit-Organisationen

Nonprofit-Organisationen verfügen zumindest tendenziell über ein Führungssystem, das dem von Unternehmen entspricht. Denn grundsätzlich sind in Nonprofit-Organisationen ähnliche Aufgaben zu erledigen – und diese erfordern ähnliche Strukturen (vgl. Abbildung 6.1).

Abbildung 6.1: Teilsysteme des Führungssystems

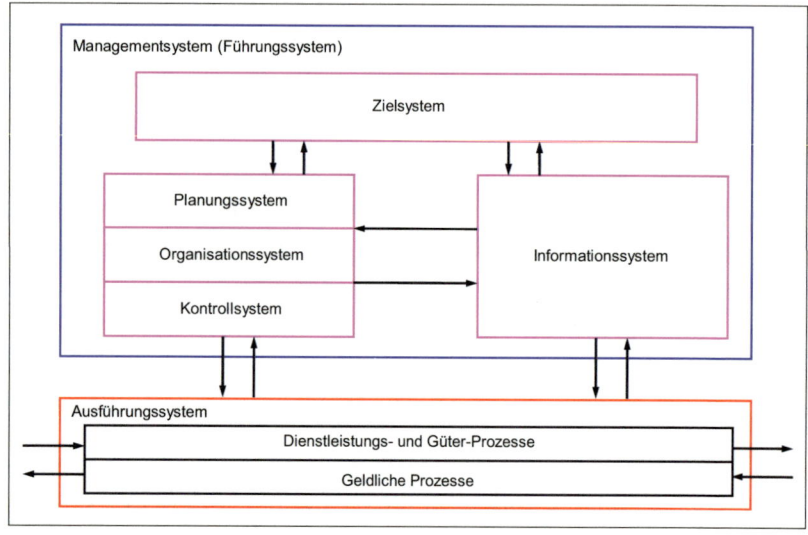

Quelle: In Anlehnung an Peters/Brühl/Stelling (2000: 20).

Es muss geplant, organisiert und kontrolliert werden, Informationsübermittlung ist erforderlich, Leistungen müssen erbracht und abgesetzt und die erforderlichen Finanzmittel müssen beschafft werden. Zwar ergeben sich dabei durchaus einige Besonderheiten, auf die im nächsten Kapitel eingegangen werden soll, aber die Grundstruktur ist durchaus ähnlich.

Der schwerwiegendste Unterschied liegt hingegen im Zielsystem, denn sowohl For-Profit als auch Not-For-Profit Organisationen müssen sich zwar über ihre Ziele klar werden, aber die Ziele selbst weichen erheblich voneinander ab. So lassen sich drei grundsätzliche Bereiche innerhalb des Zielsystems unterscheiden:

1) Langfristiger Substanzerhalt
2) Finanzwirtschaftliche Ziele
   - Gewinn und Rentabilität

- Wirtschaftlichkeit und Produktivität
- Liquidität

3) Leistungswirtschaftliche Ziele
- Sicherung des Leistungspotentials
- Sicherstellungsauftrag / Förderauftrag / Mission

Während der langfristige Substanzerhalt grundsätzlich für alle Organisationen Bedingung ist, können finanz- und leistungswirtschaftliche Ziele durchaus im Konflikt zueinander stehen. Während kommerziell ausgerichtete Unternehmen dann tendenziell die leistungswirtschaftlichen Ziele höher gewichten – und dabei insbesondere den Gewinn – stehen bei Nonprofit-Organisationen ggf. die leistungswirtschaftlichen Ziele im Vordergrund. Die finanzwirtschaftlichen Erfordernisse erhalten dann die Bedeutung einer streng einzuhaltenden Nebenbedingung, während der primäre Fokus an anderer Stelle liegt.

Die Festlegung der Ziele ist originäre Aufgabe der Eigentümer bzw. der Mitgliedergesamtheit der Nonprofit-Organisation – bzw. der von ihnen beauftragten Führungspersonen. In diesem Zusammenhang erscheint es erforderlich, auf ein weit verbreitetes Missverständnis aufmerksam zu machen: Nonprofit-Organisationen gehören keineswegs zwangsläufig zu den „Guten" – egal wie man diese Gruppe verstehen möchte. Ein prominentes Beispiel hierfür ist die „Hilfsgemeinschaft auf Gegenseitigkeit der Soldaten der ehem. Waffen SS" (HIAG), bei der es sich formal um eine Nonprofit-Organisation handelt, die darüber hinaus auch den Status der Gemeinnützigkeit aufweist. Darüber hinaus haben sich gerade in Entwicklungsländern manche der lokalen Nonprofit-Organisationen einen schlechten Ruf erworben, da ihnen vorgeworfen wird, lediglich der Einkommensbeschaffung ihres Führungspersonals zu dienen. Beispielhaft wird dies in dem satirischen Roman „MASH goes to Vienna" von Richard Hooker und W. E. Butterworth verdeutlicht. Dabei geht es um eine fiktive Tierschutz-Organisation namens APPLE, die aber lediglich der Einkommenserzielung ihrer beiden Gründer dient. Mit Müh und Not kommt gerade ein Prozent der Spenden tatsächlich den Tieren zu gute, während der Rest über Beraterhonorare, Aufwandsvergütungen und überhöhte Rechnungen abfließt.

Insgesamt handelt es sich bei der Zielsetzung um eine Aufgabe, die auf oberster Führungsebene innerhalb der Nonprofit-Organisation entschieden werden muss, zumal sich bereits im Gründungsprozess aus den Zielen wesentliche Anforderungen für den konstitutionellen und den institutionellen Rahmen ergeben.

Der konstitutionelle Rahmen

Zum konstitutionellen Rahmen gehören drei wesentliche Aspekte, nämlich die Rechtsform der Organisation, die verschiedenen Kooperationsformen und schließlich auch die Standortwahl.

Beginnend mit den Rechtsformen kann festgehalten werden, dass für Nonprofit-Organisationen grundsätzlich dieselben Rechtsformen zur Verfügung stehen wie für gewinnorientierte Organisationen. Ein zweiter Blick macht allerdings deutlich, dass Einzelunternehmen und Personengesellschaften dabei eine deutlich eingeschränkte Bedeutung zukommt. Entsprechende Konstruktionen sind zwar theoretisch denkbar, aber von geringer praktischer Relevanz.

In Abhängigkeit von der Trägerschaft stehen für Nonprofit-Organisationen ggf. auch die öffentlich-rechtlichen Unternehmensformen zur Verfügung. Aufgrund der gerade bei Nonprofit-Organisationen sehr stark betonten Sachzielorientierung können alternativ auch die Formen des eingetragenen Vereins bzw. der Stiftung genutzt werden (vgl. Abbildung 6.2).

Abbildung 6.2: Spektrum möglicher Rechtsformen

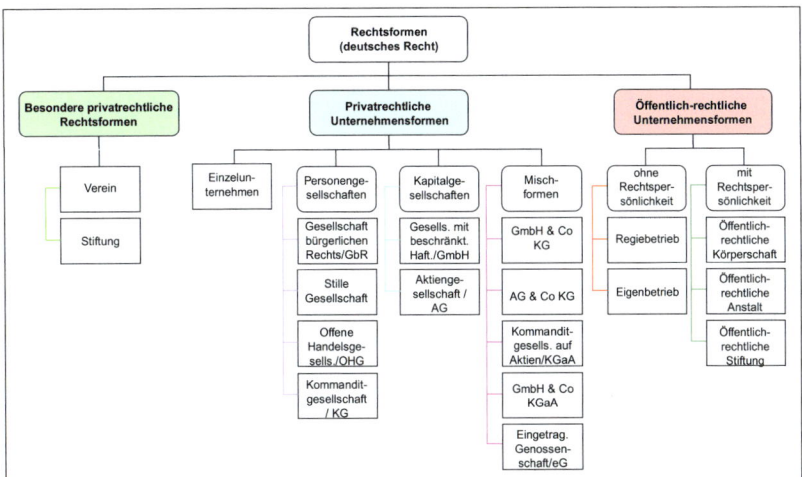

Quelle: Eigene Darstellung.

Unter den privatrechtlich verfassten Nonprofit-Organisationen haben der eingetragene Verein und die (i. d. R. gemeinnützig ausgerichtete) GmbH die größte Verbreitung erreicht. Die Vorteile des Vereins liegen darin, dass er einfach zu gründen ist, über erhebliche Gestaltungsspielräume bei der inhaltlichen und organisatorischen Gestaltung verfügt und kein Mindestkapital erforderlich ist. Nachteilig wirkt sich aus, dass er von einer Mindest-Mitgliedergruppe getragen werden muss, der Vorstand ggf. einem erheblichen Haftungsrisiko gegenübersteht und wirtschaftliche Tätigkeit nur in eingeschränktem Maße zulässig ist.

Die GmbH hingegen ist grundsätzlich für wirtschaftliche Tätigkeit gedacht, die Haftung der Eigentümer ist beschränkt und sie kann bei Bedarf auch von einer Person allein gegründet werden. Auch sie weist erhebliche Gestaltungsspielräume auf, aber dafür ist der Gründungsaufwand vergleichsweise höher und zudem muss ein Mindestkapital von 25.000 € eingebracht werden.

Vergleichsweise deutlich weniger verbreitet sind Stiftungen. Sie haben auch den Vorteil relativ großer Satzungsautonomie und sind darüber hinaus stärker als die vorgenannten Organisationen auf Dauer angelegt. Dies liegt darin, dass es sich bei ihnen um eine verselbstständigte Vermögensmasse handelt, deren Erträge einer Zweckbestimmung dienen. Ihre Gründung erforderte früher eine staatliche Genehmigung und jetzt eine Anerkennung der Rechtsfähigkeit. Darüber hinaus unterliegen Stiftungen einer staatlichen Aufsicht. Diese soll sicherstellen, dass die Stiftungen im Einklang mit den Gesetzen und der Stiftungssatzung verwaltet werden. Sowohl die Beantragung der Rechtsfähigkeit als auch die staatliche Aufsicht stellen deutliche Hürden dar, gravierender aber noch ist die Aufbringung des erforderlichen Kapitals. Eine Mindestsumme ist gesetzlich nicht vorgeschrieben, aber in der Praxis geht man von mindestens 25.000 € aus.

Die drei bisher angesprochenen Organisationsformen können sowohl für Selbsthilfe- als auch für Fremdhilfezwecke genutzt werden. Anders ist dies bei der Genossenschaft, die ausdrücklich auf Selbsthilfe ausgerichtet ist. Bei ihr entsteht ein erheblicher Gründungsaufwand, da sie nicht nur von mindestens sieben Personen gegründet werden muss, sondern auch einer Gründungsprüfung zu unterziehen ist. Auch die organisatorischen Anforderungen liegen recht hoch, was in Deutschland dazu geführt hat, dass neue Genossenschaften nur relativ selten gegründet werden, auch wenn kein Mindestkapital vorgeschrieben ist. Ihr Vorteil liegt dafür in einer ausgesprochen niedrigen Insolvenzanfälligkeit.

Den anderen oben skizzierten Rechtsformen kommt eine vergleichsweise geringe praktische Bedeutung zu, wenngleich in jüngster Zeit eine Zunahme von Aktiengesellschaften auch im Nonprofit-Bereich zu verzeichnen ist. Dies liegt u. a. an einer Tendenz zur Umwandlung öffentlich-rechtlicher in privatrechtliche Unternehmensformen zwecks Nutzung von deren Organisationsvorzügen.

Zu den konstitutionellen Rahmenbedingungen gehören darüber hinaus die verschiedenen Formen der Kooperation und Konzentration. Denn auch Nonprofit-Organisationen stehen nicht allein im Geschehen; manche Aufgaben lassen sich durch Kooperation mit gleich Gesinnten besser erledigen – im Sinne einer Arbeitsteilung oder aber einer Bündelung der Kräfte. Konsequenz ist eine große Bandbreite von Kooperationsformen, die von gegenseitiger Information über punktuelle Zusammenarbeit, die Bildung strategischer Allianzen bis hin zum formalen Zusammenschluss verschiedenste Gestalt annehmen kann. Zusammenfassen lassen sich derartige Aktivitäten unter dem Begriff des „Networking".

Gleichzeitig lässt sich gerade bei größeren Organisationen eine Tendenz zur Konzentration beobachten: Dabei können einerseits Aufgaben auf eine gemeinsame übergeordnete Institution delegiert werden, wie es klassischerweise durch Bildung von Verbandsstrukturen geschieht. Dieser „Abgabe nach oben" steht parallel eine „Abgabe nach unten" gegenüber, indem Aufgabengebiete, Funktionsbereiche oder regionale Zuständigkeiten in Tochterorganisationen ausgelagert werden. Solche Tendenzen zur Bildung von „Nonprofit-Konzernen" lassen sich insbesondere bei großen, breit aufgestellten Nonprofit-Organisationen mit vielen Beschäftigten, einem professionellen Management und – formal – einem ehrenamtlichen Vorstand, insbesondere in Vereinsstrukturen, beobachten. Dann werden die mit großen Wirtschafts- und Haftungsrisiken verbundenen Tätigkeiten auf

Tochter-GmbHs ausgelagert, deren Eigenkapital vom Mutter-eV gehalten wird.

Rein formal zählt zu den konstitutionellen Rahmenbedingungen auch die Standortwahl. Die meisten Nonprofit-Organisationen sind aufgrund ihrer leistungswirtschaftlichen Ziele (Förderauftrag, Mission etc.) räumlich gebunden und beachten somit implizit eine Art-Regional-Prinzip, dass sie in der freien Wahl ihres Standortes einschränkt. Ausnahmen lassen sich allerdings bei landesweit tätigen Organisationen beobachten: So führte in Deutschland der Umzug des Regierungssitzes von Bonn nach Berlin dazu, dass viele Nonprofit-Organisationen mit Lobbyaufgaben der Regierung hinterher zogen.

Der institutionelle Rahmen

Zu den institutionellen Rahmenbedingungen gehören die Betriebsgröße, die Aufbau- und Ablauforganisation sowie die Prozessstrukturierung. Auch eine Nonprofit-Organisation muss klären, wer innerhalb der Institution welche Aufgaben innerhalb welcher Vorgaben zu erfüllen hat und wie die verschiedenen Aufgaben, Stellen und Personen zusammenpassen. Unstrittig ist in diesem Zusammenhang, dass die Art und Weise der Aufgabenbewältigung sehr stark von der Größe der Organisation abhängen. Gleichzeitig wird bei einem Blick in die gesellschaftliche Praxis deutlich, dass es eine sehr große Bandbreite unterschiedlich großer und durchaus heterogen strukturierter Nonprofit-Organisationen gibt.

Dies liegt zum einen daran, dass der gesamte institutionelle Rahmen sehr stark durch die leistungswirtschaftlichen Ziele determiniert wird, wobei die finanzwirtschaftlichen Erfordernisse als Restriktionen wirken. Aus diesen durchaus entgegengesetzt wirkenden Ansprüchen ergibt sich zugleich ein Lösungsansatz der in dieser Art und Weise fast ausschließlich in Nonprofit-Organisationen anzutreffen ist, aber nicht in erwerbswirtschaftlichen Unternehmen. Die Rede ist von ehrenamtlicher Tätigkeit, die nicht nur freiwillig, sondern meist auch unbezahlt bzw. gegen Aufwandserstattung geleistet wird.

Ehrenamt hängt grundsätzlich von einer gleichen Interessenlage der betroffenen Personen ab. Dies gilt auch in Organisationen, in denen Ehren- und Hauptamtliche parallel tätig sind. In der Praxis geht mit dem Einsatz von Ehrenamtlichen aber ein zumindest potentielles Problem einher. Denn Ehrenamtliche können ihre Aufgaben i. d. R. nur nebenberuflich wahrnehmen – und das heißt in jener Zeit, in der sie nicht anders in Anspruch genommen werden. Ehrenamtliche Tätigkeit findet also meist außerhalb der üblichen Arbeitsstunden und in zeitlich beschränktem Maße statt – gewissermaßen nebenbei, auch wenn es immer wieder Fälle gibt, wo das Ehrenamt für die betreffende Person im Mittelpunkt ihres Lebens zu stehen scheint.

Hinzu kommt, dass ehrenamtlich Engagierte zwar über die erforderliche Arbeitsmotivation verfügen, was aber noch keineswegs bedeutet, dass sie auch die erforderlichen Fähigkeiten und Qualifikationen mitbringen. Aus neoklassischer Sicht wird daher vielen Nonprofit-Organisationen eine im Vergleich zu gewerblichen Organisationen geringere Effektivität und Effizienz testiert. Ob dieses Pauschalurteil gerechtfertigt ist, kann und soll an dieser Stelle nicht untersucht werden, zumal damit keineswegs feststeht, dass Nonprofit-Organisationen scheitern müssen.

Auffällig ist allerdings, dass in allen Organisationen, in denen parallel Ehren- und Hauptamtliche zum Einsatz kommen, erhebliche Schwierigkeiten in der Koordination der Zusammenarbeit entstehen. Dies reicht von zwischenmenschlichen Spannungen (Angst um den Arbeitsplatz bei Hauptamtlichen bzw. Gefühl des Nicht-Gewollt-Seins bei Ehrenamtlichen) über Kompetenzstreitigkeiten bis hin zu haftungsrechtlichen Problemen (ehrenamtlicher Vereinsvorstand mit hauptamtlichem Geschäftsführer). Derartige Probleme zu erkennen und zu lösen verlangt ein enormes Maß an organisatorischer Kreativität und menschlichem Fingerspitzengefühl.

Angesichts des zu beobachtenden Rückzugs von Unternehmen und staatlichen Stellen aus vielen gesellschaftlich als wichtig angesehenen Bereichen kann festgehalten werden, dass sich in Zukunft neue Arbeitsfelder für Nonprofit-Organisationen ergeben werden. Zugleich ist allerdings nicht damit zu rechnen, dass die Finanzausstattung entsprechender Organisationen sich schlagartig verbessern wird, so dass ehrenamtlichem Engagement in den nächsten Jahrzehnten wachsende Bedeutung beigemessen werden kann (Stichwort „Bürgergesellschaft"). Dies heißt zugleich, dass der parallele Einsatz von haupt- und ehrenamtlich Tätigen in vielen Nonprofit-Organisationen zunehmen wird.

Fragen und Themen für Diskussionen

1. Wie sieht die Zielfestlegung in einem Sportverein aus?
2. Wie sieht die Zielfestlegung in einem Sportverein aus, der auch eine Profi-Abteilung hat?
3. Ist der Einsatz von unbezahlten Freiwilligen in einem Gewinn orientierten Unternehmen denkbar?
4. Worin unterscheiden sich die Zielfestlegungen in einer Genossenschaft, einem gemeinnützigen Verein und einem kommunalen Unternehmen?
5. Entwickeln Sie eine Aufbau- und eine Ablauforganisation für einen kirchlichen Pflegedienst und für eine Kindertagesstätte der Arbeiterwohlfahrt.
6. Nennen Sie bitte ein Beispiel für die Produktion von Sachgütern im Sozialbereich!
7. Die Bundesagentur für Arbeit befindet sich derzeit in einer Phase der Umstrukturierung. Bitte erläutern Sie, wo bei der Agentur in produktionswirtschaftlicher Hinsicht Besonderheiten bestehen, die sie von anderen Unternehmen unterscheidet.
8. Erläutern Sie am Beispiel der Stadtbücherei Wismar die typischen Besonderheiten der Produktion von Dienstleistungen.

Zitate:

„Ehrenamt heißt in vollem Wortsinn: Dem Träger fällt die Ehre zu, ein Amt auszuführen, ein Amt in einer Gemeinschaft, die ihm das Amt angetragen hat und die mit ihm die gleichen Interessen teilt. Ehrenamt setzt zunächst einmal voraus, daß Vertrauen in der Gemeinschaft besteht, die weiß, daß sie Führung braucht, daß sie jemanden nötig hat, der sich beständig – und nicht nur fallweise – der gemeinsamen Interessen und Anliegen annimmt. Der in diesem Sinne ehrenamtlich Tätige ist so etwas wie ein "primus inter pares"; aber er folgt durchaus seinen eigenen Vorstellungen. ... Ehrenamt hat also vom Wortsinn her mit Mandatsträgerschaft zu tun. Und damit sind wir unmittelbar bei der Demokratie. Die Mandatsträger sind Ehrenamtliche, gleich ob sie unentgeltlich oder besoldet tätig werden."

Wilhelm Jäger (1996: 10)

„NGOs will often act to empower less powerful constituencies, bringing their voices into play when their vote does not accomplish this."

Jagdish Bhagwati (2004)

„NPOs sind häufig an den Schnittstellen von gesellschaftlichen Teilsystemen (Politik, Wirtschaft, Gesundheitssystem, Rechtssystem etc. angesiedelt. Sie bedürfen, um erfolgreich agieren zu können, einer gewissen Offenheit, präziser gesagt: einer gewissen Anschlußfähigkeit gegenüber mehreren relevanten Systemumwelten, denen sie als Teilsysteme zugerechnet werden können."

Alfred Zauner (1999: 120)

„NPOs sind soziotechnische Systeme, in denen wie anderen Systemen auch Ziele verfolgt, Pläne erstellt sowie Entscheidungen getroffen und kontrolliert werden. Menschen müssen geführt und dazu motiviert werden, die Ziele der Organisation zu erreichen."

Christian Horak/Peter Heimerl-Wagner (1999: 139)

„NPOs verfügen gegenüber gewinnorientierten Unternehmen über ein mehrdimensionales und komplexeres Zielsystem, in dem viele Komponenten qualitativer Natur sind. Dies erschwert vor allem das Messen der Zielerreichung und setzt eine entsprechend präzise und strategisch orientierte Zielformulierung voraus."

Christian Horak/Peter Heimerl-Wagner (1999: 150)

„Viele Nonprofit Organisationen (NPOs) weisen aufgrund fehlender operationaler Zielvorgaben Defizite im Bereich der Planung und der strategischen Unternehmensführung auf. Ohne das Festlegen von Zielen ist das effektive und effiziente Führen einer Organisation nicht möglich."

Christian Horak/Christian Matul/Fritz Scheuch (1999: 153)

„Die Mission ist das alles beeinflussende Oberziel, dem sich das restliche Zielsystem unterzuordnen hat. Eine NPO, die ausgeprägte Mission formuliert hat, weiß auf lange Sicht nicht, in welche Richtung sie sich bewegen und welchen Zweck sie eigentlich erfüllen soll."

Christian Horak/Christian Matul/Fritz Scheuch (1999: 154)

„Strategien sind mehr als nur gute Absichten. Sie müssen so konkret formuliert werden, daß sie meß- und kontrollierbar sind."

Christian Horak/Christian Matul/Fritz Scheuch (1999: 162)

„Im besonderen Maße legitimationsempfindlich sind solche Organisationen, deren Ressourcenzufuhr nicht nur von ihren Absatz- und Zuliefermärkten abhängt, sondern auch von ihrer sozialen, politischen oder moralischen Akzeptanz in den für sie maßgeblichen Umwelten."

Susanne Angerhausen (1998: 21)

„Neue binnenorientierte Strategien – wie sie in der Bundesrepublik vor allem in Wohlfahrtsverbänden zu finden sind – legen allerdings nahe, daß einige Akteure das Ehrenamt eher für eine Problem-Ursache, denn für eine Lösung halten. Die populäre Abtrennung bestimmter Kernbereiche, um ehrenamtliche Vorstände zurückzudrängen, deutet darauf hin, daß zumindest einige Segmente in dieser Form „bereinigt" werden sollen."

Detlef Luthe/Christoph Strünck (1998: 156)

„Zum sozialen Ehrenamt gehören die traditionellen Arbeitsfelder in der Wohlfahrtspflege und im Gesundheitswesen. Dazu zählen auch diejenigen ehrenamtlichen Tätigkeiten, die in Form von personenbezogenen Hilfen erbracht werden – mit Ausnahme konkreter Umweltschutzprojekte, wo es „naturbezogene" Hilfen sind. Davon lassen sich Tätigkeiten abgrenzen, die man eher als politisches Ehrenamt titulieren sollte. Darunter verstehen wir Aktivitäten, die nicht mit personenbezogenen Hilfen, sondern informationsbezogener Koordination und Verbreitung zu tun haben. Darunter fallen umweltpolitische Tätigkeiten, das Engagement für Menschenrechtsorganisationen und die typischen politischen Ehrenämter in Parteien und Verbänden."

Detlef Luthe/Christoph Strünck (1998: 158f)

„Im Gegensatz zu dem hier unter Ehrenamt verstandenen Engagement, agieren die an Gruppengütern interessierten Mitglieder einer Selbsthilfegruppe, einer Genossenschaft oder eines Vereins mit dem Ziel, eine separate Gruppe mit kollektiven Werten und Orientierungen zu bilden. Zwar ist unbestritten, daß ein Sportverein positive externe Effekte durch die Verringerung von Jugendkriminalität leisten wie auch die Selbsthilfegruppe durch Informationen für andere Betroffene. Dennoch sind diese Tätigkeitsformen – die durch ihren Gründungsanlaß und ihre öffentliche Wirkung durchaus gesellschaftliche Bedeutung haben – in erster Linie binnenorientiert. Allerdings findet man gerade in Vereinen, Genossenschaften und Selbsthilfegruppen auch typisch ehrenamtliche Tätigkeiten neben der „reinen" Mitgliedschaft."

Detlef Luthe/Christoph Strünck (1998: 159f)

„In allen idealtypischen Motivations-Dimensionen spielt eine immer wichtigere Rolle, inwiefern es „biographische Passungen" gibt, um das konkrete Engagement mit den persönlichen Erfahrungen verkoppeln zu können. Neben der stärkeren Projektbezogenheit und dem zeitlich befristeten Engagement ist dieser Aspekt ein anderer wesentlicher Gesichtspunkt der neuen Ehrenamtlichkeit. Darüber hinaus zeichnet sich für Freiwillige aller Altersgruppen der gestiegene Stellenwert von Beteiligungs- und Mitbestimmungsmöglichkeiten ab. Es versteht sich, daß die hier differenzierten Dimensionen sich lediglich in analytischer Perspektive aufsplitten lassen, in der sozialen Wirklichkeit wirken sie meist als Bündel.

Dennoch ist ein gemeinsamer Trend klar erkennbar. Die Frage nach dem persönlichen Nutzen von freiwilligem Engagement nimmt einen weitaus höheren Stellenwert ein als bei klassischen ehrenamtlichen Tätigkeiten. Das wirkt sich auch auf den Umfang der Tätigkeiten aus. Anders als klassische Ehrenamtliche stellen sich die meisten „neuen Ehrenamtlichen" nicht mehr vorbehaltlos einer Organisation zur Verfügung, sondern einem Projekt oder Thema, und das meist nicht auf Dauer. Dieser

Wandel der Motivationsgrundlagen drängt auf organisationsinterne Reformen, die das Gesicht von Nonprofit-Organisationen langfristig verändern."

Detlef Luthe/ Christoph Strünck (1998: 161f)

„Die duale Führungsstruktur in Nonprofit-Organisationen ähnelt in vielen NPOs eher der Führungsstruktur von Kapitalgesellschaften, bei denen die angestellten Manager einem Aufsichtsrat gegenüber verantwortlich sind, der von den Kapitaleignern (mit Ausnahme der Arbeitnehmervertreter) gewählt wird."

Stefan Nährlich (1998: 232)

„Im Markt-Sektor herrscht als dominante Rationalität eine Verwertungslogik, im Staats-Sektor eine Herrschaftslogik und im Nonprofit-Sektor eine Kooperationslogik."

Thomas Wex (1998: 266)

„In den einzelnen territorialen Gliederungen eines Verbandes sind die Leistungen in Bezug auf Angebot, Qualität, Betriebsergebnis, Managementkompetenz sehr unterschiedlich ausgeprägt. Eine gemeinsame durchgängige strategische Ausrichtung und Zielverfolgung für die einzelnen Leistungsangebote ist in den Verbänden durch organisatorische Parzellierung und unangemessene Entscheidungsstrukturen meist nur sehr schwach ausgeprägt bzw. nicht vorhanden und soll deshalb durch die Implementierung von strategischem Management hergestellt werden."

Norbert Wohlfahrt (2004: 70)

„Eine gut definierte Mission erinnert die Organisation ständig daran, dass sie nicht nur die „Kunden", sondern auch die Erfolgsmaßstäbe außerhalb ihrer Grenzen suchen muss."

Peter F. Drucker (2005: 62)

Interessante Websites:

http://www.buergerstiftung.de/

(Information über das Konzept von Bürgerstiftung als gemeinnützigen Institutionen)

http://www.buergergesellschaft.de/

(Information über Gemeinwesenarbeit)

http://www.ehrenamt.de/

(Information über Möglichkeiten ehrenamtlichen Engagements)

http://www.kas.de/stiftung/leitprojekte/buergergesellschaft/1 082_webseite.html

(Projekt der Konrad-Adenauer-Stiftung zur Bürgergesellschaft)

http://www.pro-ehrenamt.de/

(Landesarbeitsgemeinschaft ehrenamtlicher Organisationen im Saarland)

http://www.fes.de/buergergesellschaft/

(Arbeitskreis „Bürgergesellschaft und Aktivierender Staat" der Friedrich-Ebert-Stiftung)

http://www.aktive-buergerschaft.de/vab/

(Informationsportal für Bürgerstiftungen, Corporate Citizenship, Dritte-Sektor-Forschung, Nonprofit Management und Bürgerengagement)

http://www.vereinsknowhow.de

(Portal für Vereine und gemeinnützige Körperschaften, Fachinfos zu Recht, Steuern, Buchhaltung, Organisation. Hilfeforen, Rechtsprechungsdatenbank)

http://ngo.db-is.net

(Datenbank zur Partnerschaft der sozialen NROs aus West- und Osteuropa)

http://www.verbaende.com

(Portal der deutschen Verbände mit umfassendem Verbändeverzeichnis)

http://www.fundraising.co.at/aktuelles.htm

(Aktuelle Fundraising-Schlagzeilen. Deutsch und Englisch)

http://www.nonprofit.de

(Umfangreiches deutsches Internetportal mit Themenbereichen Nonprofit-Management, Fundraising, Sponsoring)

http://www.paritaet-berlin.de/aktuelle/index.htm

(Landesverband Berlin des Dt. Paritätischen Wohlfahrtsverbandes e.V. mit Positionspapieren)

http://www.freiwilligen-kultur.de

(Internetmagazin zum freiwilligen Engagement)

http://www.iyv2001.org

(Internetportal zum freiwilligen Engagement)

http://www.icnl.org/databasesearch.asp

(On-line Library im International Center for Non-for-Profit Law)

http://www.buerger-fuer-buerger.de

(bundesweite Informations- und Servicestelle für bürgerschaftliches Engagement)

http://www.maecenata.de

(Maecenata Institut für Dritter-Sektor-Forschung)

http://www.bagfa.de

(Bundesarbeitsgemeinschaft der Freiwilligenagenturen ist Interessengemeinschaft von Freiwilligenagenturen, -zentren und -börsen)

http://www.snafu.de/~freiwilligenagentur

(Die erste Freiwilligenagentur Deutschlands berät und vermittelt Menschen, die sich freiwillig bürgerschaftlich engagieren möchten)

http://www.nonprofit.hu/english

(Informationen zum Nonprofit-Sektor in Ungarn)

Literatur

Angerhausen, Susanne (1998): Ende der Schonzeit. Die „neue" Legitimationsempfindlichkeit von Wohlfahrtsverbänden, in: Arbeitskreis Nonprofit-Organisationen (Hrsg.): Nonprofit-Organisationen im Wandel. Ende der Besonderheiten oder Besonderheiten ohne Ende?, [Verein für öffentliche und private Fürsorge] Frankfurt am Main 1998, S. 21-45.

Badelt, Christoph (1999): Zielsetzungen und Inhalte des „Handbuchs der Nonprofit Organisation", in: Christoph Badelt (Hrsg.): Handbuch der Nonprofit Organisation. Strukturen und Management, [Schäffer-Poeschel] Stuttgart 1999, S. 3-18.

Barbeito, Carol L. (2004): Human resource policies and procedures for nonprofit organizations, [Wiley] Hoboken, NJ 2004.

Bhagwati, Jagdish (2004): In Defense of Globalization, [Oxford University press] New York u. a. 2004.

Brinkmann, Volker (2005): Change Management in der Sozialwirtschaft, [Deutscher Universitäts-Verlag] Wiesbaden 2005.

Brown, Howard H./**Ruhl**, Donald L. (2003): Breakthrough management for not-for-profit organizations. Beyond survival in the 21st century, [Praeger] Westport, Conn. u. a. 2003.

Drucker, Peter F. (2005): Die gemeinnützige Einrichtung als Lehrmeister des Unternehmens, in Peter F. Drucker: Was ist Management? Das Beste aus fünfzig Jahren, 3. Aufl, [Econ] Berlin 2005, S. 59-72.

Frey, Daniel (2005): Zielplanung in Nonprofit-Betrieben, [Hohenheim, Univ., Diss.] Hohenheim 2005.

Hackl, Franz/**Halla**, Martin/**Pruckner**, Gerald Jörg (2005): The fallacy of the good Samaritan. Volunteering as a weird way of making money, [Johannes Kepler Universität] Linz 2005.

Haefliger Musgrove, Ursula (2004): New public management on the back of volunteers? Contracting out social service production to NPOs in Swiss communes, [Institut für Politikwissenschaft] St. Gallen 2004.

Helmig, Bernd/**Jegers**, Marc/**Lapsley**, Irvine (2004): Challenges in managing nonprofit organizations. A research overview, [Faculté des Sciences Economiques et Sociales, Université de Fribourg] Fribourg 2004.

Helmig, Bernd/**Purtschert**, Robert (Hrsg.) (2005): Nonprofit-Management. Beispiele für Best-Practices im Dritten Sektor, [Gabler] Wiesbaden 2005.

Hooker, Richard/**Butterworth**, William E. (1976): Mash goes to Vienna, [Pocket Books] Toronto u. a. 1976.

Horak, Christian/**Heimerl-Wagner**, Peter (1999): Management von NPOs – Eine Einführung, in: Christoph Badelt unter Mitarbeit von Werner Bachstein (Hrsg.): Handbuch der Nonprofit Organisation. Strukturen und Management, 2. Aufl., [Schäffer-Poeschel] Stuttgart 1999, S. 139-152.

Horak, Christian/**Matul**, Christian/**Scheuch**, Fritz (1999): Ziele und Strategien von NPOs, in: Christoph Badelt unter Mitarbeit von Werner Bachstein (Hrsg.): Handbuch der Nonprofit Organisation. Strukturen und Management, 2. Aufl., [Schäffer-Poeschel] Stuttgart 1999, S. 153-178.

Jäger, Wilhelm (1996): Landzeichen: Verantwortung statt Egoismus. Das Ehrenamt in Kirche und Gesellschaft vor dem Hintergrund der Katholischen Soziallehre; Hardehausener Beiträge Heft 66, 1996.

Lichtsteiner, Hans (1995): Freiwilligenarbeit im Alter. Analyse und Massnahmen zur Förderung der Freiwilligenarbeit in Nonprofit-Organisationen, [Fribourg Univ., Diss.] Fribourg

1995.

Luthe, Detlef/**Strünck**, Christoph (1998): Diversifizierte Barmherzigkeit. Organisationsformen freiwilligen Engagements im Strukturwandel, in: Arbeitskreis Nonprofit-Organisationen (Hrsg.): Nonprofit-Organisationen im Wandel. Ende der Besonderheiten oder Besonderheiten ohne Ende?, [Verein für öffentliche und private Fürsorge] Frankfurt am Main 1998, S. 155-176.

Maelicke, Bernd (Hrsg.): Personal als Erfolgsfaktor in der Sozialwirtschaft, [Nomos] Baden-Baden 2004.

Nährlich, Stefan (1998): Was sind die und was bleibt von den Besonderheiten der Nonprofit-Organisationen? Eine ökonomische Betrachtung, in: Arbeitskreis Nonprofit-Organisationen (Hrsg.): Nonprofit-Organisationen im Wandel. Ende der Besonderheiten oder Besonderheiten ohne Ende?, [Verein für öffentliche und private Fürsorge] Frankfurt am Main 1998, S. 225-250.

Peters, Sönke/**Brühl**, Rolf/**Stelling**, Johannes N. (2000): Betriebswirtschaftslehre. Einführung, 10. Aufl., [R. Oldenbourg] München/Wien 2000.

Raymond, Susan Ueber (2004): The future of philanthropy. Economics, ethics, and management, [Wiley] Hoboken, NJ 2004.

Schwarz, Peter/**Purtschert**, Robert/**Giroud**, Charles/**Schauer**, Reinbert unter Mitarbeit von Urs Bumbacher (2005): Das Freiburger Management-Modell für Nonprofit-Organisationen (NPO), 5. Aufl., [Haupt] Bern u. a. 2005.

Speit, Andreas (2005): Verbrecherisch gemeinnützig, in: die tageszeitung v. 06.06.2005, unter: http://www.taz.de/pt/2005/06/06/a0051.1/text.ges,1, abgerufen am 01.02.2006.

Steinberg, Richard (Hrsg.) (2004): The economics of nonprofit enterprises, [Edward Elgar] Cheltenham u. a. 2004.

Wex, Thomas (1998): Die Modernisierung der Nonprofit-Organisationen und die Frage der Auflösung ihrer Spezifika. Eine soziologische Betrachtung, in: Arbeitskreis Nonprofit-Organisationen (Hrsg.): Nonprofit-Organisationen im Wandel. Ende der Besonderheiten oder Besonderheiten ohne Ende?, [Verein für öffentliche und private Fürsorge] Frankfurt am Main 1998, S. 251-277.

Wohlfahrt, Norbert (2004): Wer steuert die Diakonie wohin? Thesen zur Organisationsentwicklung der Diakonie, in: Gotlind Ulshöfer/Peter Bartmann/Franz Segbers/Kurt W. Schmidt (Hrsg.): Ökonomisierung der Diakonie. Kulturwende im Krankenhaus und bei sozialen Einrichtungen, [HAAG + HERCHEN] Frankfurt am Main 2004, S. 66-72.

Zauner, Alfred (1999): Von Solidarität zu Wissen. Nonprofit Organisationen in systemtheoretischer Sicht, in: Christoph Badelt unter Mitarbeit von Werner Bachstein (Hrsg.): Handbuch der Nonprofit Organisation. Strukturen und Management, 2. Aufl., [Schäffer-Poeschel] Stuttgart 1999, S. 119-135.

Kapitel 7: Management in der Sozialwirtschaft

Management-Probleme – Qualitätsmanagement – Corporate Governance

Die Organisationen der Sozialwirtschaft, das heißt vor allem Genossenschaften, Wechselseitigkeitsvereinigungen und Nonprofit-Organisationen wurden, wie erwähnt, als Reaktion auf, aber auch als Teil der heutigen Marktwirtschaft gegründet. Dies bedeutet, dass sie notwendig verbunden mit der Entwicklung der Marktwirtschaft sind und dass ein Hinterherhinken hinter deren Entwicklung, vor allem was die Effizienz der Leistungserstellung betrifft, für sie äußerst gefährlich wäre. Die meisten Genossenschaften und Wechselseitigkeitsinstitutionen sind in der Tat in Märkten tätig, wo sie mit hocheffizienten, kapitalistischen Unternehmensgruppen in Konkurrenz treten: Wenn ihr Dienstleistungsniveau gegenüber dem Konsumenten, was Qualität und Preise betrifft, hinter das Angebot ihrer Konkurrenten zurückfallen würde, wäre ihre Chance auf Überleben gering. Leider ist dieser Fall des Verlustes der Wettbewerbsfähigkeit gegenüber kapitalistischer Konkurrenz in einer Reihe von Fällen bereits aufgetreten, besonders im Konsumgenossenschaftsbereich, der damit zu einem Warnsignal für andere Bereiche der Sozialwirtschaft geworden ist.

In gewissem Sinn gilt das auch für den Bereich des Nonprofit-Sektors: Vor allem im Bereich der sozialen und medizinischen Dienste, aber auch in anderen Bereichen ist wenigstens damit zu rechnen, dass der Wettbewerb von Profit orientierten in bisher der öffentlichen Hand oder ihr nahen Nonprofit-Institutionen (sogenannten Quangos) vorbehaltenen Sektoren im Wachsen ist. Dies entspricht auch der aktiv liberalistischen Wettbewerbsphilosophie im gemeinsamen (Binnen-)Markt. Aber auch in Fällen wo es noch keinen unmittelbaren Wettbewerb mit Gewinn orientierten Organisationen gibt, zeigt sich eine allgemeine Tendenz in Richtung auf rationaleres, effizienteres, ökonomischeres Management – nicht zuletzt als Reaktion darauf, dass Nonprofit-Organisationen zum Teil eine Reputation für nicht ganz perfektes Management aufweisen: Es zeigen sich wachsende Tendenzen, Bewertungen, Qualitätsziele und ähnliche Prozeduren einzuführen, die privaten Spendern und öffentlichen Subventionsgebern höhere Sicherheit im Umgang mit wohltätigen Institutionen geben sollten.

Die existierende Literatur geht häufig von Managementdefiziten im sozialwirtschaftlichen Bereich verglichen zu klassischen Gewinn orientierten Unternehmungen aus. Das ist historisch nicht unbedingt fair – gerade in ihren Pionierperioden erwiesen sich ja solidaristische Wirtschaftsorganisationen oft als „Türöffner" und Leistungspioniere einer sich eben erst etablierenden Marktwirtschaft, die durchaus auch Träger von Modernisierungsimpulsen und von Economies of Scale werden.

Dennoch gibt es zahlreiche, durchaus plausible Gründe für ein vermutetes Managementdefizit vor allem etablierter solidaristischer Unternehmensformen. Sozialwirtschaftliche Unternehmungen sind etwa oft mit komplex strukturierten Situationen konfrontiert, manchmal sogar mit unlösbaren Problemen, die höchstens gemildert aber nicht wirklich bewältigt werden können. Viele Unternehmen der Sozialwirtschaft werden zudem von Personen geleitet, die eine andere berufliche Ausbildung und eine unterschiedliche Lebensorientierung im Vergleich zu normalen Manager haben (Sozialarbeiter, Priester und ähnliches). Darin mag viel Positives liegen, vor allem was Engagement und Motivation betrifft, andererseits kann darunter die geordnete Durchführung von Organisationsabläufen leiden.

Hinzu kommt der Umstand, dass erhebliche Teile des sozialwirtschaftlichen Sektors auf ehrenamtliches Engagement – in breitem Verständnis – angewiesen sind. Dadurch kommt als eine weitere Restriktion für die Aktivitäten sowohl der Nonprofit-Organisationen selbst als auch der in ihnen engagierten Personen das private, insbesondere das familiäre Umfeld hinzu.

Abbildung 7.1: Dritter Sektor zwischen Markt, Staat und Familie

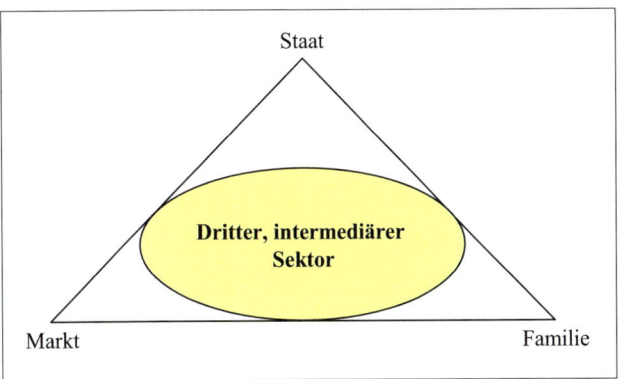

Quelle: Schmale (2002: 500) in Anlehnung an Zimmer (2000: 41).

Entsprechend ist die Zielerreichung im sozialwirtschaftlichen Bereich, wo es nicht um bloße Gebarungserfolge geht, natürlich ebenfalls nicht immer leicht zu definieren. Damit kann auch die Effizienz des Managements an keiner einfachen Messgröße gemessen werden. Ungeachtet dieser Schwierigkeiten lässt sich eine deutliche Tendenz in Richtung zu einem stärker managementorientierten Blick auf Nonprofit-Organisationen und die Sozialwirtschaft im Allgemeinen feststellen. Der Druck in Richtung auf eine Professionalisierung und ein deutlicheres Managertum beruht auf verschiedenen Faktoren:

1. Unter anderem auf schwindenden Ressourcen: sowohl der öffentliche Sektor als auch der private Spender zeigen sich heute weniger großzügig als in früheren Jahren.
2. Es gibt eine zunehmende Notwendigkeit, die Aktivitäten von sozialwirtschaftlichen Unternehmungen zu rechtfertigen.
3. Die Freiwilligenarbeit, die in den letzten Jahren im politischen Diskurs zum Teil sehr aufgewertet worden ist (im Zusammenhang mit der Diskussion um „civil society"), scheint, wenigstens im mitteleuropäischen Bereich, an Attraktivität zu verlieren. Dies dürfte einiges damit zu tun haben, dass traditionelle Werte und religiöse Beziehungen tendenziell am Abnehmen sind und die Frauenerwerbsquote langfristig im Steigen begriffen ist.
4. Der Druck der Konkurrenz erhöht sich selbst in jenen Bereichen, wo sozialwirtschaftliche Unternehmungen bisher mehr oder weniger konkurrenzlos agieren konnten.

Managementprobleme bei Genossenschaften und Wechselseitigkeitsorganisationen

Bei Genossenschaften gestaltet sich diese Frage der Unternehmensführung und -kontrolle insofern komplex, als nicht nur der Eigentumsbegriff eine völlig andere Bedeutung hat (es geht um mehr als nur eine Investition), sondern vom Eigentum auch ein anderer Nutzen erwartet wird. Die Corporate-Governance-Strukturen müssen ein breiteres Spektrum von Interessen berücksichtigen und die Verwirklichung breiterer Zielsetzungen kontrollieren als bei Kapitalunternehmen. Die Besonderheiten der Unternehmensführung in Genossenschaften lassen sich am besten anhand ihrer Finanzstruktur erläutern:

1. Da die Genossenschaftsanteile normalerweise nicht übertragbar sind und daher keinen Markt haben, unterliegt ihr

tatsächlicher Wert einer weit geringeren Kontrolle als beispielsweise eine täglich an der Börse notierte Aktie.

2. Genossenschaftsanteile können nicht gehandelt werden, so dass ihr Wert nicht die erwarteten künftigen Einnahmen widerspiegelt – in der Regel wird der Nennwert erstattet. Daher ist es nicht möglich, den Wertzuwachs des Unternehmens durch den Verkauf von Anteilen zu realisieren.

3. Bei Genossenschaftsmitgliedern ist die Wahrscheinlichkeit geringer, dass sie bei Unzufriedenheit austreten und ihre Geschäftsanteile kündigen. Sie können nicht einfach „mit den Füßen abstimmen" und ihre Anteile auf dem Markt verkaufen. Die Mitgliedschaft basiert für gewöhnlich auf der Nutzung der Dienstleistungen der Genossenschaft und der aktiven Beteiligung an ihrer Tätigkeit. Ein Alternativangebot für die entsprechenden Dienstleistungen steht möglicherweise nicht sofort zur Verfügung.

4. Bei der Genossenschaft ist das Grundkapital variabel und hängt oft weitgehend von den einbehaltenen Überschüssen ab. Will eine Genossenschaft ihre Kapitalgrundlage erweitern, hat sie in der Regel nur die Wahl, die Mitglieder um die Erhöhung ihrer Einlagen zu ersuchen oder aber die Mitgliederzahl zu erhöhen.

5. Die häufig geltende Regel „ein Mitglied – eine Stimme" verhindert, dass ein einzelner Eigentümer beherrschenden Einfluss auf Entscheidungsprozesse ausübt. Sie garantiert allen Mitgliedern gleiches Stimmrecht bei den Entscheidungen, kann aber dadurch die Kapitalbeschaffung erschweren, da Eigentum nicht mit einem angemessenen Stimmrecht verbunden ist.

6. Die Verteilung von Überschüssen (Gewinnen) erfolgt in der Regel in Form einer Rückvergütung (Dividende), die sich nach dem Umsatz des Mitglieds mit der Genossenschaft richtet.
7. Die Rücklagen einer Genossenschaft dürfen (in der Regel) bei Auflösung nicht an die Mitglieder verteilt werden.

Eine effektive Unternehmensführung und -kontrolle ist für die Entwicklung der Genossenschaften vor allem dann ausschlaggebend, wenn sie größer werden. Viele von ihnen haben auf innovative Weise die mit der Genossenschaftsform verbundenen Einschränkungen überwunden und dennoch ihren Rechtsstatus beibehalten, so unter anderem durch Gründung 100%iger Tochter-Kapitalgesellschaften. Allerdings können derartige Strukturen eine größere Distanz zwischen Leitung und Mitgliedern schaffen und dadurch eine effektive Corporate Governance erschweren.

Die fehlende Möglichkeit der Leistungsbewertung anhand von Aktienmarktindizes bedeutet, dass entweder eine sehr aktive Mitgliederkontrolle und Teilnahme an Generalversammlungen erforderlich ist oder andere Leistungsindikatoren gefunden werden müssen.

Managementprobleme von Nonprofit-Organisationen

Ein sehr spezifischer Aspekt des Nonprofit-Managements ist der Prozess des „fund raising", also der Akquisition von Spendenmitteln zu wohltätigen Zwecken. Geber sind Individuen oder Familien und/oder ökonomische Institutionen, die finanzielle Mittel verausgaben, ohne deshalb einen unmittelbaren Rückfluss zu erhoffen. Fundraising ist ein kontinuierlicher Prozess, der in verschiedene Aktivitäten unterteilt werden kann: Analyse, Planung, Realisierung, Kontrolle und Evaluation. Im zunehmenden Maße wird die sogenannte „gift-range-chart" zur jährlichen Planung von Nonprofit-Organisationen herangezogen. Man unterteilt danach die Spenden in verschiedene Kategorien, von sehr kleinen bis zu sehr großen Beträgen. Dabei spielen psychologische Elemente (etwa der Versuch, der Eitelkeit der Spender zu schmeicheln) eine Rolle: so werden oft Kategorisierungen vorgenommen, in denen den Großspendern je nach der Höhe ihrer Gabe immer klangvollere Ehrennamen zugeordnet werden. Bei der Spendenplanung wird die Zahl der aktiven Spender mit der Zahl der potentiellen Spender verglichen. Wichtig ist auch die Evaluierung der Kosten der Spendenakquisition. Die Effizienz des Fundraising wird als Prozentsatz der direkten Kosten im Vergleich zu den dabei erzielten Spenden errechnet.

Es erscheint recht wesentlich, dass wir heute von einem „Spendenmarkt" sprechen. Dieser Spendenmarkt kann aufgeschlüsselt werden nach den „Marktanteilen" bestimmter größerer, Spenden sammelnder Nonprofit-Organisationen. Wie viele andere Märkte ist er in der Regel oligopolistisch strukturiert, es gibt also eine starke Konzentration der Geber auf wenige Spendenmitbewerber. Nach einer österreichischen Untersuchung ist es etwa den drei größten Fundraisern in Österreich gelungen, 50% des gesamten Spendenaufkommens an sich zu ziehen. In diesem Zusammenhang erhebt sich natürlich auch die Frage, ob effiziente Werbekampagnen für Spenden die Chancen anderer Mitbewerber im Wettbewerb der Nonprofit-Organisationen um das Spendenaufkommen reduzieren oder die Spendenfreudigkeit des Publikums insgesamt erhöhen können.

Qualitätsmanagement

Die Qualität von Produkten und Dienstleistungen steht seit einiger Zeit im Mittelpunkt entsprechender Verbesserungsbemühungen, woraus sich entsprechende Konzepte für das Qualitätsmanagement ebenso wie für das Qualitätscontrolling entwickelt haben. Dabei ist Qualität nun wahrlich keine neue Dimension, sondern – auch dem Kunden, also dem Käufer eines Produktes oder dem Nutzer einer Dienstleistung – seit langem bekannt und von ihm erwartet. Dennoch ist die Aufmerksamkeit, die der Qualität von Produkten und Dienstleistungen gewidmet wird, durchaus gerechtfertigt, denn Kostenrechner wie Verkäufer haben aufgrund des in vielen Bereichen vollzogenen Wandels vom Verkäufer- zum Käufermarkt festgestellt, dass sich über gesteigerte Qualität sowohl Kosten senken als auch Verkaufszahlen – und damit Erträge – erhöhen lassen.

Dies gilt auch für den Bereich der Sozialwirtschaft, unabhängig von seinem genauen Verständnis (vgl. hierzu Kramer 2006: 4ff). Dabei resultiert die verstärkte Beschäftigung mit dem Qualitätsmanagement aus durchaus unterschiedlichen Motiven. So gibt es erstens Unternehmen, in denen Qualitätsmanagement zunehmend gesetzlich vorgeschrieben wird, wie z. B. im Bereich der Krankenhäuser, der Pflegeeinrichtungen und der Kinder- und Jugendhilfe. Zweitens befassen sich andere Organisationen mit Qualität in Zusammenhang mit dem Risikomanagement, ggf. resultierend aus den Anforderungen des KonTraG, so z. B. große Krankenhauskonzerne. Wiederum andere sehen drittens die Beschäftigung mit dem Qualitätsmanagement – speziell in Gestalt zertifizierter Qualitätsmanagementsysteme – unter Marketinggesichtspunkten als eine Möglichkeit zur Außendarstellung. Und – last but not least – ist viertens auch das Motiv anzutreffen, über ein Qualitätsmanagement zu einer verbesserten Leistungserbringung zu gelangen – und dadurch ggf. Kosten zu sparen oder die Einnahmen zu erhöhen.

Die „Probleme" mit der Qualität beginnen bereits recht früh, nämlich schon dann, wenn man sich darauf einigen soll, was unter dem Begriff „Qualität" denn eigentlich genau zu verstehen ist. So gibt es bis heute keine einheitliche bzw. verbindliche Definition des Qualitätsbegriffs. An dieser Stelle soll auf die Entwicklung eines weiteren, eigenen Definitionsansatzes verzichtet werden, zumal durch die Bemühungen von Ulrich (1996: 14f) ein gerade für Dienstleistungsunternehmen praktikabler Ansatz vorliegt. Danach lässt sich Qualität im Sinne einer Arbeitsdefinition abschließend durch sechs Merkmale beschreiben:

1. „Qualität ist die *Erfüllung von Kundenanforderungen,* indem betriebliche Leistungen erstellt werden, welche durch Merkmale und Eigenschaften beschreibbar sind.

2. Als Kunden werden sowohl die unternehmensexternen Abnehmer (*externe Kunden*) wie auch alle an der Leistungserstellung Beteiligten innerhalb des Unternehmens verstanden (*interne Kunden*). Jedes Glied der Wertschöpfungskette einer Unternehmung ist einerseits Lieferant und andererseits Abnehmer von Leistungen.

3. Die Erfüllung der Kundenanforderungen bedeutet die Erstellung der richtigen Qualität und geschieht mit dem Ziel der Erreichung der Kundenzufriedenheit.

4. Qualität ist objektiv nicht messbar. Sie kann aber subjektiv aufgrund des Erfüllungsgrades der Kundenanforderungen durch die betriebliche Leistung bestimmt werden.

5. Qualität ist vieldimensional. Es wird i. d. R. nicht möglich sein, sie durch Elemente oder Teilqualitäten abschliessend zu beschreiben.

6. Qualität ist eine dynamische Grösse. Sie ändert sich mit den sich ändernden Bedürfnissen und Kundenanforderungen."

Wenn es sich bei Qualität bereits grundsätzlich um die Erfüllung von Adressatenanforderungen handelt, so gilt dies umso stärker beim Angebot von Dienstleistungen. Denn Dienstleistungen zeichnen sich nicht nur durch ihren immateriellen Charakter aus, sondern auch dadurch, dass sie nicht auf Vorrat produziert werden können und in vielen Fällen der Adressat selbst mitwirken muss, damit die Dienstleistung überhaupt erfolgreich erbracht werden kann.

Daher ist es gerade für die Qualität von Dienstleistungen erforderlich, dass der Leistungsanbieter genau über die Art und Weise informiert ist, wie die Dienstleistung zustande kommt – welche Prozesse dafür erforderlich sind. Dies macht als eines der wesentlichen Elemente eines Qualitätsmanagementsystems eine konsequente Prozessanalyse notwendig, wobei gleichermaßen eine strategische und eine operative Dimension zu beachten sind. Die strategische Dimension beeinflusst die nachhaltige Überlebensfähigkeit der Organisation, die operative die unmittelbare Zufriedenheit des Adressaten – und damit sein Gefühl, Qualität zu erhalten.

Bei Anbietern sozialer Dienstleistungen existieren in Zusammenhang mit dem Qualitätsmanagement einige Besonderheiten. Dazu zählt an erster Stelle die Mission der Organisation. Während gewerblich-kommerziell ausgerichtete Unternehmen grundsätzlich frei sind in der Setzung ihrer Ziele, besteht diesbezüglich eine erhebliche Beschränkung der Spielräume sozialwirtschaftlicher Akteure. Unabhängig davon, ob es sich um gemeinnützige Vereine, Krankenhäuser, Genossenschaften, eine Kirchengemeinde oder eine andere Organisation aus dem breiten Spektrum sozialer Akteure handelt, ist ihnen i. d. R. eine bestimmte Aufgabe zugewiesen, deren Erfüllung sie sich verschrieben haben. Diese Mission bestimmt ihr Handeln und kann auch in Zeiten wirtschaftlicher Probleme nicht einfach verändert order ersetzt werden. Die Aktivitäten der Organisation – einschließlich der Erwirtschaftung der erforderlichen Überschüsse – sind diesem Oberziel untergeordnet.

Abbildung 7.2: Wertkette für Dienstleister in der Sozialwirtschaft

Quelle: Kramer (2006: 16).

Weitere Besonderheiten resultieren aus der Dienstleister-Tätigkeit. So sind die primären Aktivitäten geprägt durch die Differenzierung zwischen den Aktivitäten zum Aufbau von Geschäftsbeziehungen, der Akquise und dem Aufbau der Leistungsbereitschaft, die tendenziell je Adressaten nur einmal erfolgen müssen. Anders sieht dies hingegen bei den folgenden Schritten aus. Vorkontakt, Leistungserbringung und Nachkontakt erfolgen bei laufenden Geschäftsbeziehungen i. d. R. mehrfach und unterliegen daher einer Kreislaufbeziehung.

Unterstützung für diese primären Aktivitäten erfolgt wiederum durch die Personalwirtschaft – die hier ggf. auch Ehrenamtliche umfasst –, die Beschaffung und die Technologieentwicklung. Letztere umfasst gerade im Sozialbereich angesichts der Vielzahl der auf Personen bezogenen Dienstleistungen auch die

Methoden, sodass in der Terminologie eine entsprechende Erweiterung sinnvoll schien. Vervollständigt werden auch hier die laufenden Aktivitäten durch die Unternehmensinfrastruktur.

Gerade bei mitglieder- und nutzerorientierten Organisationen, wie sie im Nonprofit-Bereich häufig anzutreffen sind, besteht eine enge Beziehung zwischen dem Qualitätsmanagement einerseits und den Unternehmensführungsstrukturen, der „Corporate Governance", andererseits. Nur wenn beide eng aufeinander Bezug nehmen, kann die Nonprofit-Organisation ihre Mission auch erfüllen

Problem der Corporate Governance in Genossenschaften

Das deutsche Genossenschaftsgesetz macht deutliche Vorgaben, wie innerhalb einer Genossenschaft die Aufgabenverteilung im Grundsatz auszusehen hat. Dennoch haben sich hier in den letzten Jahrzehnten gerade bei den größeren Genossenschaften Probleme ergeben, die insbesondere in der inhaltlichen Festlegung und der Erfüllung des Förderauftrags deutlich werden.

Jede Genossenschaft ist gegenüber ihren Mitgliedern in der Pflicht, den Förderungsauftrag zu erfüllen. Die Hauptschwierigkeit besteht dabei allerdings in der genauen Festlegung und Bestimmung dieses Auftrags. Zugleich ist der Förderungsauftrag ein zentrales identitätsbestimmendes Merkmal der Genossenschaft, durch den sich diese letztlich von anderen Unternehmen und Selbsthilfeeinrichtungen unterscheidet. Ursprünglich war der Förderungsauftrag – in der traditionellen Genossenschaft bzw. dem Organwirtschaftlichen Kooperativ – vergleichsweise einfach festzulegen und mit Inhalt aufzufüllen. In den letzten Jahren ist es hingegen wesentlich schwieriger geworden, klar festzulegen, auf welche Art und Weise eine Genossenschaft ihre Mitglieder fördern soll.

So obliegt den Mitgliedern das Recht, die Art und Weise ihrer Förderung festzulegen. Dem Vorstand kommt hingegen die Verpflichtung zu, diese Vorgaben im Rahmen des wirtschaftlich Machbaren zu erfüllen. Aufgrund von Informationsvorteilen einerseits und der Machtstruktur und den Einflussmöglichkeiten innerhalb der Genossenschaft andererseits hat sich gerade bei großen Genossenschaften eine Situation entwickelt, in der der Vorstand die Festlegung übernimmt, wie die Förderung auszusehen hat – und dadurch zu einer „wirtschaftlichen Entmündigung" der Mitglieder beiträgt.

Durch eine solche Vorgehensweise wird aber weitestgehend die Kontrolle der Mitglieder über das in ihrem Auftrag und zu ihrer Förderung geführte Unternehmen weitgehend ausgehebelt. Die Maßnahmen zur Kontrolle und Überwachung bleiben zwar gemäß den Buchstaben des Gesetzes und der Satzung existent, aber tatsächlich findet eine „Corporate Governance" nicht mehr statt.

Problem der Corporate Governance in Nonprofit-Organisationen

Ähnliche Governance-Probleme bestehen auch bei klassischen Nonprofit-Organisationen, vorrangig dann, wenn einem hauptamtlichen Vorstand oder einer entsprechenden Geschäftsführung ein großer Kreis von natürlichen Personen als Mitglieder gegenübersteht, die ihr Engagement ehrenamtlich und in ihrer Freizeit einbringen. Auch hier hat der Vorstand bzw. die Geschäftsführung in vielen Fällen eine Definitionshoheit hinsichtlich des operativ verfolgten Zieles und der Wege, auf denen das Ziel erreicht werden soll.

Die Probleme, die aus der Nicht-Definition der Ziele durch Mitglieder herrühren, lassen sich auch nicht dadurch beheben, dass ein anderes Organ der Nonprofit-Organisation wie z. B. ein

Aufsichtsrat an deren Stelle diese Aufgabe übernimmt. Denn hier machen sich mit großer Wahrscheinlichkeit Interessenunterschiede zwischen den Mitgliedern von Aufsichtsrat und Vorstand einerseits und den ‚einfachen' Mitgliedern andererseits bemerkbar. Geradezu klassische Beispiele sind ein Einkommens- und Reputationsinteresse von Vorstand und Aufsichtsrat, während die ‚einfachen' Mitglieder stärker an den Leistungen interessiert sind. Diese Interessenunterschiede müssen nicht zwangsläufig auf egoistisches Verhalten der Mitglieder von Vorstand und Aufsichtsrat zurückzuführen sein, sondern können beispielsweise auch aus Informationsvorsprüngen herrühren.

Grundsätzlich lässt sich jedenfalls die Gefahr nicht leugnen, dass der Förderungsauftrag bzw. die Mission ausgehöhlt werden könnte. Ursächlich hierfür ist nicht zuletzt die Verteilung der Transaktionskosten, speziell der Überwachungs- oder Governancekosten. Die Transaktionskosten sind beim Vorstand relativ niedrig, weil die Mitgliedergruppe klein ist, sich am selben Ort befindet und regelmäßig zusammentrifft. Die Zahl der Vorstandsmitglieder von Nonprofit-Organisationen dürfte nur in Ausnahmefällen über 10 liegen. Außerdem haben die Vorstandsmitglieder noch den Vorteil überlegener Informationsgewinne. Zugleich werden die anfallenden Kosten i. d. R. nicht von den Vorstandsmitgliedern selbst getragen, sondern als Aufwand auf die Organisation überwälzt. Ein einfaches Mitglied hingegen hat die anfallenden Transaktionskosten – egal ob in Geld- oder Zeiteinheiten – selbst zu tragen, was die Bereitschaft und Fähigkeit zur Überwachung einschränkt.

Dies bedeutet keineswegs, dass die Corporate Governance in Genossenschaften oder Nonprofit-Organisationen zwangsläufig schlecht ist. Deutlich wird allerdings eine durchaus erhebliche organisatorische Herausforderung, wenn nicht auf eine Veränderung der gesetzlichen Vorschriften zurückgegriffen werden soll.

Fragen und Themen für Diskussionen

1. Zählen Sie mehrere Gründe für die Notwendigkeit auf, sozialwirtschaftliche Organisationen durch modernes Management effizienzmäßig zu optimieren.
2. Inwieweit ist der Vorwurf berechtigt, dass diese Organisationen allerdings durch eine exzessive Managementgesinnung „ihre Seele verlieren könnten"?
3. Zeigen Sie Praktiken der Leistungsverbesserung auf, die für sozialwirtschaftliche Organisationen eindeutig positive Auswirkungen haben.
4. Welche Verhaltensweisen könnten, wenn man sie aus der privaten Wirtschaft kopiert, negative Auswirkungen auf die Glaubwürdigkeit sozialwirtschaftlicher Organisationen haben?
5. Diskutieren Sie Vor- und Nachteile kleiner finanzieller Vergünstigungen für freiwillige Helfer im Vergleich zur radikalen Ehrenamtlichkeit.
6. Im autobiografischen Roman „Grand Central Winter" von Lee Stringer (1999: 95) wird, offenbar nach einem realen Vorkommnis, folgendes dargestellt: Schenkungen schwer verkäuflicher Liegenschaften an eine dubiose freikirchliche Organisation werden dadurch für ihre Spender profitabel, dass sie durch einen Immobilienschätzer erheblich höher als ihr Wert eingeschätzt werden: bis zu jenem Zeitpunkt, wo die Steuerbehörde durch die niedrigen Verkaufspreise der hoch eingestuften Liegenschaften aufmerksam wird, entstehen den Schenkern für das steuerlich hoch absetzbare de facto aber fast wertlose Immobiliengeschenk große finanzielle Vorteile.

7. Stringer (1999: 35) äußert auch – an anderer Stelle – den Verdacht, dass Nahrungsmittel, die von einer städtisch subventionierten Freiwilligenorganisation New Yorks zur Verteilung an die Armen angekauft werden, nur teilweise auch an die Armen weitergegeben werden.
8. Diskutieren Sie, wie man solche Missbrauchsfälle im „dritten Sektor" am besten verhindern kann.

Zitate

„Weil sowohl Profit-Manager wie Manager in Nonprofit-Organisationen formal betrachtet die gleichen ... Aufgaben zu erfüllen haben, ist es sinnvoll und zweckmässig, aus der Profit-Managementlehre alle jene Erkenntnisse und Methoden zu übernehmen und in NPO einzusetzen, welche zur Lösung gleicher oder ähnlicher Probleme tauglich und brauchbar sind. Eine NPO-Managementlehre kann und darf deshalb nicht bei Null anfangen, sondern hat sich primär und soweit als realistisch um den Wissenstransfer aus dem Profit-Bereich zu kümmern."

Peter Schwarz (1992: 24f)

„Peter Drucker has tried to summarize the criticisms of nonprofit organizations into three basic arguments represented by the prescriptions people give.

1. Their managers are not enough like business managers.
2. They need better personnel, which may be the first argument in a different form.
3. Their objectives and results are too intangible."

Curtis P. McLaughlin (1986: 27f)

„Vor 20 Jahren war der Begriff „Management" für die Angehörigen von Nonprofit-Organisationen ein unanständiges Wort. „Management" war gleichbedeutend mit „Geschäft", und die gemeinnützigen Einrichtungen waren stolz darauf, sich der Kommerzialisierung zu entziehen und über niedere Beweggründe wie das finanzielle Ergebnis erhaben zu sein. Doch mittlerweile haben die meisten von ihnen gelernt, dass gemeinnützige Organisationen sogar noch mehr als Unternehmen auf ein gutes Management angewiesen sind. Der Grund dafür ist eben darin zu suchen, dass ihnen der Maßstab der Ertragsergebnisse fehlt.

Dennoch sind natürlich auch die Nonprofit-Organisationen bemüht, „gut abzuschneiden". Allerdings ist ihnen klar, dass gute Absichten kein Ersatz für Organisation, Führung, Rechenschaftspflicht, Leistungen und Ergebnisse sind. All dies erfordert Management. Und Grundlage für das Management der Organisation ist die Formulierung einer Mission."
Peter F. Drucker (2005: 60f)

„Um der internen Konkurrenz Schranken zu setzen, jenseits derer sie die Akkumulation des Kapitals [Sozialkapital; JWK], auf dem die Gruppe beruht, gefährden würde, müssen die Gruppen unter ihren Mitgliedern die Verteilung der Rechte regeln, die es ihnen erlauben, als Vertreter der Gruppe (Beauftragter, Bevollmächtigter, Repräsentant, Sprecher) aufzutreten und das Sozialkapital der gesamten Gruppe einzusetzen: Damit delegieren die etablierten Gruppen ihr Sozialkapital an alle ihre Mitglieder, allerdings in sehr ungleichem Maß (vom einfachen Laien zum Papst oder vom Parteimitglied zum Generalsekretär). Das gesamte Sozialkapital kann bei einem einzelnen Akteur individualisiert, der es konzentriert …"
Pierre Bourdieu (1999: 266)

„Weil der Repräsentant existiert, weil er repräsentiert (ein symbolischer Akt), existiert die repräsentierte, symbolisierte Gruppe und läßt sie im Gegenzug ihren Repräsentanten als Repräsentanten einer Gruppe existent werden."
Pierre Bourdieu (1992: 175)

„Delegation ist also der Akt, durch den sich eine Gruppe formiert, indem sie sich mit all dem ausstattet, was eine Gruppe zu einer solchen erst macht: eine Art Zentralstelle mit ständigem Personal, ein Büro samt allem, was zu einer entsprechenden bürokratischen Organisationsform gehört – Siegel, offizielle

Abkürzung, Unterschrift, Übertragung des Rechts auf Unterschrift, offizielle Stempel usw."

Pierre Bourdieu (1992: 176)

„Auf die Frage, wie sich der Verband den skizzierten Umfeldveränderungen in seiner Eigenart als Nonprofit-Organisation anpassen kann, konstatiert Schwarz für Verbände allgemein eine besondere Trägheit, wenngleich auch in diesen „marktfernen" Organisationen früher oder später ein Punkt erreicht werde, ab dem die Diskrepanzen zwischen dem Ist-Zustand und den Erwartungen und Anforderungen der Organisationsmitglieder ein bestimmtes Maß an Verträglichkeit übersteige."

Ingo Bode (1998: 119)

„Ineffizienz und Begrenzung von Lernfähigkeit durch die Relativierung von Norm- und Zweckrationalität haben also ihre Kehrseite in Integrations- und Stabilisierungsleistungen „entmodernisierter" Koordinationsmechanismen. ... Grundlage hierfür ist die Ausbildung interner und externer Trägheitszonen („inert areas"), die die Organisation vor dem auf Allokationseffizienz gerichteten Anpassungsdruck des Marktes schützen.

Das kann als Paradigma für die Erklärung ähnlicher Phänomene im Dritten Sektor dienen. Dies muß in einem Analogieschluß geschehen, denn eine triviale Erklärung für das „Überleben" von Dritte-Sektor-Organisationen trotz Ineffizienz wäre ihre direkte oder indirekte öffentliche Subventionierung, die halböffentliche Organisationen ebenso wie öffentliche Bürokratien von Wettbewerbsdruck befreit und deshalb – ähnlich, wie es die ökonomische Theorie der Bürokratie für den öffentlichen Sektor behauptet – von vornherein Ineffizienz stabilisieren kann."

Wolfgang Seibel (1994: 236)

„Nonprofit-Organisationen sind, so Seibels Theorie des Funktionalen Dilettantismus, vormoderne, wenig responsive und dilettantisch gemanagte Organisationen, die nur überleben können, weil sie sich in einer geschützten Nische befinden. Die Nische verschafft ihnen der Staat, um sie im Sinne symbolischer Politik als „Sickergrube" für unlösbare gesellschaftliche Probleme zu benutzen. Sollte diese Nische jemals wegfallen, würden die NPOs durch effizientere Organisationsformen des Marktes oder Staates verdrängt, oder sich – unter Verlust ihrer Organisationsspezifika – selbst zu Firmen oder Behörden wandeln."

Stefan Nährlich (1998: 225)

„Man hat nur die Wahl zwischen „Bureaucratisierung" und „Dilettantisierung" der Verwaltung."

Max Weber, zitiert nach Seibel (1994: 298)

„Fruchtbarer erscheint dann die Hypothese, daß institutionelle Alternativen zu Markt und Staat auch auf andere Erfordernisse antworten als die Sicherstellung von Zweck- und Normrationalität sozialen Handelns und daß diese anderen Erfordernisse ihr Organisationsverhalten prägen. Der Dritte Sektor gewinnt seine eigenständige Funktion bei dieser Betrachtung gerade aus der Resistenz gegenüber „Isomorphismus"-Tendenzen: seine Funktion ist dann nicht Bürokratisierung, sondern Dilettantisierung.

Gleichwohl ist die Einbettung in eine moderne Organisationskultur die bleibende Achillesferse „erfolgreich scheiternder Organisationen". Risiken stammen von internem und externem Modernisierungsdruck. ...

Modernisierungsdruck geht namentlich von der Ausweitung der Aufgabenbereiche und der Professionalisierung des Personals aus."

Wolfgang Seibel (1994: 299f)

„In den USA werden NPOs professioneller geführt. Dies ist weniger darauf zurückzuführen, daß die Amerikaner bessere Manager sind, sondern daß die amerikanischen NPOs vom Umfeld dazu gezwungen werden. Der Einfluß des Staates und damit der Finanzierung durch die Öffentlichkeit ist seit den frühen 80er Jahren vor allem im Sozialbereich stark reduziert. Folgt man den aktuellen Entwicklungen, zeichnet sich derzeit eine zweite Welle der drastischen Kürzungen von Sozialleistungen der öffentlichen Hand ab, gepaart mit einer gleichzeitigen Auslagerung von Leistungen an private Organisationen."

Christian Horak/Peter Heimerl-Wagner (1999: 140f)

„Fundraising is important to nonprofit leaders for many reasons. The first, the most obvious and most practical, is that fundraising generates essential incomefor charitable organizations. ... An equally important but typically less obvious reason for fundraising to be a priority for nonprofit leaders is that fundraising success measures the degree to which an organization's purpose is affirmed."

Robert E. Fogal (2005: 419f)

„Philanthropic fundraising is mission-driven. That is, funds are sought to enable a nonprofit to serve the community good that the organization addresses. Philanthropic fundraising is also volunteer-centered. Over the long term, the involvement of volunteers in governance, advocacy,, and giving is essential to healthy nonprofits."

Robert E. Fogal (2005: 432)

„Die Frage, ob besonders publizitätswirksame Spendenaufrufaktionen Marktanteilsverluste für andere NPOs nach sich ziehen, kann nicht endgültig beantwortet werden, im Gegenteil, Aussage steht oftmals gegen Aussage. Einerseits gibt es Hinweise, daß etwa die in Österreich überaus erfolgreiche Aktion „Nachbar in Not" nicht zu negativen Tendenzen in der Entwicklung des Spendenaufkommens im Non-Profit-Sektor geführt hat. ... Andererseits dürfen aber jene Stimmen nicht überhört werden, die von gegenteiligen Erfahrungen berichten, die also durch erfolgreiche Spendenaktionen, an denen sie nicht beteiligt sind, empfindliche Spendenschmälerungen beklagen müssen."

Stefan Bernhardt (1999: 322)

„Aus ökonomischer Perspektive kann gezeigt werden, daß die Besonderheiten der Nonprofit-Organisationen vor allem in ihren institutionellen Beteiligungsmöglichkeiten an normativen Ideen bzw. Wertvorstellungen liegen."

Stefan Nährlich (1998: 226)

„Zwischen „Mission" und „Ökonomie" besteht in jeder Organisation ein Spannungsverhältnis. Es handelt sich also nicht um eine Besonderheit des Nonprofit-Sektors. Unter „Mission" kann man den Glauben an eine besondere Zweckbestimmung einer Organisation verstehen, unter „Ökonomie" die Notwendigkeit, für die Verfolgung dieser Zwecke die erforderlichen Ressourcen zu mobilisieren und die Ressourcen so einzusetzen, dass ein Maximum an Zweckerfüllung mit einem Minimum an Mitteln erreicht wird."

Wolfgang Seibel (2002: 15)

„Die in der betriebswirtschaftlichen Kalkulation unaufgebbare Trennung zwischen einer präzisen Zieldefinition und dem sparsamen Mitteleinsatz ist bei personennahen Dienstleistungen nur begrenzt nachvollziehbar. Es gilt mit einigen Einschränkungen die Formel: Der Prozess ist das Ziel. So scheinen diejenigen Recht zu haben, die in der Prozessqualität die Ergebnisqualität vorgezeichnet sehen und meinen, dass die Qualität der

Leistungsvermittlung nicht aus der Außenperspektive eines neutralen Beobachters, sondern nur durch die begleitende Reflektion eines Mitwirkenden feststellbar sei."

Friedhelm Hengsbach/Tobias Jakobi (2004: 111)

„Bis in die 70er Jahre des 20. Jahrhunderts stand der Begriff der Ehrenamtlichkeit stellvertretend

„für ehrenamtlich tätige Männer, die in Parteien, Gewerkschaften, Sportvereinen und anderen Institutionen öffentlichen Lebens ein Amt inne hatten. Die ehrenamtliche Mitarbeit von Frauen kam in vielen Handlungsfeldern entweder kaum vor oder wurde nur am Rande wahrgenommen. Sofern das 'weibliche' Element in der Öffentlichkeit überhaupt präsent war, dann allenfalls im sozialen und/oder kirchlichen Bereich. ... (Beher/Liebig/Rauschenbach 2000, S. 185)"."

Ingrid Schmale (2002: 503f)

„Während der Frauenanteil bei dem sozialen ehrenamtlichen Engagement seit jeher deutlich über dem Anteil der männlichen Ehrenamtlichen liegt, ist dies beim politischen Engagement und insbesondere bei der Besetzung ehrenamtlicher Funktionspositionen eher umgekehrt. Die im sozialen Engagement geforderten qualitativen Kompetenzen und Befähigungen sind denen in der Hausarbeit sehr ähnlich und sind bisher Bestandteil der geschlechtsspezifischen Arbeitsteilung bzw. Ungleichheit (vgl. Heinze/Olk/Hilbert, 1988; siehe auch Backes 1987)."

Ingrid Schmale (2002: 505)

„Heute sprechen viele von einer männlichen und einer weiblichen Ehrenamtlichkeit, wobei diese Zuordnung in der Literatur auch nicht unumstritten ist. Aber allem Anschein nach existieren ausgesprochene Männer- und ausgeprägte Frauendomänen des ehrenamtlichen Engagements: Männer engagieren sich stärker in Sportvereinen, in politischen Parteien und Gewerkschaften, wohingegen Frauen stärker in den Bereichen Sozial- und Gesundheitswesen und in kirchlichen Organisationen engagiert sind. Dabei geht es nach Heinze, Olk und Hilbert vornehmlich um „Sorgearbeit" (engl.; care work), um Beziehungsarbeit (vgl. dies. 1988, S. 144f). Es zeigen sich ausgesprochene „weibliche und männliche 'Ehrenamtsvorlieben', die sich (...) als äußerst resistent erweisen." (Beher/Liebig/Rauschenbach 1998, S. 198)."

Ingrid Schmale (2002: 507)

„Interessanterweise hingen viele Schwierigkeiten mit dem zusammen, womit ich mich während meiner dreißigjährigen Forschungsarbeit befasst hatte, mit unvollständiger und insbesondere asymmetrischer Information. Gemeint sind damit Situationen, in denen bestimmte Menschen über Informationen verfügen, die andere nicht haben. Fortschritte bei der Ausarbeitung dieser Theorien helfen uns zu verstehen, was nicht funktioniert hat und warum."

Joseph E. Stiglitz (2004: 18)

„Aus politikwissenschaftlicher bzw. soziologischer Perspektive werden auch für NPOs die Klassiker des institutionellen Wandels in Form des Oppenheimerschen Gesetzes der Transformation (Oppenheimer, 1896) und des Michelschen Gesetzes der Oligarchisierung (Michels, 1911) als relevant angesehen. Ihre Bedeutung läßt sich nicht zuletzt an klassischen NPOs – wie den Genossenschaften – leicht verifizieren. Beide kommen zum Ergebnis, daß sich der Charakter von NPOs im Lauf der Zeit vor allem auch als eine Folge des Erfolgs kräftig verändern kann."

Christoph Badelt (1999: 108)

„Und während die erhöhte Regulierung traditionell dazu führt, dass zivilgesellschaftliche Organisationen sich behördlichen Auflagen allzu bereitwillig beugen und ihr eigenes Selbstverständnis allzu oft hintanstellen, stehen sie Vorwürfen aus der Öffentlichkeit oft recht hilflos gegenüber und sind kaum in der Lage, die Verbindung von guter Absicht und guter Ausführung zu kommunizieren.

Die Ursache hierfür sind häufig schwere organisatorische Mängel, die traditionell darauf zurückzuführen sind, dass die guten Absichten oder die Verbundenheit mit der Idee bei der Betrauung mit Aufgaben innerhalb der Organisation höher bewertet worden sind als Ausbildung, Fähigkeiten oder Erfahrung."

Rupert Graf Strachwitz (2004: 107)

Interessante Websites

http://www.fundraising.at
  (Infos zu Fundraising in Österreich)

http://www.nonprofit.at
  (Infos zu Nonprofit-Organisationen in Österreich)

http://www.ngo.at
  (Infos zu Nonprofit-Organisationen in Österreich)

http://www.fundraising-akademie.de
  (Infos zu professionellem Fundraising)

http://www.management-fuer-npo.info/
  (allgemeine Betriebsanleitung für gemeinnützige Organisationen)

http://www.fundraising.co.at
  (Beratung, Coaching und Projektmanagement im Großspenden-Fundraising für Bildung, Kultur, Soziales und Religion.)

http://www.sozialmarketing.de
  (Bundesarbeitsgemeinschaft für Sozialmarketing (BSM), Berufsorganisation der FundraiserInnen).

http://www.cev.be
  (The European Volunteer Center)

http://www.energizeinc.com
  (Energie for Leaders of Volunteers)

http://www.evolunteerism.com
  (E-Volunteerism)

http://www.iave.org

(International Association for Volunteer Effort (IAVE))

http://www.idealist.org

(Action Without Borders; Netzwerkaktivitäten im Freiwilligen-Bereich)

http://www.bagfa.de

(Bundesarbeitsgemeinschaft der Freiwilligenagenturen)

Literatur

Anthony, Robert N. (1984): Management control in nonprofit organizations, 3. Aufl., [Irwin] Homewood, Ill. 1984.

Backes, Gertrud (1987): Frauen und soziales Ehrenamt: zur Vergesellschaftung weiblicher Selbsthilfe, [Maro] Augsburg 1987.

Badelt, Christoph (1999): Zwischen Marktversagen und Staatsversagen? Nonprofit Organisationen aus sozioökonomischer Sicht, in: Christoph Badelt unter Mitarbeit von Werner Bachstein (Hrsg.): Handbuch der Nonprofit Organisation. Strukturen und Management, 2. Aufl., [Schäffer-Poeschel] Stuttgart 1999, S. 97-118.

Badelt, Christoph unter Mitarbeit von Werner **Bachstein** (Hrsg.) (1999): Handbuch der Nonprofit Organisation. Strukturen und Management, 2. Aufl., [Schäffer-Poeschel] Stuttgart 1999.

Beher, Karin/**Liebig**, Reinhard/**Rauschenbach**, Thomas (1998): Das Ehrenamt in empirischen Studien. Ein sekundäranalytischer Vergleich, [Kohlhammer] Stuttgart u. a. 1998.

Beher, Karin/**Liebig**, Reinhard/**Rauschenbach**, Thomas unter Mitarbeit von Wiebken Düx (2000): Strukturwandel des Ehrenamtes. Gemeinwohlorientierung im Modernisierungsprozeß, [Juventa] Weinheim/München 2000.

Bernhardt, Stefan (1999): Finanzierungsmanagement von NPOs, in: Christoph Badelt unter Mitarbeit von Werner Bachstein (Hrsg.): Handbuch der Nonprofit Organisation. Strukturen und Management, 2. Aufl., [Schäffer-Poeschel] Stuttgart 1999, S. 301-330.

Bode, Ingo (1998): Entscheidende Momente. Nonprofit-Organisationen im Krankenversicherungswesen zwischen

Markt und Solidarität, in: Arbeitskreis Nonprofit-Organisationen (Hrsg.): Nonprofit-Organisationen im Wandel. Ende der Besonderheiten oder Besonderheiten ohne Ende?, [Verein für öffentliche und private Fürsorge] Frankfurt am Main 1998, S. 47-74.

Bourdieu, Pierre (1992): Delegation und politischer Fetischismus, in: Pierre Bourdieu: Rede und Antwort, [Suhrkamp] Frankfurt am Main 1992, S. 174-192.

Bourdieu, Pierre (1999): Das Sozialkapital. Vorläufige Notizen, in: Peripherie. Zeitschrift für Politik und Ökonomie in der Dritten Welt, Band 25, 1999, S. 263-266.

Budäus, Dietrich (Hrsg.) (2005): Governance von Profit- und Nonprofit-Organisationen in gesellschaftlicher Verantwortung, [Deutscher Universitäts-Verlag] Wiesbaden 2005.

Carroll, Kathleen A. (2004): Property rights and managerial decisions in for-profit, nonprofit, and public organizations. Comparative theory and policy, [Palgrave Macmillan] Basingstoke, Hampshire u. a. 2004.

Drucker, Peter F. (1990): Managing the non-profit organization. Practices and principles, [Butterworth-Heinemann] Oxford u. a. 1990´.

Drucker, Peter F. (2005): Die gemeinnützige Einrichtung als Lehrmeister des Unternehmens, in: Peter F. Drucker: Was ist Management? Das Beste aus fünfzig Jahren, 3. Aufl, [Econ] Berlin 2005, S. 59-72.

Fogal, Robert E. (2005): Designing and managing the fundraising program, in: Robert D. Herman & Associates (Ed.): Handbook of Nonprofit Leadership and Management, 2 ed., [Jossey-Bass] San Francisco 2005, pp. 419-435.

Grace, Kay Sprinkel (2005): Beyond fundraising. New strategies for nonprofit innovation and investment, 2. Aufl., [Wiley] Hoboken, NJ 2005.

Heinze, Rolf G./**Olk**, Thomas/**Hilbert**, Josef (1988): Der neue Sozialstaat. Analyse u. Reformperspektiven, [Lambertus] Freiburg im Breisgau 1988.

Hengsbach, Friedhelm/**Jakobi**, Tobias (2004): Die christliche Identität eines Krankenhauses, in: Gotlind Ulshöfer/Peter Bartmann/Franz Segbers/Kurt W. Schmidt (Hrsg.): Ökonomisierung der Diakonie. Kulturwende im Krankenhaus und bei sozialen Einrichtungen, [HAAG + HERCHEN] Frankfurt am Main 2004, S. 99-117.

Horak, Christian/**Heimerl-Wagner**, Peter (1999): Management von NPOs – Eine Einführung, in: Christoph Badelt unter Mitarbeit von Werner Bachstein (Hrsg.): Handbuch der Nonprofit Organisation. Strukturen und Management, 2. Aufl., [Schäffer-Poeschel] Stuttgart 1999, S. 139-152.

Kramer, Jost W. (2002): Die Struktur deutscher Genossenschaften im Lichte der Property Rights Theorie, in: Markus Hanisch (Hrsg.): Genossenschaftsmodelle – zwischen Auftrag und Anpassung. Festschrift zum 65. Geburtstag von Rolf Steding, [Institut für Genossenschaftswesen an der Humboldt-Universität zu Berlin] Berlin 2002, S. 285-314.

Kramer, Jost W. (2003): Zum Wirken des „Oppenheimerschen Transformationsgesetzes" bei Produktivgenossenschaften, in: Zeitschrift für das gesamte Genossenschaftswesen, Jg. 53, Heft 1/2003, S. 41-56.

Kramer, Jost W. (2006): Grundkonzeption für die Entwicklung eines Qualitätsmanagements im sozialwirtschaftlichen Bereich, [Hochschule Wismar, Fachbereich Wirtschaft] Wismar 2006.

Mayers, Raymond Sanchez (2004): Financial management for nonprofit human service organizations, 2. ed., [Thomas] Springfield, Ill. 2004.

McLaughlin, Curtis P. (1986): The Management of Nonprofit Organizations, [John Wiley & Sons] New York/Chichester/Brisbane/Toronto/Singapore 1986.

Michels, Robert (1911): Zur Soziologie des Parteiwesens in der modernen Demokratie. Untersuchungen über die oligarchischen Tendenzen des Gruppenlebens, [Klinkhardt] Leipzig 1911.

Nährlich, Stefan (1998): Was sind die und was bleibt von den Besonderheiten der Nonprofit-Organisationen? Eine ökonomische Betrachtung, in: Arbeitskreis Nonprofit-Organisationen (Hrsg.): Nonprofit-Organisationen im Wandel. Ende der Besonderheiten oder Besonderheiten ohne Ende?, [Verein für öffentliche und private Fürsorge] Frankfurt am Main 1998, S. 225-250.

Oppenheimer, Franz (1896): Die Siedlungsgenossenschaft. Versucher einer Überwindung des Kommunismus durch Lösung des Genossenschaftsproblems und der Agrarfrage, [Deutsches Verlagshaus] Berlin 1896.

Pfaffenzeller, Herwig (2003): Die Governance von Nonprofit-Organisationen. Ein institutionenökonomischer Ansatz, [Wirtschaftsuniversität Wien, Diss.] Wien 2003.

Porter, Michael E. (2000): Wettbewerbsvorteile – Spitzenleistungen erreichen und behaupten, 6. Aufl., [Campus] Frankfurt am Main/New York 2000.

Schmale, Ingrid (2002): Aufbruch in die BürgerInnengesellschaft? – Das ehrenamtliche Engagement unter frauen- und sozialpolitischen Aspekten, in: Reinbert Schauer/Robert Purtschert/Dieter Witt (Hrsg.): Nonprofit-Organisationen und gesellschaftliche Entwicklung: Spannungsfeld zwischen Mission und Ökonomie. 5. Colloquium der NPO-Forscher im deutschsprachigen Raum, [Rudolf Trauner Verlag] Linz 2002, S. 495-516.

Schwarz, Peter (1992): Management in Nonprofit-Organisationen. Eine Führungs-, Organisations- und Planungslehre für Verbände, Sozialwerke, Vereine, Kirchen, Parteien usw., 2. Aufl., [Paul Haupt] Bern/Stuttgart/Wien 1992.

Seibel, Wolfgang (1992): Funktionaler Dilettantismus. Erfolgreich scheiternde Organisationen im „Dritten Sektor" zwischen Markt und Staat, [Nomos] Baden-Baden 1992.

Seibel, Wolfgang (2002): Das Spannungsfeld zwischen Mission und Ökonomie, in: Reinbert Schauer/Robert Purtschert/Dieter Witt (Hrsg.): Nonprofit-Organisationen und gesellschaftliche Entwicklung: Spannungsfeld zwischen Mission und Ökonomie. 5. Colloquium der NPO-Forscher im deutschsprachigen Raum, [Rudolf Trauner Verlag] Linz 2002, S. 15-37.

Stiglitz, Joseph E. (2004): Die Roaring Nienties. Der entzauberte Boom, [Siedler] Berlin 2004.

Strachwitz, Rupert Graf (2004): Gemeinnützigkeit als Organisationsproblem, in: Helmut K. Anheier/Volker Then (Hrsg.): Zwischen Eigennutz und Gemeinwohl. Neue Formen und Wege der Gemeinnützigkeit, [Bertelsmann Stiftung] Gütersloh 2004, S. 93-112.

Stringer, Lee (1999): Grand Central Winter. A Story from the Streets of New York City [Headline Review] London 1999.

Ulrich, Thomas (1996): Qualitätsmanagement. Eine aktuelle Standortbestimmung unter besonderer Berücksichtigung der

Anwendung in der Bank, [Schulthess Polygraphischer Verlag] Zürich 1996.

Walker, Julia I. (2005): Nonprofit essentials. The capital campaign, [John Wiley & Sons] Hoboken, NJ 2005.

Yale School of Management/Oster, Sharon M./**Massarsky**, Cynthia W./**Beinhacker**, Samantha L. (Eds.) (2004): Generating and sustaining nonprofit earned income. A guide to successful enterprise strategies, [Jossey-Bass] San Francisco, Calif. 2004.

Zimmer, Annette (2000): Bürgerengagement, Zivilgesellschaft und Dritter Sektor vor Ort – Standortbestimmung und Entwicklungsperspektiven, in: Politische Bildung, Jg. 33, Heft 4, S. 39-59.

Kapitel 8: Entwicklungstrends der Economie Sociale

Lebenszyklen – Professionalisierung – Vermarktlichung

Im Bereich der Economie Sociale lassen sich derzeit verschiedene Entwicklungstrends beobachten, die die Organisationen wegführen von ihren Wurzeln. Drei dieser Trends werden nachfolgend hervorgehoben und diskutiert.

Lebenszyklen

Seit langem ist sich der Mensch bewusst, dass nicht nur seine oder ihre Lebensspanne begrenzt ist, sondern dass auch menschliche Organisationen oft Lebenszyklen durchlaufen. Antike Philosophen wie Aristoteles haben über den Aufstieg und Niedergang sowie typische Transformationstendenzen verschiedener Formen staatlicher Organisationen spekuliert. Der arabische Denker Ibn Chaldoun hat ähnliches mit noch größerer Präzision im Spätmittelalter unternommen. Max Weber hat seine berühmte Unterscheidung der anfänglichen charismatischen Phase einer religiösen oder politischen Bewegung und ihrer notwendigen Erstarrung und Bürokratisierung entworfen. Organisationssoziologen wie Robert Michels haben Prozesse dieser Art in politischen Reformbewegungen näher analysiert. Selbst in der Alltagssprache finden wir das Bewusstsein, dass sogar einzelne Unternehmen oder Familienvermögen ähnlichen Entwicklungsgesetzen gehorchen. Es gibt in zahlreichen Sprachen Sprichwörter der Art, dass der Wohlstand oder das Unternehmen, das durch ein energisches Individuum der ersten Generation aufgebaut wird, in der zweiten Generation erhalten, aber in der dritten untergehen wird. Wir wissen, was das Wirtschaftsleben betrifft, dass eine sehr große Anzahl von kleinen Firmengründungen nicht die ersten drei Jahre überlebt (aufgrund von

Mangel an Finanzmitteln, aber auch Mangel an Erfahrung oder aufgrund von Managementfehlern). Aber selbst bei großen Firmen ist ein dauerhaftes Überleben keineswegs garantiert, wie nicht zuletzt die Fälle von Enron, Philipp Holzmann und anderen „namhaften" Pleiten in jüngster Zeit signalisieren.

Es erscheint durchaus sinnvoll, eine ähnliche Sichtweise auch auf die Unternehmen der Sozialwirtschaft anzuwenden. Einerseits gibt es in diesem Bereich häufig enge Beziehungen zu politischen und religiösen Institutionen, und der Vorgang von anfänglichem Enthusiasmus, Normalisierung und Bürokratisierung dürfte zum Teil ähnlich dem Schema Max Webers ablaufen. Andererseits scheint es so, dass gegenwärtig eine größere Zahl der heute bedeutenden Unternehmen der Sozialwirtschaft in ihrem Lebenszyklus einen relativ späten Punkt erreicht hat, so dass ein gewisser Widerspruch entsteht zwischen den großen Hoffnungen, die sich an den „dritten Sektor" seitens mancher Autoren knüpfen und den evidenten Problemen, die es in diesem Bereich ebenfalls gibt.

Im Großen und Ganzen kann man sagen, dass Unternehmen der Sozialwirtschaft zumindest in ihrem Anfangsstadium erheblich mehr „ideologisiert" als andere Unternehmen auftreten, die sich bloß das Ziel gesetzt haben, Gewinne zu machen. Unternehmen der Sozialwirtschaft appellieren nicht nur an den homo oeconomicus, sondern oft auch an den homo ethicus und das gibt ihnen häufig einen anfänglichen Vorteil bei Kunden und altruistisch motivierten Investoren, schafft aber zugleich auch gewisse Probleme und Spannungen. Gegen Ende dieser Einführung in die Sozialwirtschaft wollen wir uns explizit ihrer Evolution im Zeitablauf widmen und Aspekten des organisatorischen Wandels, der Anpassung aber auch des möglichen Verfalls kommen in den Blickpunkt.

Dies ist ein heikles Thema. Sozialwissenschaftler, die sich emotional an eine „Bewegung" binden, haben natürlicherweise eine gewisse Scheu, über deren möglichen Niedergang zu sprechen (besonders wenn sie in gewisser Hinsicht von dieser finanziell abhängig sind). Wenn entsprechend engagierte Autoren durch ihre intellektuelle Ehrlichkeit oder offenkundige, unleugbare Katastrophen gezwungen sind, gewisse ernsthafte Veränderungen zuzugeben, gilt die Suche zuweilen nicht den Gründen, sondern möglichen Schuldigen oder sogar (dämonisierten) „Schurken". Diese Haltung sollte aber vermieden werden, denn sie begünstigt nicht eben die unbefangene Erkenntnis. Im gegenwärtigen Einführungstext versuchen wir, einen an Max Weber orientierten Standpunkt möglichster Objektivität und Wertfreiheit einzuschlagen. Es ist klar, dass ein solches Ideal schwer zu erreichen ist, aber man sollte sich bemühen, es anzustreben und asymptotisch zu approximieren.

Professionalisierung

Tatsache ist: Während ein „dritter", nicht profitorientierter Sektor gegenwärtig stark diskutiert wird, muss zugegeben werden, dass um die Jahrtausendwende viele Organisationen, die auf einer solchen mehr als nur ökonomischen Basis errichtet worden sind und die ein gutes Jahrhundert an institutionellem Bestand (wenngleich mit beachtlichem strukturellen Wandel) aufweisen, in große Schwierigkeiten geraten sind. Entweder müssen sie sich weitestgehend kapitalistischen Organisationsprinzipien angleichen und werden damit „banalisiert" oder „verlieren ihre Seele", wie viele Kritiker behaupten – oder sie sind von der akuten Gefahr des Verschwindens bedroht.

Die tiefe Krise der Konsumgenossenschaften, die über Jahrzehnte der erfolgreichste und expansivste Teil der sogenannten

Sozialwirtschaft waren, hat zu Beginn der 1990er Jahre zu dramatischen Veränderungen geführt.

Vergessen wir nicht: Etwa ein Jahrhundert zuvor haben Autoren wie Charles Gide (in seiner visionären Rede über die genossenschaftliche Republik Paris 1889) oder Werner Sombart und Karl Renner um 1900 diesen konsumgenossenschaftlichen Organisationen noch eine wesentliche Rolle bei der grundsätzlichen Umgestaltung der kapitalistischen Wirtschaft in eine sozialisierte zugemessen. Auch wenn sich diese Visionen bald als überschießend herausstellen sollten: Bis über die Mitte des 20. Jahrhunderts waren die Konsumgenossenschaften wenigstens in ihrem engeren Wirtschaftsbereich, dem Einzelhandel und teilweise der Lebensmittelindustrie in vielen europäischen Ländern als Motoren der Innovation oder wenigstens als regional pionierhafte europäische Imitatoren amerikanischer Entwicklungen (etwa der Selbstbedienung und der „Hypermarktrevolution") aufgetreten. Im letzten Drittel des 20. Jahrhunderts, speziell um 1990, wurden aber mehrere „Bewegungen" dieser Art in Mittel- und Nordeuropa eliminiert und andere mussten drastische Reformschritte eingehen in Richtung auf Zentralisierung, Kostenreduzierung und Anpassung an kapitalistische Konkurrenten. Der sozialwirtschaftliche Aspekt musste somit bei jenen Organisationen, die am Markt überleben wollten, massiv reduziert werden.

Andere Organisationen des sozialwirtschaftlichen Bereiches, so etwa landwirtschaftliche und Kreditgenossenschaften, aber auch Nonprofit-Organisationen haben ähnliche Prozesse durchzumachen gehabt. Dabei muss nochmals festgehalten werden: die „Anpassung an den Markt" hatte, etwa was den ländlichen Kreditmarkt betrifft, oft durchaus modernisierende Wirkung, auch wenn die ursprünglichen, „antikapitalistischen" Intentionen mancher Gründerväter nicht unbedingt beibehalten wurden.

Vermarktlichung

Die Anpassung an den Markt scheint allerdings um so leichter gefallen zu sein, je weniger grundsätzlich kritisch der ursprüngliche Ansatzpunkt sozialwirtschaftlicher Institutionen gegenüber dem privat- und marktwirtschaftlichen System gelegen war. Institutionen mit sehr deutlichem antikapitalistischen Ethos und Pathos scheinen dagegen besonders leicht einer Kombination von traditionalistischer Erstarrung abgehobener Funktionärskasten mit Effizienz mindernder Großmannssucht, interner Korrumpierung und Schlamperei sowie Verlust der Mitgliederloyalität zum Opfer gefallen zu sein. Selbst für jene Bereiche, die sich stets als Teil der Privatwirtschaft verstanden haben, muss aber etwa festgehalten werden, dass die Anpassungsprozesse nicht immer friktionsfrei verlaufen sind. Der Raiffeisen-Traditionalismus musste etwa in den 1950er Jahren zwar zugunsten einer Etablierung eines normalen Banknetzwerkes (mit entsprechender Reduzierung des Aspektes der Freiwilligenarbeit) zurückstehen, aber es gab ihn ebenso wie den Widerstand konsumgenossenschaftlicher Traditionalisten gegen allzu amerikanisierte PR-Aktivitäten im Einzelhandelssektor. Fundamentalistische Opposition gerade stark motivierter Mitarbeiter im Nonprofit-Sektor gegen Hochdruckmarketingaktivitäten mit Fernsehspots und angemietete „Keiler" (etwa beim Fundraising für den Tierschutz) ist derzeit in vielen Ländern feststellbar. Man kann die betreffenden Prozesse grundsätzlich in zweifacher Hinsicht sehen:

1. In moralistischer Weise,

2. in nicht moralistischer Weise im Hinblick auf evolutionäre Trends.

Mit unbestreitbar wertendem Unterton wird von kritischen Beobachtern häufig die These einer „stillen Machtübernahme der Manager" und damit des Abbaus einer lebendigen Mitgliederdemokratie als Grund für Probleme genannt. Grund der „Banalisierung" weiter Bereiche der Sozialwirtschaft und ihres Verlustes an demokratischer Spontaneität seien die Macht- und Kontrollinteressen der professionalisierten Führungsschicht – Hoffnung bestehe in einer erneuten Aktivierung der Mitglieder, die die betroffenen Organisationen gleichsam wieder „verjüngen" könnte.

Der empirische Befund gibt allerdings nicht sehr viel Anlass, dieser Interpretation zuzuneigen. Die Macht- und Kontrollinteressen des Managements sind zwar evident, die Passivität der Mitglieder erscheint allerdings nicht als unmittelbares Produkt eines „manageriellen Putsches" sondern eher der Apathisierung infolge langjährigen zufrieden stellenden Funktionierens sowie einer wachsenden Distanz der Mitglieder zu „ihren" Organisationen. Diese werden zunehmend als Marktpartner empfunden, zu denen keine stärkeren emotionalen Bindungen bestehen, notabene dann, wenn das mit der Mitgliedschaft verbundene finanzielle Engagement gering ausfällt. Der „Vermarktlichungsprozess", der heute alle gesellschaftlichen Sphären durchzieht, macht auch vor der Economie Sociale nicht halt, und er führt dazu, dass die Manager und ein kleiner Kreis von „Traditionalisten", hauptsächlich im ideologisch aktivsten Funktionärssektor, von den Mitgliedern vielfach einfach „alleingelassen" werden: Vor allem dort, wo eben seitens der Mitglieder keine größeren Kapitaleinsätze vorliegen, sondern nur minimale Geschäftsanteile oder Mitgliedsbeiträge geleistet werden müssen (das betrifft nicht nur die Konsumgenossenschaften und weite

Teile der Kreditgenossenschaften sowie die überwiegende Mehrzahl der Nonprofit-Vereine), wird die Mitgliedschaft leicht zur Äußerlichkeit, aus dem emotional engagierten Mitträger der Organisation wird ein distanzierter Konsument, der bei ansatzweiser Unzufriedenheit ohne Gewissensbisse zu anderen Marktpartnern überläuft.

Eine nicht moralisierende Betrachtungsweise muss sich auf die Interpretation der evolutionären Trends beziehen, denen auch die Sozialwirtschaft unterliegt, und dabei hat der Prozess der „Entideologisierung" und „Vermarktlichung", der seit der Mitte des zwanzigsten Jahrhunderts die westlichen Gesellschaften bestimmt, eine bedeutende Rolle.

Der österreichische Soziologe Manfred Prisching hat in einem jüngst publizierten Aufsatz eine Vielzahl von Beispielen für diesen Vermarktlichungsprozess angeführt: Ältere Menschen wurden früher im Familienkreis gepflegt, jetzt werden sie in Pflegeheimen versorgt, und der „Pflegemarkt" boomt (was mit zur Folge hat, dass kommerzielle Anbieter sich immer deutlicher für diesen Markt interessieren und nicht gesonnen sind, „unfaire Wettbewerbsvorteile" in Form von Subventionen für „Nonprofit-Anbieter hinzunehmen). Essen wurde früher am heimischen Herd produziert: jetzt werde es in Form von Fertig- und Halbfertigprodukten gekauft, fertig gestellt oder erwärmt. Kindern wurden früher Fertigkeiten wie Schwimmen oder Schifahren in der Familie beigebracht, heute würden sie von professionellen Animateuren betreut. Selbst Volksfeste würden heute zum Projekt von „Eventmanagern" und deren Akteure zum Zwecke des touristischen Amüsements bezahlt. Es gäbe sogar Kurse, die das Stillen von Babies lehrten, „eine Qualifikation, die man einst angeboren wähnte". Unter den konkurrierenden gesellschaftlichen Regulationsmechanismen „Markt", „Befehl", „Moral" und „Verhandlungen" sieht Prisching heute den Markt, das Spiel von

Angebot und Nachfrage eindeutig im Vormarsch. Und er steht nicht allein da.

Prisching zeigt sich allerdings skeptisch dahingehend, ob historischer Optimismus bezüglich der Entwicklung solcher Koordinationsmechanismen am Platz sei: nicht immer setze sich der „beste" (effizienteste oder gar humanste) Regelungsmechanismus durch, und er verweist auf die Wandlungen der Einsatzfelder dieser Mechanismen im historischen Verlauf: in manchen Phasen der Geschichte seien Menschen marktmäßig (als Sklaven) gekauft und verkauft worden. Im Römischen Reich und im Absolutismus seien auch öffentliche Positionen oft an den Meistbietenden verkauft worden und es gäbe Indizien dafür, dass dieser Mechanismus im Grunde durchaus funktionsfähig gewesen sei. Selbst Heilsgüter seien im Laufe der Kirchengeschichte zeitweilig im Sinne von Ablasszahlungen einer Art Gebührenordnung unterworfen worden.

Diese potenzielle Relativierung der aktuellen Vermarktlichungstendenz öffnet in gewissem Sinn die Perspektive für Entwicklungen, die das Instrument des Kaufes und Verkaufes auch wieder zugunsten anderer, stärker solidaristisch geprägter sozialer Koordinationsmechanismen zurückdrängen könnten. Dennoch gibt auch Prisching zu: niemals gab es so viel Markt. Der Markt sei der historische Gewinner im Industrialisierungs- und Postindustrialisierungsprozess.

Das ist auch für den Bereich der Economie Sociale festzustellen. Institutionen dieses Sektors haben sich „marktmäßig" zu bewähren oder sie gehen unter. Der solidaristische Impuls, dem sie entspringen, gehört aber in Wahrheit einem anderen gesellschaftlichen Regelkreis an, jenem, den Prisching mit „Moral" benennt und mit dem Hinweis auf „soziale Normen, Solidarität, Altruismus" erläutert. Die Verträglichkeit beider Koordinationsmechanismen erscheint durchaus komplex – zumal dort, wo es um die Bereitschaft zum Ertragen persönlicher, physischer oder psychischer Belastungen geht, die im altruistischen Bereich oft bewusst und stolz zur Schau gestellt wird – indessen sie im Marktsystem eher der emotional flachen Genuss- und Konsummentalität begegnet: Wie kann das „Markenzeichen" einer echten Economie Sociale (wo sie als positive Differenz empfunden wird) im Sinne höherer emotionaler Befriedigung und Zusammengehörigkeitsgefühle bewahrt und genutzt werden, wenn auch in ihr allerorts der Rechenstift und das „Managen" einsetzt?

Wir kehren mit diesen Überlegungen an den Ausgangspunkt dieses Textes zurück: den aktuell feststellbaren „Triumph des Homo oeconomicus", der sich mit einer machtvollen Ausbreitung eines (echten) sozialwirtschaftlichen Sektors nicht unbedingt leicht vereinbaren lässt. Zugleich aber öffnet uns der Blick auf die historische Perspektive (und den in früheren Zeiten zum Teil noch viel „merkantileren" Umgang mit Menschen) doch auch die Einsicht in die Möglichkeit, dass neue „Zeitgeistwellen" auch wieder gegenläufige Entwicklungen bringen könnten. Immerhin sprach man vor etwa 20 Jahren vom kommenden Zeitalter des „Postmaterialismus". Sollte sich diese Hypothese doch in näherer oder fernerer Zukunft bewahrheiten, hätte es eine Economie Sociale sicherlich leichter. Denn wie Jeffrey D. Sachs (2005: 58) so treffend feststellte, besteht „die Schönheit von Ideen ... darin, dass sie immer wieder genutzt werden können, ohne sich zu erschöpfen." Und dies gilt auch – und vielleicht sogar ganz besonders – für die Idee einer Sozialwirtschaft, die sich aus verschiedensten Quellen speist, aber in deren Fokus immer echte Menschen mit echten Bedürfnissen und echten Problemen stehen.

Fragen und Themen für Diskussionen

1. Skizzieren Sie verschiedene Entwicklungsstufen im Lebenszyklus
    a) einer Konsumgenossenschaft
    b) einer ländlichen Kreditgenossenschaft
    c) eines Fußballvereins
    d) einer Tierschutz- oder Sozialhilfeorganisation.
2. Wie wirkt sich die allgemeine Tendenz zur „Vermarktlichung" heute auf Organisationen der Sozialwirtschaft aus?
3. Kommentieren Sie den folgenden Text (aus Kurier 15.12.2001):

    „Im Fundraising geht es darum, mit minimalem Kostenaufwand ein Maximum an Hilfestellung etwa durch Aquisition von Spendengeldern zu erzielen. Der Arbeitsmarkt für Fundraiser erweitert sich zunehmend. ... In Deutschland wurde mittlerweile eine eigene Fundraising-Akademie etabliert. Erarbeitet werden dabei organisatorische und wirtschaftliche Qualifikationen wie Event-Organisation, Direct Marketing, PR, Sponsoring oder Führungskompetenzen. Nicht unwesentlich für den Erfolg ist auch die soziale Kompetenz sowie die persönliche Überzeugung für die Kampagne."

4. Welche Qualitäten werden hier zuerst genannt, welche eher in den Hintergrund geschoben?
5. Stellt „Sozial-Franchising" eine Zukunftsstrategie für die Sozialwirtschaft dar? Wenn ja, wie könnte so etwas aussehen?
6. Diskutieren Sie bitte folgende Thesen:

a) Die Sozialwirtschaft ist überflüssig, denn alle Dienstleistungen sozialwirtschaftlicher Organisationen können auch durch gewerbliche Unternehmen erbracht werden.

b) Aufgrund des Rückzugs des Staates aus der Erfüllung sozialer Aufgaben wird die Sozialwirtschaft zum „nützlichen Idioten" staatlicher Finanzpolitik.

Zitate:

„Dem Auftrag ihres Trägergemeinwesens oder sich selbst verpflichtet, erbringen Nonprofit-Organisationen immer gewichtiger werdende Leistungen in unserem gesellschaftlichen Gefüge

- als Antwort auf Staatsversagen und Marktversagen im Sinne von Fremdhilfe für Bedürftige und Betroffene,
- als Erfüllungsorgane für staatliche Gewährleistungen oder
- im Sinne von Selbsthilfe, Interessenvertretung und Selbstverwaltung.

Aus der Mission leiten sich Ansprüche hinsichtlich der Leistungsart, der Leistungsmenge und der Leistungsqualität ab. Gleichzeitig zwingen beschränkte Ressourcen zu erhöhter Wirtschaftlichkeit im Handeln. Das Streben nach Effektivität und Effizienz scheint nun zu einem gordischen Knoten zu führen."

Reinbert Schauer/Robert Purtschert/Dieter Witt (2002: 5)

„Die Globalisierung in ihrer heutigen Form ist keine Erfolgsgeschichte. Sie hat das Schicksal der meisten Armen in der Welt nicht gelindert. Sie ist ökologisch bedenklich. Sie hat die Weltwirtschaft nicht stabilisiert. Und bei der marktwirtschaftlichen Transformation der Zentralverwaltungswirtschaften wurden so viele Fehler gemacht, dass, mit Ausnahme von China, Vietnam und einigen osteuropäischen Ländern, die Armut sprunghaft anstieg und die Einkommen stark zurückgingen.

Manche sehen einen einfachen Ausweg: Sie wollen die Globalisierung begraben. Doch das ist weder machbar noch wünschenswert. Denn die Globalisierung hat auch sehr segensreiche Wirkungen entfaltet: Der Erfolg Ostasiens basiert auf der Globalisierung, insbesondere dem Abbau von Handelsschranken und dem verbesserten Zugang zu Märkten und Technologie.

Die Globalisierung hat vielfach die gesundheitliche Versorgung verbessert und eine aktive globale Zivilgesellschaft hervorgebracht, die für mehr Demokratie und größere soziale Gerechtigkeit kämpft. Nicht die Globalisierung ist das Problem, sondern die Art und Weise, wie sie umgesetzt wurde."

Joseph E. Stiglitz (2002: 246)

„Entwicklung im Sinne der substantiellen Freiheiten von Menschen zu begreifen beeinflußt stark unser Verständnis des Entwicklungsprozesses, aber auch der Mittel und Wege, ihn zu fördern. Für die Evaluation folgt daraus, daß wir die Beseitigung der Unfreiheiten, unter denen die Angehörigen einer Gesellschaft möglicherweise leiden, als notwendige Voraussetzung für Entwicklung erkennen müssen. Nach dieser Auffassung ist der Entwicklungsprozeß im wesentlichen identisch mit der Überwindung von Unfreiheiten."

Amartya Sen (2000: 47)

„Das Wesentliche ist nicht, was für Freiheit ich persönlich ausüben möchte, sondern was für Freiheit irgendjemand braucht, um für die Gesellschaft nützliche Dinge zu tun. Diese Freiheit können wir für die unbekannte Person nur dadurch sichern, daß wir sie allen geben."

Friedrich August von Hayek (1991: 42)

„Ich bin mit Euch einig darin, daß der gute Bürger die Ruhe lieben wird, aber nicht so sehr die eigene als die auch der anderen Redlichen, daß er sich der Muße des Privatlebens erfreuen wird, aber nicht minder sie seinen Mitbürgern gönnen, daß er Einigkeit und Sicherheit, Frieden und Ruhe für sein eigenes Haus wünschen wird, noch viel mehr aber für sein Vaterland, die Republik. Dieser Zustand läßt sich nicht aufrechterhalten, wenn jeder, der sich durch seinen Reichtum, seine Klugheit, seine edle Abkunft unter seinen Mitbürgern auszeichnet, darauf aus ist, mächtiger zu sein als die anderen freien, aber minder vom Glück begünstigten Bürger."

Leon Battista Alberti (1986: 236)

„Die sukzessive Entstaatlichung der regulativen Mechanismen bzw. die Einführung von Marktelementen stellt allerdings die Organisationen des Krankenversicherungswesen vor ganz neue Herausforderungen. Dabei geht es nicht zuletzt um die Frage, inwieweit die bislang vorherrschenden solidarischen Mobilisierungs- und Allokationsformen auch unter Wettbewerbsbedingungen überleben können."

Ingo Bode (1998: 49)

... „ wird davon ausgegangen, dass sich historisch alle drei Sektoren in Auseinandersetzung mit den jeweils anderen entwickelten und gegenwärtig entwickeln. Die Sektoren sind eng verflochten und beeinflussen sich gegenseitig. Bei genauerer Betrachtung kann für Zeiten der Ausweitung staatlicher Aktivitäten, etwa der Hochzeit keynesianischer Steuerungsansprüche, ein stärkeres gesellschaftliches Gewicht des Staatssektors konstatiert werden. Gegenwärtig ist eine starke Expansion erwerbswirtschaftlicher Steuerungsformen in die beiden anderen Sektoren zu beobachten. Trotz solcher Einflüsse findet aber eine direkte Steuerung eines Sektors durch einen anderen aufgrund der distinkten Eigenlogiken der Sektoren nicht statt."

Thomas Wex (2004: 10)

„Dabei besteht das Problem nicht darin, daß NPO verschwinden, sich der Nonprofit-Sektor gänzlich auflöst. Es besteht vielmehr darin, daß die Qualität der Spezifika angegriffen werden. Nicht was NPO alles tun, ist entscheidend, sondern wie sie es tun, da ein großer Teil der konkreten Leistungen auch erwerbswirtschaftlich oder staatlich erbracht werden könnte. Im Extremfall kann das Eindringen erwerbswirtschaftlicher Logik zu einer regelrechten Kolonialisierung der NPO führen, die auch einen Übergang in den „Markt"-Sektor zur Folge haben kann. In der Regel wird sich aber eher ein schleichender Einzug beobachten lassen. Dabei kann es im Zuge dieser Entwicklung durchaus zu einer Stärkung der NPO kommen ..., indem etwa die Anpassung zu erhöhter Legitimation und damit zu erhöhtem Ressourcenfluß führt. Insbesondere der Ausflug in die soziologische Modernisierungstheorie sollte aber gezeigt haben, daß auch eine eindrucksvolle Expansion oder Effizienzsteigerung nicht über problematische qualitative Veränderungen hinwegtäuschen sollte."

Thomas Wex (1998: 270f)

„Eine Beantwortung der neuen sozialen Frage setzt voraus, daß sie vier gleichrangige strategische Ziele verfolgt, nämlich wirtschaftliche Wettbewerbsfähigkeit, ökologische Nachhaltigkeit, soziale Gerechtigkeit und rechtsstaatliche Demokratie."

Joschka Fischer (1998: 166)

„Die Zeiten werden für NPOs härter und sie werden turbulenter, d. h. von einer wachsenden Veränderungsgeschwindigkeit geprägt. Deregulierung, Privatisierung und finanzielle Restriktionen erfordern generell eine stärkere Marktorientierung und stärkeres unternehmerisches Handeln auch in jenen NPOs, die lange Zeit geschützter agieren konnten bzw. weniger starker Konkurrenz ausgesetzt waren."

Ruth Simsa (2002: 39)

„V. a. im Rahmen konfrontativer Strategien haben NPOs aber immer auch eine gesellschaftliche Alarm- und Kritikfunktion. Sie stellen damit der Gesellschaft eine weitere, an Funktionsproblemen orientierte Sichtweise zur Verfügung. Diese Alarmfunktion von NPOs besteht oft im kritischen Aufgreifen neuer Themen bzw. der Schaffung neuer Zusammenhänge."

Ruth Simsa (2002: 45)

„Die Folgen eines übermäßigen staatlichen Rückzugs wären die Individualisierung von Problemen und letztlich auch eine Entdemokratisierung von Gesellschaft. Insgesamt ist damit die Gefahr einer Funktionalisierung von NPOs gegeben: Die Zivilgesellschaft soll abfedern, was der Staat nicht mehr erledigt, radikal formuliert könnten NPOs demnach als die „nützlichen Idioten" gesellschaftlicher Deregulierung charakterisiert werden ... ."

Ruth Simsa (2002: 43)

„Only the social sector, that is, the nongovernmental, nonprofit organization, can create what we now need, communities for citizens – and especially for the highly educated knowledge workers who increasingly dominate developed societies. One reason for this is that only nonprofit organizations can provide the enormous diversity of communities we need – from churches to professional associations, from organizations taking care of the homeless to health clubs – if there are to be freely chosen communities for everyone. The nonprofit organizations are also the only ones that can satisfy the second need of the city, the need for effective citizenship for its people. Only social-sector institutions can provide opportunities to be a volunteer and thus enable individuals to have both a sphere in which they are in control and a sphere in which they make a difference."

Peter F. Drucker (1998: 231f)

„Die kulturelle Dominanz des Marktes ... erhöht die Plausibilität, auch andere Interaktionen, die im Einzelfall nicht monetär abgewickelt werden, im selben Licht zu sehen. So werden unverbindliche Begegnungen, wenn sie öfter stattfinden, als Freundschaften imaginiert; ja Internet-Freundschaften werden von manchen Beteiligten nicht nur deshalb als besonders attraktive Interaktionen betrachtet, weil man sich hinter erfundenen Persönlichkeiten verstecken kann, sondern auch weil man jederzeit „abschalten" kann. Natürlich ist es gerade das Wesen der Freundschaft, dass man nicht beliebig ein- und aussteigen kann ..."

Manfred Prisching (2002: 23f)

„So werden auch sexuelle Begegnungen zu unverbindlichen Interaktionen, und man würde sich an den Tagen danach lächerlich machen, wollte man in den zwanglosen Spaß, den man miteinander hatte, mehr hineingeheimnissen. Selbst dauerhaftere Beziehungen, die immer öfter den Formalismus einer Eheschließung vermeiden, werden als eine Art Bemühungszusage gesehen, die prinzipiell auf längere Zeit angelegt ist; aber die Beziehung ist auch stornierbar, wenn sich attraktivere Optionen auftun sollten. Schließlich sind auch Beziehungen zwischen Konzernen und Zulieferfirmen häufig auf Dauer angelegt; nur wenn sich eine deutlich bessere Option ergibt, wendet man sich mit bedauerndem Achselzucken und freundlichen Abschiedsworten dem neuen Marktpartner zu."

Manfred Prisching (2002: 24)

„Im dörflichen Lebenszusammenhang weiß jeder vom anderen. Man weiß über Normverletzungen, man kennt die Drückeberger. In größeren Gruppen greifen diese unmittelbaren zwischenmenschlichen Kontrollen nicht mehr: durch Anonymität und Fluktuation der Beziehungen, durch hohe Interventionskosten der Regeleinhalter, durch mangelnde Sanktionspotenziale, durch Gefangenendilemma-Situationen. Moral ist nicht mehr durchsetzbar."

Manfred Prisching (2002: 27)

„Der Markt als Koordinationsmechanismus hat einen entscheidenden Vorteil: er ist extrem sparsam, was den Informationsbedarf und was den Altruismusbedarf betrifft."

Manfred Prisching (2002: 31)

„Eine soziale Bewegung in Europa ist nicht denkbar ohne eine erneuerte Gewerkschaftsbewegung, die imstande ist, die inneren und äußeren Hindernisse, die ihrer Stärkung und Vereinheitlichung auf europäischer Ebene gegenüberstehen, zu überwinden."

Pierre Bourdieu (2001: 30)

„Die Vermarktlichung ist auch eine Vermarktlichung in den Köpfen. Lebensbereiche und Entscheidungen werden unter Verwendung geeigneter weltanschaulicher Paradigmen aus dem Bereich des Unhinterfragten herausgenommen und zunehmend im Paradigma von Marktprozessen bzw. Managementfunktionen beschrieben."

Manfred Prisching (2002: 34)

„Es gibt auch bewusste Gegenreaktionen, ja Proteste und Feindseligkeiten gegen die Vermarktlichung, beispielsweise fundamentalistische, rassistische und terroristische Bewegungen, die sich der globalen Vermarktlichung widersetzen. Jihad steht dann gegen Coca Cola, der Olivenbaum ist gegen das Luxusauto in Position zu bringen. Die meisten Zeitbeobachter neigen dennoch zu der Auffassung, dass sich die McWorld durchsetzen wird gegen traditionalistische Hemmnisse. Dabei mag es sich nicht immer um große Wahlfreiheiten handeln, eher schon um die Auswahl von „toppings on a baked potatoe". Dennoch hat die Marktgesellschaft weltweit keine System-Alternative mehr."

Manfred Prisching (2002: 36)

„The future of the nonprofit sector, however, has more to do with ideas and ideals than with money, structures, and media expertise. Some of the sector's greatest accomplishments ... happened with, at first, little money and few structures, but a great deal of courage, passion, intelligence, and energy. ... The sector is clearly moving toward better organization, better communication systems, better salaries and benefits for its employees, better data collection and research, more and better theories, and a higher degree of professionalization. These are as needed as they are inevitable, but it would be a tragic mistake if they were allowed to develop at the cost of the charismatic energy that has driven the sector from the beginning."

Michael O'Neill (1989: 181f)

Interessante Websites

http://www.gaes.org/

(Führer durch die Organisationen der Economie Sociale)

http://cidcspes.free.fr/

(Informationen über die Economie Sociale)

http://www.econosoc.be/

(Informationen über die Economie Sociale aus Belgien)

http://europa.eu.int/comm/enterprise/entrepreneurship/coop

(Wert der Sozialwirtschaftunternehmen)

http://www.inaise.org/

(Internationale Vereinigung der sozialwirtschaftlichen Investoren)

Literatur

Alberti, Leon Battista (1986): Vom Hauswesen (Original: Della Famiglia; 1433-1441), [Deutscher Taschenbuch-Verlag] München 1986.

Bode, Ingo (1998): Entscheidende Momente. Nonprofit-Organisationen im Krankenversicherungswesen zwischen Markt und Solidarität, in: Arbeitskreis Nonprofit-Organisationen (Hrsg.): Nonprofit-Organisationen im Wandel. Ende der Besonderheiten oder Besonderheiten ohne Ende?, [Verein für öffentliche und private Fürsorge] Frankfurt am Main 1998, S. 47-74.

Bourdieu, Pierre (2001): Soziale Politik im neuen Kapitalismus, in: Berichte. Internationale Wissenschaftliche Vereinigung Weltwirtschaft und Weltpolitik, Band 11, 2001, S. 27-31.

Butterwegge, Christoph (2001): Wohlfahrtsstaat im Wandel. Probleme und Perspektiven der Sozialpolitik, 3. Aufl., [Leske + Budrich] Opladen 2001.

Drucker, Peter F. (1998): On Civilizing the City, in: Peter F. Drucker: Managing in the Next Society, [Truman Talley] New York 2002, pp. 225-232.

Fischer, Joschka (1998): Für einen neuen Gesellschaftsvertrag. Eine politische Antwort auf die globale Revolution, [Kiepenheuer & Witsch] Köln 1998.

Hayek, Friedrich August von (1991): Die Verfassung der Freiheit, [J. C. B. Mohr (Paul Siebeck)] Tübingen 1991.

Kramer, Jost W. (2003): Trends und Tendenzen der Genossenschaftsentwicklung in Deutschland, [Hochschule Wismar, Fachbereich Wirtschaft] Wismar 2003.

Kritikos, Alexander/**Tan**, Jonathan H. W./**Bolle**, Friedel (2005): The economics of solidarity. A conceptual framework title, [Wirtschaftswissenschaftliche Fakultät der Europa-Universität Viadrina] Frankfurt/Oder 2005.

Müller, Johannes/**Wallacher**, Johannes (2005): Entwicklungsgerechte Weltwirtschaft. Perspektiven für eine sozial- und umweltverträgliche Globalisierung, [Kohlhammer] Stuttgart 2005.

O'Neill, Michael (1989): The third America. The emergence of the nonprofit sector in the United States, [Jossey-Bass] San Francisco u. a. 1989.

Prisching, Manfred (2002): Vermarktlichung – ein Aspekt des Wandels von Koordinationsmechanismen, in: Ökonomie und Gesellschaft, Jahrbuch 18. „Alles käuflich", [Metropolis] Marburg 2002, S. 15-38.

Prisching, Manfred (2003): Soziale Verantwortung oder verordnete Ethik, in: Wirtschaftspolitische Blätter, Bd. 50 (2003), Heft 1, S. 48-59.

Prisching, Manfred (Hrsg.) (2003): Modelle der Gegenwartsgesellschaft, [Passagen] Wien 2003.

Sachs, Jeffrey D. (2005): Das Ende der Armut. Ein ökonomisches Programm für eine gerechtere Welt, [Siedler] München 2005.

Schauer, Reinbert/**Purtschert**, Robert/**Witt**, Dieter (2002): Vorwort, in: Reinbert Schauer/Robert Purtschert/Dieter Witt (Hrsg.): Nonprofit-Organisationen und gesellschaftliche Entwicklung: Spannungsfeld zwischen Mission und Ökonomie. 5. Colloquium der NPO-Forscher im deutschsprachigen Raum, [Rudolf Trauner Verlag] Linz 2002, S. 5-8.

Sen, Amartya (2000): Ökonomie für den Menschen. Wege zu Gerechtigkeit und Solidarität in der Marktwirtschaft, [Carl Hanser] München 2000.

Simsa, Ruth (2000): Der Dritte Sektor als Lösung arbeits- und beschäftigungspolitischer Problemlagen, in: Österreichische Zeitschrift für Soziologie, Heft 2, S. 24-41.

Simsa, Ruth (2002): NPOs im Lichte gesellschaftlicher Spannungsfelder, in: Reinbert Schauer/Robert Purtschert/Dieter Witt (Hrsg.): Nonprofit-Organisationen und gesellschaftliche Entwicklung: Spannungsfeld zwischen Mission und Ökonomie. 5. Colloquium der NPO-Forscher im deutschsprachigen Raum, [Rudolf Trauner Verlag] Linz 2002, S. 39-61.

Stiglitz, Joseph (2002): Die Schatten der Globalisierung, [Siedler] Berlin 2002.

Stiglitz, Joseph (2004): Die Roaring Nineties. Der entzauberte Boom, [Siedler] Berlin 2004.

Wex, Thomas (1998): Die Modernisierung der Nonprofit-Organisationen und die Frage der Auflösung ihrer Spezifika. Eine soziologische Betrachtung, in: Arbeitskreis Nonprofit-Organisationen (Hrsg.): Nonprofit-Organisationen im Wandel. Ende der Besonderheiten oder Besonderheiten ohne Ende?, [Verein für öffentliche und private Fürsorge] Frankfurt am Main 1998, S. 251-277.

Wex, Thomas (2004): Der Nonprofit-Sektor der Organisationsgesellschaft, [Deutscher Universitäts-Verlag] Wiesbaden 2004.

Schlusswort

Wagt man an dieser Stelle einen Ausblick auf die Zukunft der Sozialwirtschaft in ihrem breiten Verständnis, so kann man vorsichtig optimistisch sein. Zwar nimmt die Zahl der Genossenschaften ab, aber ohne dass sich dadurch bisher die Zahl der Mitglieder deutlich reduziert hätte. Dafür nimmt die Zahl der Nonprofit-Organisationen im engeren Sinne (Verein, Stiftungen gemeinnützige Unternehmen) zu und gewinnt an Bedeutung.

Zudem ist in jüngster Zeit eine Tendenz erkennbar, die bisherige Trennung zwischen Fremdhilfeorganisationen auf der einen und Selbsthilfeorganisationen auf der anderen Seite zu durchbrechen. Beispielhaft hierfür sind die Bemühungen um neue Genossenschaftsformen wie „Sozialgenossenschaften", gemeinnützige Genossenschaften und Arbeitslosenproduktivgenossenschaften. Hier wird ein erneuertes Verständnis von Selbsthilfe durch solidarisches Handeln sichtbar: Selbsthilfe ist nicht nur das, was mir selbst direkt nutzt, sondern auch das, was meine Lebensumwelt in meinem Interesse verbessert.

Parallel hierzu vergrößert sich die Bandbreite von sozialwirtschaftlich geprägten Organisationen nahezu täglich. Diese Entwicklung wird von mehreren Kräften vorangetrieben, die durchaus in einer engen Beziehung zueinander stehen. Dazu gehört zum einen das steigende Ausmaß der Globalisierung – verstanden als eine Intensivierung der gegenseitigen wirtschaftlichen Verflechtung im Einklang mit besserem und schnellerem Informationsaustausch, zum anderen der auch durch eben diese Globalisierung verursachte verringerte Handlungsspielraum des Staates. Letzterer leidet in den meisten Industrieländern unter einem massiven Einnahmeneinbruch, der eine Tendenz zum Rückzug aus bisher staatlich wahrgenommenen Aufgaben verursacht. Dieser Rückzug kann sich sowohl durch die Privatisierung staatlicher Unternehmen ausdrücken, aber auch durch die direkte Einstellung von Leistungen. Beides eröffnet – durchaus gezwungenermaßen – privatem Engagement neue Perspektiven.

Aktiv ergriffen werden diese Möglichkeiten nicht nur durch erwerbswirtschaftlich ausgerichtete Unternehmen, sondern auch durch bestehende oder neu gegründete Nonprofit-Organisationen. Dadurch wird nicht nur die Idee einer aktiven Bürgergesellschaft vorangetrieben, sondern neue Wege und Ideen ausprobiert. Dies verlangt allerdings auch von den etablierten Nonprofit-Organisationen, dass sie auf Veränderungen reagieren müssen. Denn im Vergleich zum Ende des 20. Jahrhunderts hat sich auch für sie einiges geändert: So ist eine verstärkte Konkurrenz durch erwerbswirtschaftliche Unternehmen zu beobachten, die mangelnde Effizienz ggf. sofort ausnutzen. Dadurch wird gerade im Leitungs- und Managementbereich eine verstärkte Professionalisierung vorangetrieben, die zwar einerseits Arbeitsklima und -bedingungen verändert, andererseits aber auch eine bessere Berücksichtigung der Interessen von Kunden, Klienten und Adressaten verspricht.

Auch das immer wieder thematisierte „Ende der Arbeit" signalisiert einen Veränderungsbedarf, der durchaus mit Chancen einhergehen kann. Gefragt sind neue Konzepte der Einbindung von Ehrenamtlichen – nicht mehr unbedingt auf Dauer und mit festen Aufgaben, sondern flexibler und zur Bewältigung genau umrissener Projekte – ausgerichtet an den zeitlichen und finanziellen Möglichkeiten ebenso wie anderen Wünschen und Interessen der Menschen.

Als Mahnung für alle Nonprofit-Organisationen gilt in diesem Zusammenhang: Werden die Mitglieder und Unterstützer der Nonprofit-Organisationen hinsichtlich ihrer Erwartungen „nicht da abgeholt, wo sie stehen", werden sie sich anderen Alternativen zuwenden. Derzeit gilt daher: Der Bedarf an sozialwirtschaftlichen Leistungen ist da – gefragt sind kreative Lösungen, diese Wünsche zu befriedigen.

a. o. Univ. Prof. Dr. **Johann Brazda**, geb. 1954 in Wien, Studium der Volkswirtschaftslehre an der Universität Wien. Magisterium der Sozial- u. Wirtschaftswissenschaften 1978. Promotion zum Promotion zum Dr. rer. soc. oec. an der Universität Wien 1987. 1980 bis 1998 Universitätsassistent der Universität Wien, seit Oktober 1998 a. o. Univ. Prof. der Universität Wien, Leiter des Fachbereichs für Genossenschaftswesen am Institut für Betriebswirtschaftlehre der Universität Wien, geschäftsführender Vorstand des Forschungsvereins für Genossenschaftswesen.

Prof. Dr. **Jost W. Kramer**, geb. 1960 in Pinneberg, Ausbildung zum Bankkaufmann bei der Hamburger Sparkasse, Studium der Volkswirtschaft und Politikwissenschaft in Marburg und Lincoln/Nebraska. Diplom-Politologe, Diplom-Volkswirt 1987. Promotion zum Dr. rer. pol. an der Philipps-Universität Marburg 1997. 1988 bis 1991 Wissenschaftlicher Mitarbeiter am Lehrstuhl Industriebetriebslehre und Management der Philipps-Universität Marburg, 1991 bis 1996 Geschäftsführer des Instituts für Genossenschaftswesen an der Humboldt-Universität zu Berlin, 1996 bis 1997 Geschäftsführer des Instituts für Genossenschaftswesen der Westfälischen Wilhelms-Universität Münster, 1997 bis 2001 Referent beim Bundesverband der Deutschen Volksbanken und Raiffeisenbanken (BVR) in Bonn, seit 2001 Professor für Allgemeine Betriebswirtschaftslehre an der Hochschule Wismar und Mitglied des Instituts für Genossenschaftswesen an der Humboldt-Universität zu Berlin. Daneben Wahrnahme eines Lehrauftrags für Co-operative Studies am SPRING-Zentrum der Universität Dortmund und Dozent an der Bankakademie, Frankfurt am Main.

Prof. Dr. Dr. **Juhani Laurinkari**, geb. 1946 in Helsinki, Studium der Theologie, Sozialpolitik, Statistik und Sozialpsychologie an der Universität Helsinki, 1972 Assistent am Institut für Sozialpolitik der Universität Helsinki. Promotion zum Dr. rer. pol.

an der Universität Helsinki 1976, Promotion zum Dr. rer. soc. oec. an der Universität Wien 1986. 1972 bis 1980 Assistent am Institut für Sozialpolitik der Universität Helsinki, seit 1981 Ordinarius für Sozialpolitik an der Universität Kuopio. 1983 Gastwissenschaftler der Humboldt-Stiftung und Stipendiat der Akademie der Wissenschaften an der Universität Erlangen-Nürnberg, später Gastprofessor an verschiedenen deutschen Universitäten, Mitglied der Arbeitsgemeinschaft genossenschaftlicher Forschungsinstitute.

Prof. Dr. **Robert Schediwy**, geb. 1947 in Wien, Studium der Rechtswissenschaften an der Universität Wien. Promotion zum Dr. jur. an der Universität Wien 1969, als Fulbrightstipendiat M.A. in Economics an der Saint Louis University, Saint Louis, Missouri 1971. 1971 bis 1973 Assistent am Forschungsinstitut für Genossenschaftswesen der Universität Wien, 1975 bis 2003 (Ruhestand) Referent der Wirtschaftskammer Österreich für Genossenschaften und öffentliche Wirtschaft. Daneben Lehraufträge an der Universität Wien, an der Webster Universität, Wien, 1998 Habilitation an der Universität Kuopio, Finnland (Fach „social economy") und 2000 bis 2003 Teilzeitprofessur daselbst.